In dieser Reihe sind
bisher erschienen:

Ausdauertraining
Beweglichkeitstraining
Das neue Konditionstraining
Erfolgreich aus der sportlichen Krise
Gesundheitstraining
Klettertraining
Krafttraining
Radsporttraining
Sportanatomie
Sporternährung
Überlastungsschäden im Sport

BLV SPORTWISSEN

Wolfram Lindner

Radsport-training

Methodische Erkenntnisse, Trainingsgestaltung, Leistungsdiagnostik

Danksagung

Ich danke meiner Tochter Grit Lindner für die Mitarbeit bei der Überarbeitung der fünften Auflage.

Bibliografische Information Der Deutschen Bibliothek
Die Deutsche Bibliothek verzeichnet diese Publikation in der Deutschen Nationalbibliografie; detaillierte bibliografische Daten sind im Internet über http://dnb.ddb.de abrufbar.

Bildnachweis

Th. Hahn: S. 115, 124, 156
S. Kettmann: S. 78 (3)
W. Lindner: S. 50 (2), 139, 229
Oxymount/Th. Ott: S. 59
Polar/D. Feyerabend: S. 64 (3)
C. Reinhard: S. 168, 169, 172, 188, 218
J. Richter: S. 51 (3)
H. A. Roth: S. 95 (1)
Sportfoto Bürhaus: S. 2, 21, 28, 33, 90, 93, 95 (r), 100, 113, 116, 199, 201, 202/203, 225, 232/233

Grafiken

BDL Computer & Software GmbH, Wolfram Lindner

Umschlaggestaltung: Joko Sander Werbeagentur, München
Umschlagfoto: Michael Reusse

Lektoratsleitung: Sabine Schulz
Lektorat: Maritta Kremmler

BLV Sportwissen

Fünfte, überarbeitete Auflage (Neuausgabe)

BLV Buchverlag GmbH & Co. KG
80797 München

© BLV Buchverlag GmbH & Co. KG, München 2005

Das Werk einschließlich aller seiner Teile ist urheberrechtlich geschützt. Jede Verwertung außerhalb der engen Grenzen des Urheberrechtsgesetzes ist ohne Zustimmung des Verlages unzulässig und strafbar. Das gilt insbesondere für Vervielfältigungen, Übersetzungen, Mikroverfilmungen und die Einspeicherung und Verarbeitung in elektronischen Systemen.

Satz und Lithos: Typodata, München
Gedruckt auf chlorfrei gebleichtem Papier

Printed in Germany · ISBN 3-405-16964-X

Hinweis

Das vorliegende Buch wurde sorgfältig erarbeitet. Dennoch erfolgen alle Angaben ohne Gewähr. Weder Autor noch Verlag können für eventuelle Nachteile oder Schäden, die aus den im Buch vorgestellten Informationen resultieren, eine Haftung übernehmen.

INHALT

Geleitwort 9

Vorwort 10

Das Mosaik der Leistung 11

Die Disziplinen des Radsports 11
Leistungsstrukturen und Leistungsfaktoren 13
Physische Leistungsfaktoren 15
Psychische Leistungsfaktoren 24
Technisch-koordinative Leistungsfaktoren 24

Taktische Leistungsfaktoren 25
Äußere Leistungsfaktoren 25
Geräte- und Ausrüstungsfaktoren 25
Leistungsentwicklung und Leistungsprognose 26

Leistungsstrukturen – Trainingsstrukturen – Trainingsbereiche 29

Die sieben Trainingsbereiche 31

Trainingsmethoden – Trainingsmittel 40

Allgemeines und spezielles Training 40
Die Dauerleistungsmethode 40
Die Intervallmethode 41
Die Wiederholungsmethode 42
Die Pyramidenmethode 43
Die Sinusmethode 43
Die Methodik der Superkompensation 44

Das Ausdauertraining 46
Das Schnelligkeitstraining 49
Das Krafttraining 50
Das Ergometertraining 51
Das Höhentraining 52
Das Mountain-Air-Höhentraining 58

Belastungssteuerung im Radsport 60

Individuell und optimal belasten 60
Der Ruhepuls 61
Die Herzfrequenz 62
Die Tretfrequenz 65

Die Übersetzung 65
Die Leistungsmessung 65
Das Dreieck der Intensitätssteuerung 66

Leistungsdiagnostik – Leistungstests 67

Die Bedeutung der komplexen Leistungsdiagnostik 67
Der Conconi-Test 68
Der Stufentest 69
Die Laktatleistungskurve 70
Der Sinustest 70
Krafttests 73

Feldtests 74
Der Polar-Fitnesstest 75
Die Körperfettmessung 75
Das Blutbild 75
Bewertung der Testergebnisse 76
Das Übertraining 77

INHALT

6 Trainingsplanung - Trainingsdokumentation 79

Der Belastungsplan 83
Die Periodisierung 83
Die Trainingsdokumentation 88

7 Das Wettkampfsystem 90

Das Wettkampfsystem und das Reglement 91
Leistungsziele, Leistungsdruck, psychische Wettkampfvorbereitung 92
Motivation 92
Konzentration bei der Wettkampfvorbereitung 93
Offensive Renngestaltung 94
Wettkampfanalysen 94

8 Der langfristige Leistungsaufbau 95

Die Entwicklungsstufen 96
Leistungs- und Alterspyramide 96
Belastungssteigerung in Einheit von Umfang und Intensität 98
Training der Quereinsteiger 99

9 Der Belastungsaufbau im Jahresverlauf 103

Ganzjährig trainieren 103
Allgemeines und spezielles Training 104
Konditionelle Basis 104
Jahresaufbau 105
Neuaufbau nach Erkrankung und Verletzung 109
Auf die Stunde fit sein 110

10 Die Belastung im Grundlagentraining 114

Wann mit dem Radsport beginnen? 114
Aufgabenstellung des Grundlagentrainings 115
Jahresprogramme im Grundlagentraining 120
Die Einheit von Schule, Beruf und Sport 125
Vereine und Lizenz 125

11 Die Belastung im Aufbautraining 126

Vielseitigkeit ist Trumpf 126
Gesteuertes Grundlagenausdauertraining 131
Orientierung auf Motorik und Schnelligkeit 132
Beginn des Krafttrainings 132
Interessante Wettkampfgestaltung 133
Hinweise zur Durchführung des allgemeinen Krafttrainings 133
Krafttests 139

INHALT

Die Belastung im Anschlusstraining 140   `12`

Beginn für die Spezialisierung 140
Jahresplanung und Periodisierung 146
Wettkämpfe prägen das Jahr 146
Spezialtraining 147

Die Belastung im Hochleistungstraining 150   `13`

Höchste Belastungen führen zur Weltspitze 150
Frauenradrennsport mit progressivem Trend 156
Die Spezialisierung bestimmt das Training 159
Bergspezialisten im Vorteil 160
Etappenfahrten: Krone der Straßenwettkämpfe 161
Rennen werden mit Köpfchen entschieden 162
Die Belastungen der Elitefahrer 162
Profi-Träume 163
Dominanz der Wettkämpfe 164

Die Belastung im Freizeit- und Breitensport 167   `14`

Gesund Rad fahren 167
Master 171
Radmarathon 172
Radsportferien 173
Trainingsvorschläge 173

Die Technik des Straßenradsports 182   `15`

Verkehrssicheres Training 182
Die richtige Position auf dem Rennrad 183
Das Beherrschen des Rads 188
Hinterrad- und Staffelfahren 190
Die Trettechnik entscheidet über den Wirkungsgrad beim Vortrieb 192
Die Übersetzung 193

Die Taktik im Straßenradsport 197   `16`

Rennentscheidend: die Taktik 197
Das Rennen lesen lernen 198
Zeitfahrtaktik 199
Teamtaktik 200
Standardsituationen 206

Material optimal auswählen 207   `17`

Grundanforderungen 207
Gut gepflegt ist halb gewonnen 209
Perfekter Radwechsel 209
Alles im und auf dem Begleitfahrzeug 210
Zeitfahrmaterial 210

INHALT

18 **Richtig trainieren statt präparieren** 211

Aufbaupräparate 213
Dopingsubstanzen 215

19 **Die Ernährung des Straßenfahrers** 217

Das Einmaleins der Nährstoffe 217
Die Mahlzeiten 221
Ernährung und Regeneration 224

20 **Regeneration und Physiotherapie** 226

Aktive Erholung 226
Alkohol verzögert die Regeneration 227
Autogenes, mentales und Motivationstraining 227
Ernährung während der Regeneration 228
Massage 228

Magnetfeldtherapie 230
Stretching 230
Schlaf 230
Die Sauerstoff-Mehrschritt-Therapie 231
Das Sauerstoffwasser 232

Autorenporträt 234

Literaturverzeichnis 235

Register 236

Geleitwort

Oscar Camenzind Straßenweltmeister 1998

»Ein Titel, der auch für den Teamchef spricht«, betitelte die »Sportwoche« die Nachlese zu meinem Weltmeistertitel, den ich 1998 im niederländischen Valkenburg erringen konnte. Wolfram Lindner saß am Steuer unseres Teamwagens und gab mir in der vorletzten Runde grünes Licht für meinen Soloversuch. Ich stimmte die Aktion noch kurz mit meinem Teamkollegen Nicki Aebersold, der gleichfalls der Spitzengruppe angehörte, ab. Lindner legt immer Wert auf Teamgeist und Kommunikation unter den Fahrern, und wie die Historie zeigt, ist seine Forderung erfolgreich. Wenige Kilometer später konnte ich die Mitstreiter überraschen und nach 47 Jahren wieder einen Profiweltmeistertitel für die Schweiz gewinnen und damit Nachfolger der Velolegende Ferdi Kübler werden.

Wolfram Lindner lernte ich 1993 kennen. Ich gehörte dem C-Nationalkader an und er leitete seinen ersten Lehrgang des Nationalkaders der Schweiz im italienischen Massa Maritima. Wir freuten uns auf die Zusammenarbeit mit ihm und hörten neue, bisher ungewohnte Töne über Trainingsmethoden, von Leistungsdiagnostik und Trainingssteuerung. Er hatte als Trainer eine große Erfolgsbilanz aufzuweisen und das überzeugte viele von uns. Die erste Weltmeisterschaft unter Lindners Regie brachte dem Radsport der Schweiz auch gleich eine Medaille im 100-km-Mannschaftsfahren. Lindners Einstand war nicht nur gelungen, sondern er genoss unser Vertrauen. »Er habe von Verbandspräsident Herbert Notter den Auftrag, nicht nur Medaillen zu produzieren, sondern viele Fahrer so zu entwickeln, dass sie bei den Profis den Anschluss an die Weltelite finden«, hat er uns danach erzählt.

Das klang gut und deckte sich auch mit meinen eigenen Zielen. 1996 konnte ich Profi werden und mich im weiteren Verlauf in der Weltelite des Berufssports etablieren. Auf dem Weg zum Weltmeister konnte ich unter anderem auch von Lindners Erfahrungen und dem vermittelten Wissen profitieren. Ich freue mich, dass er es nicht für sich behält, sondern allen zugänglich macht. Dabei fordert er immer, dass jeder seinen eigenen Weg gehen muss und nichts kopiert werden kann. Individualismus, Teamgeist und wissenschaftlich begründete Trainingsmethoden sind seine Maxime. Seine Konsequenz, gepaart mit dem Mut, neue bisher unbekannte Wege zu gehen – das ist offenbar sein Erfolgsgeheimnis.

Oskar Camenzind

Vorwort

Die Leistungsentwicklung in den Disziplinen des Radsports verläuft auch zu Beginn des neuen Jahrtausends weiterhin sehr dynamisch. Die Analysen der Geschwindigkeiten der großen Etappenrennen, der Klassiker, der Weltmeisterschaften und der Wettbewerbe, wo Rekorde erbracht werden, belegen diese Entwicklung. Ein leistungsbegrenzendes Ende ist nicht absehbar. »Der Hochleistungssport ist die größte Baustelle der Welt. Nirgendwo sonst wird in allen Bereichen so fieberhaft gearbeitet, so gründlich analysiert und so gewissenhaft geplant. Doch die Arbeit ist nie fertig. Jedes Ende ist ein neuer Anfang. Wer stillsteht, wer sich an – scheinbar – bisher Bewährtem festklammert, kommt unter die Räder.« Zu dieser Schlussfolgerung kam der »Sport« (Zürich) in Auswertung der Olympischen Spiele 1996 in Atlanta. Das Zitat hat eine große Aussagekraft und es ist nicht zeitgebunden, sondern eher richtungsweisend für die Zukunft. Neue Rekorde und höhere Geschwindigkeiten sind, so behaupte ich, in erster Linie ein Ergebnis systematischer und seriöser Trainingsarbeit.

Wir trainieren heute für die Leistung von morgen. Das ist nicht nur ein anspruchsvolles Ziel, sondern die Realität. Diese Aussage trifft in erster Linie auf den Spitzenathleten zu, der seine Position im Hochleistungssport festigen, ausbauen und stabilisieren muss. Sie trifft aber auch für den jungen Athleten zu, der seinen Vorbildern nacheifern möchte. Der Leistungsschub, der die dynamische Entwicklung der Leistung begleitet, hat in der Zukunft ein noch komplexeres Spektrum an leistungsbestimmenden Faktoren aufzuweisen. Das bedeutet, dass diese Faktoren erkannt und optimal aufeinander abgestimmt werden müssen. Neue Ideen, Methoden, praktikable Lösungen sind gefragt. Die Zeitbudgets sind und bleiben begrenzt. Die Leistung steigt und erfordert in erster Linie eine Objektivierung des Trainings und der damit verbundenen Bereiche. Der Athlet muss sein Optimum, besser noch sein Maximum erreichen können und dabei gesund bleiben.

Diese Neuauflage meines Buches »Radsporttraining« soll ein überzeugender Beitrag für einen leistungsbetonten, erfolgreichen und dopingfreien Sport sein. Es soll neue Anregungen aufzeigen, die ein bisher erfolgreiches System benötigt, um den Anforderungen der Leistungsentwicklung auch in Zukunft gerecht zu werden. Meine neuen praktischen Erfahrungen mit dem Bereich der Hobbyfahrer und der Extremwettbewerbe haben mir viele neue Erkenntnisse gebracht. Sie waren aufschlussreich und interessant und ich möchte sie deshalb auch an alle Hobbyfahrer weitergeben.

Immer wieder werde ich nach meinem »Erfolgsgeheimnis« gefragt. Wenn es dies geben sollte, kann ich es in drei Sätzen zusammenfassen: 1. Bewährtes immer ergänzen bzw. verfeinern und erneuern. 2. Ständig nach neuen Lösungen suchen und in einem vertretbaren trainingsmethodischen Rahmen experimentieren. 3. Auch im Erfolg darf der Blick für eine kritische Analyse nicht verloren gehen.

Wolfram Lindner

Das Mosaik der Leistung

Als Carl Friedrich Christian Ludwig Freiherr Drais von Sauerbronn im Jahre 1818 seine Laufmaschine erfand, konnte er nicht ahnen, dass sich das daraus entwickelnde Fahrrad weltweit als eines der gesündesten Verkehrsmittel durchsetzen würde. Angesichts der Umweltsorgen der Menschen des beginnenden neuen Jahrtausends hat es für die kommenden Epochen eine glänzende Perspektive und steht nicht am Ende, sondern inmitten seiner Entwicklung. In einer über 100-jährigen Geschichte formte sich eine Sportart, die eng mit dem Fahrrad und seiner Entwicklung verbunden ist: der Radsport. Er wird auf der Bahn, der Straße sowie im Gelände betrieben und erfuhr in den letzten Jahren durch das Mountainbike und die Sportarten Duathlon und Triathlon neue Impulse.

Der Straßenradsport gilt seit vielen Jahren als die Krone des Radsports. Ob jung oder alt, für viele Menschen wird eine Berührung mit dem Radsport ein bleibendes Erlebnis und animiert zu eigenen radsportlichen Aktivitäten. Dem Betrachter wie dem Aktiven zeichnet diese Sportart ein faszinierendes Bild der Leistung, wie wir sie nur selten in anderen Sportarten wiederfinden. Eine Ursache dafür liegt sicherlich in den eigenen Erlebnissen. Ein Versuch, Leistungen der Helden der Landstraße nachzuahmen, erzeugt Respekt und stellt viele Fragen. Sie zu beantworten ist das Anliegen dieses Buches. Die Antworten sollen die Jugend befähigen, erfolgreich Leistungssport zu betreiben und den Freizeitsportler zum gesunden Radfahren animieren.

Der Rausch der Geschwindigkeit auf und mit dem Rad, Technik, Taktik und physisches Leistungsvermögen erweisen sich in der Analyse als ein sehr komplexes System, ähnlich einem Mosaik der Leistung. Es ist im Hochleistungssport erwiesen, dass Spitzenleistungen nur möglich sind, wenn alle Faktoren in der richtigen Dimension ausgeprägt sind. Hinzu kommt, dass sie auch so geordnet sein müssen, dass alle Anforderungen der Leistung abgedeckt werden. Ist ein Baustein unterentwickelt oder hat in diesem Mosaik einen falschen Stellenwert, ist die Chance für eine Siegleistung bereits verspielt.

Die Disziplinen des Radsports

Im Laufe der Entwicklung haben sich die »klassischen« Disziplinen des Straßenradsports herausgebildet:
- das Straßeneinzelrennen,
- das Kriterium/Rundstreckenrennen,
- das Zeitfahren (als Einzel-, Paar- oder Mannschaftszeitfahren ausgetragen),
- das Etappenrennen.

Das Mosaik der Leistung

Tabelle 1: Die Disziplinen des Straßenradsports

Kategorie	Straßeneinzelrennen	Kriterium Rundstreckenrennen	Einzelzeitfahren Bergzeitfahren Paarzeitfahren Mannschaftszeitfahren	Etappenrennen
Elite	Disziplin bei Olympischen Spielen und Weltmeisterschaften; lange Wettkampfdauer, da zwischen 200 und 270 km gefahren werden; Rennen mit langer Tradition sind die »Klassiker«.	Beliebte Veranstaltungsart, insbesondere nach der »Tour de France«.	Alle vier Zeitfahrwettbewerbe werden eigenständig durchgeführt oder sind auch in Etappenrennen integriert. Das Einzelzeitfahren ist olympische und Weltmeisterschaftsdisziplin.	Weltweit verbreitet und sehr populär. Die drei Etappenrennen der höchsten Kategorie: – die »Tour de France« – der »Giro d'Italia« – die »Vuelta España«.
U23	Disziplin bei Europa- und Weltmeisterschaften; weltweit die Disziplin mit den häufigsten Startmöglichkeiten.	Sehr verbreitete Veranstaltungsart.	Das Einzelzeitfahren ist eine Disziplin bei nationalen Meisterschaften, Europa- und Weltmeisterschaften.	Weltweit verbreitet, sind sie vor allem für die Ausbildung der jungen Rennfahrer von großer Bedeutung;
Frauen	Disziplin bei Olympischen Spielen und Weltmeisterschaften.	Eine beliebte Veranstaltungsart.	Das Einzelzeitfahren ist eine Disziplin bei nationalen Meisterschaften, Olympischen Spielen und Weltmeisterschaften.	Etappenrennen für Frauen haben sich im Kalender stabil etabliert.
Junioren Juniorinnen	Disziplin bei Europa- und Weltmeisterschaften.	Eine beliebte Veranstaltungsart, die auch Bedeutung für die vielseitige Ausbildung hat.	Das Einzelzeitfahren ist eine Disziplin bei nationalen, Europa- und Weltmeisterschaften.	Vereinzelt gibt es Etappenrennen in dieser Kategorie; sie haben eine Bedeutung im langfristigen Leistungsaufbau.
Jugend männlich und weiblich	Nationale Meisterschaftsdisziplin; limitierte Streckenlängen und Übersetzungen.	Eine beliebte Veranstaltungsart, die auch Bedeutung für die vielseitige Ausbildung hat.	Das Einzelzeitfahren ist eine nationale Meisterschaftsdisziplin; für den langfristigen Leistungsaufbau hat sie Bedeutung.	Keine Austragungen in dieser Altersgruppe.
Schüler Schülerinnen	Nationale Meisterschaftsdisziplin; limitierte Streckenlängen und Übersetzungen.	Eine beliebte Veranstaltungsart, die auch Bedeutung für die vielseitige Ausbildung hat.	Das Einzelzeitfahren ist eine nationale Meisterschaftsdisziplin; für den langfristigen Leistungsaufbau hat sie Bedeutung.	Keine Austragungen in dieser Altersgruppe.

Diese Disziplinen werden als Wettkämpfe für Frauen und Männer in den Kategorien der Kinder, Jugend, Junioren, U23, Elite und Masters/Senioren sowie für Freizeitsportler weltweit bestritten. Im Freizeitbereich gibt es dazu noch Radwanderungen, Radmarathon und Extremwettbewerbe. Die Veranstaltungen werden jährlich im Kalender der UCI (Union Cycliste Internationale) und in den 155 nationalen Radsportverbänden ausgeschrieben. Ein Teil dieser Wettkämpfe hat eine große Tradition, wie Paris–Rouen, das 1869 zum ersten Mal ausgetragen wurde. Das bekannteste Etappenrennen, die »Tour de France«, wurde 1903 ins Leben gerufen. Die Zahl der Sporttreibenden, die das Rennrad oder das Bike benutzen, stieg in den letzten Jahren um ein Vielfaches an. Der traditionelle Radsport ging mit seinen Grundformen in diese neuen Disziplinen ein: Mountainbike (MTB), Duathlon und Triathlon. Zahlreiche Weiterentwicklungen im Bereich der Technik, der Ausrüstung, der Trainingsmethodik und der Reglements befruchteten, aus den neuen Sportarten kommend, den Radrennsport. So entstand ein sehr nützlicher Entwicklungstrend, der für die Zukunft noch viele weitere, für den Radrennsport fördernde Impulse erwarten lässt, auch wenn die UCI mit der Neugestaltung der Reglements dem entgegenwirkt. In Tabelle 1 ist eine Übersicht der Disziplinen des Straßenradsports dargestellt.

Leistungsstrukturen und Leistungsfaktoren

In den 70er Jahren begann unter meiner Leitung in der DDR eine umfassende Analyse der Wettkämpfe. Ziel war, eine neue Trainingskonzeption zu entwickeln. Sie sollte über lange Zeiträume Höchstleistungen garantieren und jungen Sportlern nahtlos den Anschluss zur Weltspitze ermöglichen. Natürlich war uns klar, dass das Konzept immer wieder mit neuen Elementen ergänzt werden musste. Die Weiterentwicklung der Leistung und der Verschleiß bisheriger Methoden verlangten Flexibilität. Das Vorhaben gelang. Ende der 1970er-Jahre war die Weltspitze mit Stabilität erreicht. Junge Rennfahrer fanden den vorgezeichneten Weg in den 1980er- und 1990er-Jahren und etablierten sich auch im Berufssport. Das Konzept wurde immer wieder vervollständigt und die Trends der Leistungsprognose in allen Bestandteilen integriert. Im Laufe der Jahre haben sich diesem Trend viele Trainer, Ärzte und Wissenschaftler weltweit mit dem Ziel angeschlossen, die Leistungsstrukturen der Wettkämpfe zu erforschen. Dabei wurde offenkundig, dass die einzelnen Disziplinen durch unterschiedliche Leistungsstrukturen gekennzeichnet sind. Selbst Wettbewerbe der gleichen Disziplingruppe weisen teilweise Unterschiede auf. Die Leistungsstruktur eines Wettkampfes lässt sich in sechs Gruppen erfassen:

1. Die physischen Leistungsfaktoren
Zur Gruppe der physischen Leistungsfaktoren gehören die Ausdauer, die Kraft, die Schnelligkeit sowie deren Kombinationen: Kraftausdauer, Schnelligkeitsausdauer, Schnellkraft und Maximalkraft. Die allgemeine physische Konstitution des Sportlers ist inbegriffen. Bei der Ausdauer wird noch zwischen Grundlagenausdauer und wettkampfspezifischer Ausdauer unterschieden. Alle Teile der physischen Leistungsfaktoren sind messbar und können erfasst und miteinander verglichen werden.

Das Mosaik der Leistung

2. Die psychischen Leistungsfaktoren
Psychische Leistungsfaktoren sind charakterlich-moralische Qualitäten, das Fairplay und die Palette der Willenseigenschaften. Sie sind nicht direkt messbar und können nur subjektiv beurteilt werden.

3. Die technisch-koordinativen Leistungsfaktoren
Dazu gehört der Gesamtkomplex der Technik (Bewegungsausführung) mit und auf dem Rad, die koordinativen Fähigkeiten und die Bewegungsfertigkeiten. Von besonderer Bedeutung ist die Trettechnik. Sie verbindet Kraft und Ausdauer mit der motorischen Fähigkeit (Tretfrequenz) und der Übersetzung. Die physischen Leistungsvoraussetzungen werden in Vortriebsleistung umgewandelt. Jeder Sportler entwickelt in diesem Zyklus seine individuelle Wirksamkeit, die letztendlich zu einem entscheidenden leistungsbestimmenden Faktor wird.

4. Die taktischen Leistungsfaktoren
Hierunter versteht man das Wissen und die Fähigkeit, alle erforderlichen taktischen Handlungen und technisch-taktische Fähigkeiten im Wettkampf anzuwenden bzw. einzusetzen. Dabei kann noch in den Kategorien **individuell** und **Team** differenziert werden.

5. Die äußeren Leistungsfaktoren
Neben dem Streckenverlauf, dem Streckenprofil und dem Straßenbelag gehören dazu auch die Witterungsfaktoren: Wind, Wetter, Temperatur. Ferner die Reglements der Wettkämpfe und die im Wettkampf gegeneinander oder auch miteinander fahrenden Athleten.

6. Die Geräte- und Ausrüstungsfaktoren
Hier sind in erster Linie das Rennrad mit seiner auf die jeweilige Disziplin abgestimmten Beschaffenheit der Anbauteile und Baugruppen sowie die Ausrüstung des Sportlers zu verstehen.

Tabelle 2: Die Bedeutung der Leistungsfaktoren in den Disziplinen des Straßenradsports (①–⑤ wachsende Intensität bzw. Bedeutung der einzelnen Faktoren)

	Physische Faktoren			Psychische Faktoren	Technisch-koordinative Faktoren	Taktische Faktoren	Äußere Faktoren: Geräte-Ausrüstung		Äußere Bedingungen
	Ausdauer	Kraft	Schnelligkeit				Rad	Ausrüstung	
Straßeneinzelrennen	④	③	②	④	④	④	③	③	⑤
Kriterium/Rundstreckenrennen	③	②	③	②	③	③	③	③	②
Einzelzeitfahren/Paarzeitfahren/Bergzeitfahren	③	③	①	④	③	①	⑤	⑤	③
Mannschaftszeitfahren	④	④	①	⑤	⑤	①	⑤	⑤	③
Etappenrennen	⑤	⑤	②	⑤	⑤	⑤	⑤	④	⑤

… Physische Leistungsfaktoren

In Tabelle 2 ist die unterschiedliche Bedeutung der Leistungsfaktoren für die einzelnen Disziplinen des Straßenradsports dargestellt. Dabei wird deutlich, dass allen Disziplinen ein hoher Grad an Komplexität zu Eigen ist. Jede Disziplin hat aber auch ihre eigenen Spezifika.

Physische Leistungsfaktoren

Alle Wettbewerbe des Straßenradsports gehören zur Kategorie der Langzeitausdauer, da ihre Wettkampfdauer in der Regel mehrere Stunden beträgt. Die Ausdauer dominiert und ist der wichtigste physische Leistungsfaktor. Unter Ausdauer ist die Fähigkeit des Organismus zu verstehen, über einen mehrstündigen Zeitraum ohne

Tabelle 3:
Messbare Parameter der physischen Leistungsfähigkeit

Spezifische Wettkämpfe/Training	Ausdauer	Kraft	Schnelligkeit
Streckenlänge	km	km/Anzahl der Wiederholungen	m/Anzahl der Wiederholungen
Umfang, Dauer	Std.	Std.	min, s
Profil-Höhenangaben	m	m/Watt bei Ergometern	- - -
Tretfrequenz	U/min	U/min	U/min
Übersetzung	Zoll + m/U	Zoll + m/U	Zoll + m/U Watt bei Ergometern
Herzfrequenz	Schläge/min	Schläge/min	Schläge/min
Energiegewinnung aerob; Laktat	bis 3 mmol/l	- - -	- - -
Energiegewinnung aerober zu anaerober Übergangsbereich; Laktat	3–6 mmol/l	3–6 mmol/l	- - -
Energiegewinnung anaerob; Laktat	- - -	über 6 mmol/l	über 6 mmol/l
Geschwindigkeit	km/h	km/h	km/h
Allgemeine Wettkämpfe/Training	**Ausdauer**	**Kraft**	**Schnelligkeit**
Umfang; Dauer	Std.	Std.	min, s
Belastung durch Gewichte	- - -	kp/Anzahl der Wiederholungen	kp/Anzahl der Wiederholungen
Herzfrequenz	Schläge/min	Schläge/min	Schläge/min

Das Mosaik der Leistung

wesentlichen Leistungsabfall eine bestimmte Leistungsfähigkeit aufrechterhalten zu können (z. B. ein mehrstündiges Radtraining in einem Geschwindigkeitsbereich von 30 km/h). Dieser Teil der Ausdauer wird in der Trainingsmethodik mit dem Begriff **Grundlagenausdauer** definiert. Die Belastung erfolgt unter aeroben Verhältnissen im Fettstoffwechsel. Ausdauerfähigkeiten, die den aeroben Bereich verlassen und im aerob-anaeroben Stoffwechsel verlaufen, werden auch als **wettkampfspezifische Ausdauer** bezeichnet.

Hinter der Ausdauer nimmt die Kraft die Position 2 ein. Kraft bedeutet im Radsport, durch Muskeltätigkeit im Tretzyklus den Luft- und Rollwiderstand sowie die Hangabtriebskraft zu überwinden. Die Masse des Sportlers und des Rades ist dabei zu beschleunigen. Die Kraft hat – bedingt durch die Leistungsentwicklung und den damit verbundenen Geschwindigkeitsanstieg – eine Schlüsselposition erhalten und steht in direktem Zusammenhang zur Ausdauer (Kraftausdauer) und Schnelligkeit (Schnellkraft). Der Begriff Schnelligkeit bezeichnet die motorische Leistungsfähigkeit, die im Radsport unter anderem durch die Tretfrequenz unter Beachtung der Höhe der Übersetzung repräsentiert wird. Zum Bereich der Schnelligkeit gehören die Fähigkeiten zu beschleunigen (Antritte) sowie zu spurten oder zu sprinten.

Für die physischen Leistungsfaktoren werden messbare Größen zur Analyse der Leistung benötigt. An die Parameter wird die Forderung gestellt, dass die Daten problemlos und aktuell zu erfassen sind, die Registratur mit einfachen Mitteln erfolgt und für den Sportler zumutbar bleiben muss. Aus diesen Gründen sollte auf einige medizinische Parameter verzichtet werden, die diesen Anforderungen nicht entsprechen. Der Fahrradcomputer und der Herzfrequenzmesser erfassen wichtige Parameter der Leistungsfaktoren. In Tabelle 3 (Seite 15) sind die Parameter der physischen Leistungsfähigkeit dargestellt.

Das Straßeneinzelrennen

Ausgetragen auf einer Rundstrecke oder als Distanzrennen von Ort zu Ort ist das Straßeneinzelrennen die häufigste Wettkampfform. Die Streckenprofile haben eine große Variationsbreite und lassen sich in vier Kategorien einteilen: **flach, wellig, bergig** und **schweres Bergprofil.** Die Tretfrequenz hat eine große Dynamik und reicht von Null (bei Abfahrten) bis zu 150 U/min im Spurt. Die Übersetzungen sind dem Profil, dem Wetter, dem Tempo der Mitstreiter und den Leistungsvoraussetzungen des Sportlers angepasst. Auch in der Herzfrequenz ist die Dynamik des Straßenrennens integriert. Sie reicht von ca. 60 bis über 200 Schläge/min.

Die Energiebereitstellung verläuft in den ruhigeren Wettkampfphasen im Fettstoffwechsel und aerob. Je höher die Belastung im Rennen wird, desto größer ist der aerob-anaerobe Anteil und der Zugriff zum Kohlenhydratstoffwechsel. Oft wird über längere Zeiträume an der anaeroben Schwelle gefahren. Das bedingt, dass der Sportler in diesem Bereich sehr gut trainiert sein muss und das anfallende Laktat immer wieder abbauen kann. Funktioniert dieser Kreislauf nicht, kommt es zu einer »Laktataufstockung«. Die geforderte Leistung kann nicht mehr erbracht werden, der Sportler fällt zurück. In den härtesten Rennphasen steigen die Anforderungen und es muss kurzzeitig über der anaeroben Schwelle gefahren werden. Perfekt durchtrainierte Sportler kehren schnell wieder unter die anaerobe Schwelle zurück

Physische Leistungsfaktoren

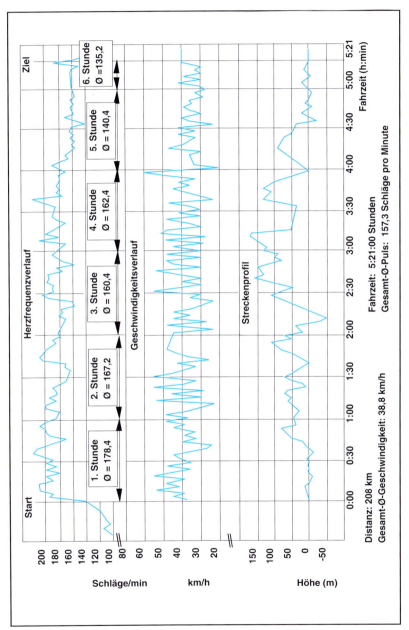

Abb. 1:
Darstellung der leistungsstrukturellen Ergebnisse eines Straßenrennens auf einem leicht profilierten Parcours

Das Mosaik der Leistung

Abb. 2:
Darstellung von Herzfrequenz und Laktat während eines Straßenrennens auf einem Rundkurs mit bergigem Profil

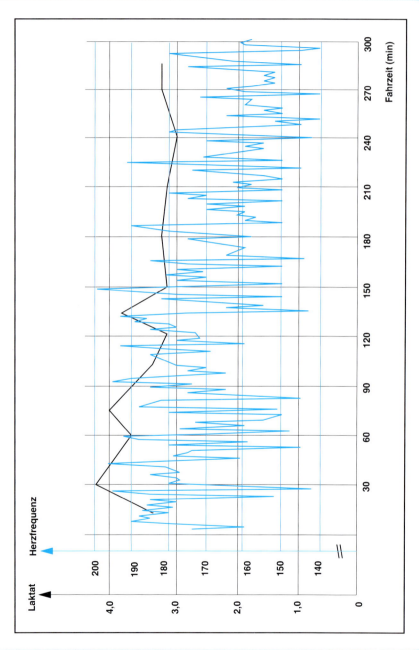

Physische Leistungsfaktoren

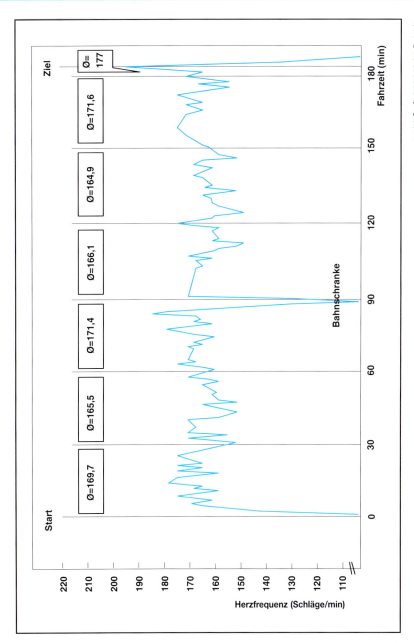

Abb. 3:
Die Herzfrequenz eines Siegers.
Kurs: Strecke mit flachem Profil;
Länge 140 km;
Fahrzeit 3:06:52 = 44,630 km/h;
durchschnittliche Herzfrequenz 169,3 Hf/min

Das Mosaik der Leistung

Abb. 4:
Die Leistungsstrukturen eines Straßenrennens der Damen auf einem profilierten Rundkurs

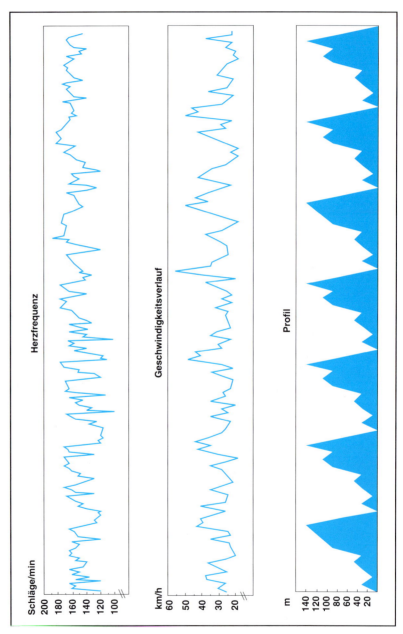

Physische Leistungsfaktoren

und können die Leistungsanforderungen anschließend im aerob-anaeroben Bereich erbringen. In den Abbildungen 1–4 (Seiten 17–20) sind typische Verläufe der Leistungsstrukturen in Straßenrennen dargestellt.

Das Kriterium/Rundstreckenrennen

Diese Wettbewerbe werden ausschließlich auf Rundstrecken ausgetragen. Die Länge der Rundstrecke und das Reglement differenzieren zwischen Kriterium und Rundstreckenrennen. Während das Kriterium auf einer »kleinen« Runde mit einer Länge von 800–1600 m und einer Vielzahl von Wertungssprints ausgetragen wird (Sieger ist der Fahrer mit der höchsten Punktzahl oder Rundenvorsprung), findet das Rundstreckenrennen auf Kursen bis zu 5000 m statt (Sieger ist der Fahrer, der am Rennende als Erster das Ziel erreicht). Die Streckenprofile können den Kategorien wie beim Straßenrennen zugeordnet werden.

Des einen Leid, des anderen Freud: Bergetappen. In jedem Fall eine besondere Herausforderung.

Das Mosaik der Leistung

Abb. 5:
Leistungsstrukturelle Darstellung der Herzfrequenz bei einem Kriterium mit flachem Profil; Länge 132 km; Durchschnittsgeschwindigkeit 42,9 km/h

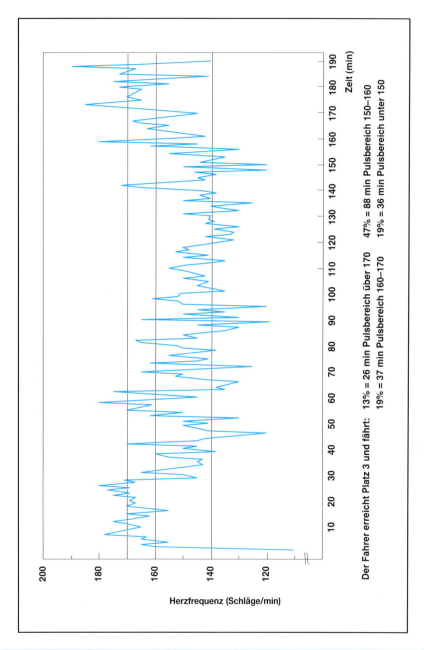

Physische Leistungsfaktoren

Die Rennen sind insgesamt jedoch wesentlich kürzer als die Straßenrennen und demzufolge oft auch schneller. Das verändert natürlich die Leistungsstruktur. Es werden höhere Tretfrequenzen und höhere Übersetzungen gefahren. Die Kraft und die Schnelligkeit haben einen höheren Stellenwert. Die Ausdauer bleibt eine Grundvoraussetzung. Die Energiebereitstellung verlagert sich mehr in den aerob-anaeroben Bereich und oft werden Leistungen im anaeroben Bereich abverlangt. Danach spielt die Rückkehr in die aerob-anaeroben Verhältnisse eine große Rolle. Die Leistungsstrukturen der Kriterien/Rundstreckenrennen spiegeln sich auch in der Herzfrequenz wider (siehe Abb. 5).

Das Zeitfahren

Es werden vier Formen des Zeitfahrens ausgetragen: **Einzelzeitfahren, Bergzeitfahren, Paarzeitfahren** und **Mannschaftszeitfahren**.

Das Einzelzeitfahren findet auf flachen bis welligen Streckenprofilen statt. Die Längen der Zeitfahrstrecken reichen von ca. 5 km (Prologzeitfahren) bis ca. 60 km, in Ausnahmefällen auch länger. Der Fahrer fährt vom ersten bis zum letzten Meter gegen die Uhr, um seine maximal mögliche Bestzeit zu erreichen. Die daraus resultierenden Anforderungen an die Energiebereitstellung prägen die Leistungsstruktur. Es wird ausschließlich im aerob-anaeroben Bereich, vereinzelt auch im anaeroben Bereich gefahren. Aerobe Phasen sind im Einzelzeitfahren nicht gefordert. Die Messungen der Tretfrequenz und der Einsatz der Übersetzung im Zeitfahren belegen eine eindeutige Tendenz: Die Sieger fahren höhere Tretfrequenzen als die Unterlegenen, benutzen dabei aber oft die gleiche Übersetzung.

Die Tretfrequenzen liegen im Einzelzeitfahren in Abhängigkeit von Streckenprofil, Wind und Wetter zwischen 80 und 120 U/min, im Durchschnitt geht die Tendenz der Sieger gegen 105 U/min. Die unterlegenen Fahrer in den hinteren Rängen der Ergebnislisten weisen dagegen nur eine Tretfrequenz gegen 95 U/min auf. Im Zeitfahren werden hohe Übersetzungen (53:12 und mehr) eingesetzt. Diese mit den hohen Tretfrequenzen zu bewegen erfordert einen enormen Krafteinsatz. Die dargestellte Qualität der Leistungsstruktur findet sich auch im Verlauf der Herzfrequenz wieder (siehe Abb. 6).

Abb. 6: Die Herzfrequenz im Einzelzeitfahren; über 65 km, welliges Profil, Durchschnittsgeschwindigkeit 44,1 km/h

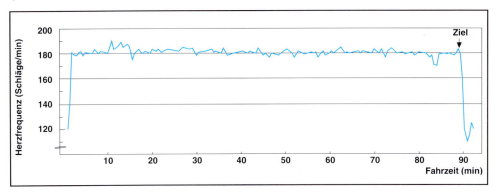

Das Mosaik der Leistung

Das Etappenrennen

Die Etappenrennen sind eine über viele Tage gehende Aneinanderreihung von Wettkämpfen. Sie vereinen die Leistungsstrukturen aller Disziplingruppen, da neben dem Straßenrennen auch die verschiedenen Formen des Zeitfahrens integriert sind. Hinzu kommen die Anforderungen aus den oft sehr unterschiedlichen Streckenprofilen. Ein Siegfahrer in den Etappenrennen muss in der Regel zwei Anforderungen auf höchstem Niveau meistern: das **Bergfahren** und das **Zeitfahren**. Ein weiterer Faktor erhält im Etappenrennen einen großen Stellenwert: die Regeneration. Ist die Erholungsfähigkeit ungenügend ausgeprägt, kommt es zu einem Leistungsabfall. Die guten Ergebnisse in der Gesamtwertung bleiben aus.

Psychische Leistungsfaktoren

Diese Gruppe von Leistungsfaktoren wird, da messbare Daten fehlen, oft unterschätzt. In Wirklichkeit haben sie aber eine große Bedeutung. Siegleistungen sind nur möglich, »wenn die Beine gut und der Kopf ausgezeichnet sind«. Allen voran sind die Willenseigenschaften zu nennen. Willensspann- und Willensstoßkraft, Siegeswille oder der Wille, das Ziel zu erreichen, sind Voraussetzung. In keiner anderen Sportart werden über lange Wettkampfzeiten solch extreme Anforderungen gestellt, wie wir sie im Straßenradsport tagtäglich vorfinden. Wind und Wetter, der Streckenverlauf, Besonderheiten wie Defekte und Stürze sowie der sportliche Konkurrent stellen höchste Anforderungen auch an die Psyche. Weitere wichtige Faktoren sind Disziplin und Selbstdisziplin, Moral und Fairplay. Die Einhaltung des Reglements, speziell die des Dopings, inbegriffen.

Dann ist besonders die Motivation anzusprechen. Nur hoch motivierte Sportler können optimal trainieren und Spitzenleistungen bringen. Die Motive sind breit gefächert und reichen vom Traum der höchstmöglichen Siege bis zum Radfahren der Gesundheit und der Lebensverlängerung wegen. Mut und vertretbare Risiken einzugehen gehören dazu, ebenso der Blick für die Situation, um im Training und im Wettkampf mögliche Gefahren einzugrenzen. Reaktionsvermögen und blitzartig Entscheidungen zu treffen, um Gefahren abzuwenden, vervollständigen das Anforderungsprofil an den Sportler. Bei der ständig steigenden Zunahme der Leistungsdichte gewinnen die psychischen Leistungsfaktoren nicht nur an Bedeutung. Sie entscheiden zwischen Sieg und Niederlage.

Technisch-koordinative Leistungsfaktoren

An erster Stelle steht das Beherrschen des Rennrades unter allen in der Trainings- und Rennpraxis auftretenden Situationen. Schon das Fahren in der Staffel, Gruppe oder im Peleton mit hunderten Athleten stellt höchste Anforderungen an Technik und Koordination. Das »Hinterradfahren« mit wenigen Zentimetern Abstand zum Vordermann, um den Windschatten auszunutzen, verlangt eine perfekte Ausbildung. Optimales Steuern, Bremsen, Schalten, die Beherrschung des »Windkanten-

fahrens«, Abfahrten von Bergen und Pässen bei Höchstgeschwindigkeiten – alles muss erlernt und gesund und erfolgreich gemeistert werden.
Ein schlechter Ausbildungsstand im technisch-koordinativen Bereich erfordert zusätzlichen physischen Einsatz und Energien, die im Verlauf eines Wettkampfes irgendwo fehlen werden. Die motorischen Fähigkeiten sind am Tretfrequenzverhalten abzulesen. Eine effektive Trettechnik, die Erzielung eines hohen Wirkungsgrades im Krafteinsatz und der Vortriebsleistung schließen eine biomechanisch perfekte Sitzposition auf dem Rad ein.

Taktische Leistungsfaktoren

Unter Taktik ist die Komplexität aller Aktivitäten und Verhaltensweisen zu verstehen, die unter Einbeziehung des Strecken- und Rennverlaufs sowie der sportlichen Gegner eingesetzt werden, um ein optimales Wettkampfergebnis zu ermöglichen. Die Taktik ist immer zielorientiert. Sie beinhaltet individuell und auf eine Gruppe oder Mannschaft ausgerichtete Orientierungen, die es einzeln oder in der Gruppe zu realisieren gilt. Taktik ist in allen Disziplinen des Straßenrennsports bedeutend und entscheidet oft über den Erfolg. Im Zeitfahren ist beispielsweise die Renngestaltung mit »Marschtabelle« eine taktische Maßnahme, während in einem Etappenrennen das Reglement, der Etappenverlauf und der Zwischenstand der Gesamtwertungen die Taktik wesentlich mitprägen.

Äußere Leistungsfaktoren

Wind, Wetter, Streckenverlauf und -profil sind die wesentlichen äußeren Faktoren, die auf die Leistung wirken. Sie haben auch großen Einfluss auf die Ausrüstung und die Übersetzungsgestaltung. Das Streckenprofil setzt dabei entscheidende Akzente. Bergauf, bergab, Kurven, Serpentinen, wechselnde Straßenbeläge und -verhältnisse, Ortsdurchfahrten, Gegenverkehr, Straßenbahnschienen und Eisenbahnübergänge erschweren es, den richtigen Rhythmus zu finden. Von den Witterungsverhältnissen haben extreme Temperaturen und vor allem der Wind den größten Einfluss auf die Leistung.

Geräte- und Ausrüstungsfaktoren

In den letzten Jahren gab es in dieser Faktorengruppe eine kleine technische Revolution. Neue Werkstoffe (Carbon, Kevlar, Keramik, Elektronik), neue Verarbeitungstechniken und neue Konstruktionslösungen haben den Rahmen und fast alle Baugruppen verändert. Alles sollte die Sicherheit und die Stabilität verbessern, die Defektunanfälligkeit erhöhen, die Aerodynamik optimieren sowie Gewicht einsparen. Das Design, gut auf diese Faktoren abgestimmt, hat in vielen Positionen das Sportgerät attraktiver gemacht. Natürlich blieb es bei der rasanten Entwicklung nicht aus, dass vereinzelt nur der Kommerz im Vordergrund stand.

Das Mosaik der Leistung

Leistungsentwicklung und Leistungsprognose

In allen Disziplinen des Radsports ist über längere, aber auch über kürzere Zeiträume eine Leistungsentwicklung nachzuweisen. Der Stundenweltrekord und die Durchschnittsgeschwindigkeiten der Etappenrennen Vuelta España (siehe Abb. 7), Tour de France und Giro d'Italia sowie alle Klassiker bestätigen mit ihren Geschwindigkeitsentwicklungen eindeutig die Trends und die daraus abzuleitenden Prognosen. Der Stundenweltrekord wurde in 106 Jahren 35-mal verbessert. Er liegt zur Zeit bei 56,375 km/h, gehalten von Chris Boardman. Von 1893 bis 1999 gab es einen Geschwindigkeitsgewinn von 21,050 km/h (siehe Abb. 8). Dies bedeutet einen jährlichen Geschwindigkeitszuwachs von 0,198 km/h. Wird die Prognose berechnet, so wird in den nächsten 10 bis 20 Jahren die nächste »Schallmauer« von 60 km/h erreicht werden. Von Bedeutung ist, dass die Leistungsentwicklung auch bei den Frauen nachzuweisen ist. So verfehlte die Französin Jeannie Longo bei ihrem aktuellen Rekordversuch 20 Jahre nach Eddy Merckx dessen Leistung nur um einige Meter. Der Internationale Radsportverband, UCI, dreht im September 2000 das Rad der Geschichte zurück. Das neue Reglement im Materialbereich gestattet bei Weltrekordversuchen nur noch ein »traditionelles Rennrad«. Der von Merckx am 25.10.1972 in Mexiko-City aufgestellte Stundenweltrekord von 49,431 km wird als gültiger Rekord erklärt. Nur wenige Monate danach verbessert Chris Bordmann den Rekord auf 49,441 km. Die Jagd auf neue Dimensionen ist eröffnet. Die wichtigste Ursache für diese dynamische Leistungsentwicklung ist in der Tatsache zu suchen, dass die Wissenschaft im Radsport eine große Bedeutung gewonnen hat. Die wissenschaftliche Arbeit durchdringt mit zunehmender Tendenz alle

Abb. 7:
Die Leistungsentwicklung der Vuelta a España von 1935 bis 2004

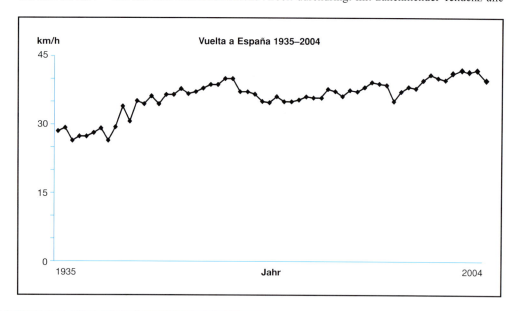

Leistungsentwicklung und Leistungsprognose

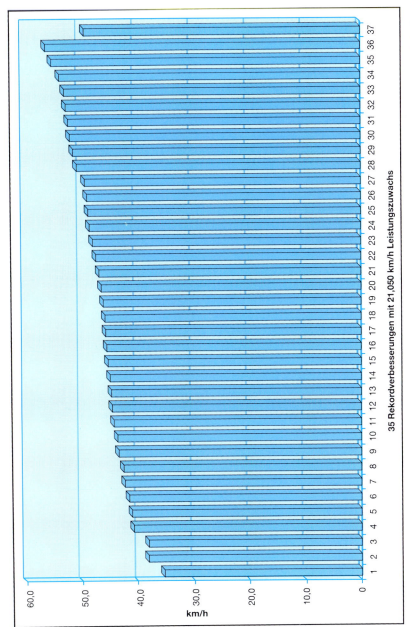

Abb. 8: Die Entwicklung des Stundenweltrekords der Männer von 1893 bis 1999

Das Mosaik der Leistung

Mosaiksteine der Leistung. Erkenntnisse aus allen Wissenschaftsbereichen fließen in den Leistungssport ein und erweitern auch im Straßenradsport die Möglichkeiten der Leistungsentwicklung. Die Möglichkeiten der weiteren Leistungssteigerung auf legale Art (bei Einhaltung aller Reglements) sind noch lange nicht ausgereizt. Aus den statistischen Aufbereitungen der bisherigen Leistungsentwicklung lassen sich klare Entwicklungstendenzen und Prognosen erstellen. Ein Stillstand oder eine dauerhafte rückwärtige Entwicklung ist nicht absehbar. Auch in den vergleichbaren Durchschnittsgeschwindigkeiten der Eintagesrennen und der Etappenrennen wird es einen Leistungs- und Geschwindigkeitszuwachs geben. Für die Trainingsmethodik gilt es, die richtigen Schlussfolgerungen aus der Leistungsprognose zu ziehen. Sie lässt sich in der Forderung »Wir trainieren heute für die Leistung von morgen« zusammenfassen.

Die Leistungsdichte in der Weltspitze wird immer größer …

Leistungsstrukturen – Trainingsstrukturen – Trainingsbereiche

Die Untersuchungen der Leistungsstruktur in den Radsport-Disziplinen des Straßenradsports belegen die Vielfalt der Anforderungen, die Wettkämpfe an die Sportler stellen. Es wird aber auch deutlich, dass die Leistungsstruktur entscheidende und sehr spezielle Anforderungen abverlangt. Hinzu kommt, dass die einzelnen Leistungsfaktoren aufeinander abgestimmt sein müssen und in ihrer Dimension entsprechend ausgeprägt sind. Nur wenn all diese Forderungen erfüllt sind, kann von gut ausgebildeten Leistungsvoraussetzungen gesprochen werden. Sie müssen dann im Wettkampf noch entsprechend umgesetzt werden. Diesen Ansprüchen muss das Training gerecht werden. D. h. die leistungsstrukturellen Anforderungen müssen sich in der Struktur des Trainings niederschlagen. Das bedeutet, dass die Trainingsstruktur denen der Leistungsstruktur entspricht und die Tendenzen der Leistungsprognose einbezogen sind (»Wir trainieren heute für die Leistung von morgen«).

In Abb. 9 (Seite 30) sind die wichtigen Parameter der Leistungsstruktur beim Straßenrennen, Etappenrennen und im Zeitfahren dargestellt. Die Parameter Herzfrequenz und Laktat vereinen mehrheitlich und komplex die Anforderungen, die sich aus der Belastung im Wettkampf für den Organismus ergeben.

Im Wettkampf kann der Sportler physisch nur das realisieren, was er trainiert hat. In diese These ist die Leistungssteigerung durch psychische Stärke inbegriffen. In Abb. 9 ist demzufolge den Leistungsstrukturen des Wettkampfes die notwendige Trainingsstruktur gegenübergestellt. Das Training im langfristigen Leistungsaufbau kann in zwei große Abteilungen unterteilt werden:

- das Training mit allgemeinen Trainingsmitteln, auch allgemeine athletische Ausbildung oder polysportive Ausbildung (Sportarten, in denen das Rad nicht benutzt wird) und
- das Training mit dem Rad (spezielles Training).

Beide Formen haben ein gemeinsames Ziel: Es sollen ausgewählte Bereiche der Leistungsstruktur entwickelt werden. Die Ziele werden von physiologischen und trainingsmethodischen Vorgaben bestimmt und haben immer einen komplexen Charakter, d. h. es werden immer alle Leistungsfaktoren einbezogen. Um diesem Anspruch gerecht zu werden, wurden die »Trainingsbereiche« geschaffen. Im Trainingsbereich ist die Komplexität der Ausbildung anhand konkreter Methoden, Mittel und Parameter exakt definiert. Es kommt zu einer Vereinheitlichung des Trainings, ohne dass individuelle oder besondere Aufgaben ausgeschlossen werden. Die Trainingsbereiche ermöglichen auch die Verständigung und die Analyse zwischen Sportlern und allen Personen des betreuenden Umfelds. Aus der modernen Trainingslehre sind sie nicht mehr wegzudenken.

Leistungsstrukturen – Trainingsstrukturen – Trainingsbereiche

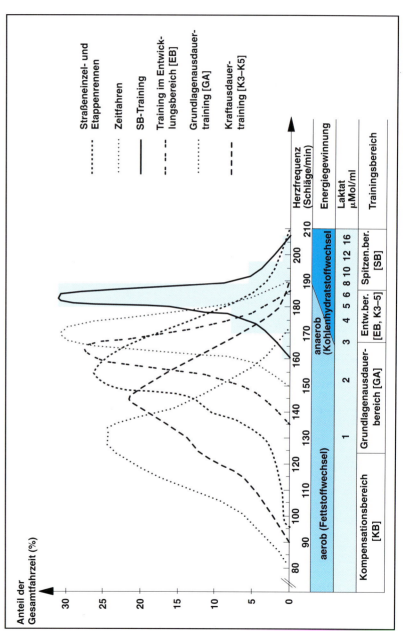

Abb. 9:
Leistungsstrukturen und ihre Ableitungen auf die Trainingsstrukturen nach Prof. Dr. Junker

Trainingsbereiche

Die sieben Trainingsbereiche

Für die Praxis ergeben sich folgende sieben Trainingsbereiche:

Der Trainingsbereich mit der niedrigsten Trainingsintensität verläuft im unteren Bereich des Fettstoffwechsels unter aeroben Verhältnissen. Er wird nur zur Kompensation und Regeneration vor und nach intensiven Belastungen (Wettkämpfe und Intensitätstraining) angesetzt.

1 Kompensationsbereich (KB)

Der Trainingsbereich mit leichter Intensität zielt auf die Entwicklung der Grundlagenausdauer hin. Es wird der Fettstoffwechsel trainiert, der Kohlenhydratstoffwechsel wird ganz gering einbezogen. Das aerobe Leistungsvermögen soll erhöht werden. Der Grundlagenausdauerbereich hat eine sehr große Bedeutung und bildet die Basis, auf der die höheren Intensitäten aufgebaut werden können.

2 Grundlagenausdauerbereich (GA)

Der Trainingsbereich mit mittlerer Intensität verläuft in der aerob-anaeroben Zone und spricht den Fettstoffwechsel bei zunehmender Integration des Kohlenhydratstoffwechsels an. Mit ihm wird die wettkampfspezifische Ausbildung zu einem Großteil vorgenommen (wettkampfspezifische Ausdauer, Kraftausdauer, Schnelligkeitsausdauer).

3 Entwicklungsbereich (EB)

Der Spitzenbereich verkörpert hohe Intensitäten. Er fordert den Kohlenhydratstoffwechsel unter anaeroben Bedingungen. Über der anaeroben Schwelle liegend, lassen sich die Schnelligkeit, die Schnelligkeitsaudauer sowie Schnell- und Maximalkraft trainieren. Die »anaerobe Mobilisationsfähigkeit« soll verbessert werden.

4 Spitzenbereich (SB)

Dieser Bereich wird in den Ausdauerdisziplinen oft unterschätzt. Mit Hilfe der Ausprägung der Maximal- und Schnellkraft sollen Voraussetzungen geschaffen werden, um hohe Übersetzungen mit hohen Tretfrequenzen zu beherrschen. Tempo- und Rhythmuswechsel, vor allem beim Bergfahren, fordern einen guten Entwicklungsstand dieses Bereiches.

5 Maximal- und Schnellkraftbereich (K1–K2)

Mit Hilfe des Kraftausdauerbereiches sollen Voraussetzungen erarbeitet werden, die es ermöglichen, über längere Zeiträume (beim Bergfahren, beim Zeitfahren oder in rennentscheidenden Situationen) hohe Tretfrequenzen mit hohen Übersetzungen zu beherrschen.

6 Kraftausdauerbereich (K3–K4–K5)

In diesem Bereich werden alle Wettkämpfe zusammengefasst. Der Wettkampf ist die komplexeste und höchste Form der Belastung. Besonders in den Aufbauwettkämpfen kann die Intensität so gesteuert werden, dass im Wettkampf klare trainingsmethodische Ziele und Aufgaben realisiert werden können. Zum Beispiel kann im Wettkampf die Intensität so gestaltet werden, dass der anaerobe Bereich (über der anaeroben Schwelle) nicht oder aber gezielt angetastet wird.

7 Wettkampfbereich

Leistungsstrukturen – Trainingsstrukturen – Trainingsbereiche

In den Tabellen 4–9 sind die Trainingsbereiche, Ziele, Mittel, Methoden, Steuerparameter und Anwendungstipps dargestellt. Sollen Spitzenergebnisse in den Hauptwettkämpfen erbracht werden, sollte die Trainingsstruktur optimal auf die zu erwartende Leistungsstruktur und die Leistungsprognose abgestimmt sein. Es müssen dabei folgende vier Forderungen erfüllt werden:

1. Die Trainingsbereiche müssen auf den langfristigen Jahresaufbau abgestimmt sein.
2. In der Jahresplanung sowie der operativen Planung bedarf es der richtigen Aneinanderreihung bzw. Verflechtung der Trainingsbereiche, des Weiteren sollten sie proportional auf die Hauptwettkämpfe ausgerichtet sein.
3. Die Intensität sollte immer individuell gesteuert werden.
4. Alle Leistungsfaktoren sind in diesen Prozess optimal einzubinden.

Tabelle 4: Kompensationsbereich (KB)

Trainingsziel	Training mit Regenerationscharakter zur optimalen Verarbeitung vorausgegangener Trainings- und Wettkampfbelastungen sowie zur
	Erhöhung der Belastbarkeit für nachfolgende intensivere Trainingsbelastungen und Wettkämpfe
Energiebereitstellung	aerob, Laktat 0–2 mmol/l (Fettstoffwechsel)
Intensität	niedrigste Intensitätsstufe
Steuerparameter	Herzfrequenz: 90–110 Schläge/min Tretfrequenz: 60–100 U/min Übersetzung: 60–70 Zoll
Streckenlängen und -profil	30–60 km pro Trainingseinheit; flaches Profil
Methoden	Es handelt sich um eine einfache, freudbetonte Radausfahrt allein oder mit Radlerfreunden.
Anwendung	vor, zwischen oder nach hochintensiven Trainingseinheiten oder Wettkämpfen
	vorwiegender Einsatz in der Wettkampfperiode (WP) oder in der unmittelbaren Wettkampfvorbereitung (UWV)
Organisationsformen	als Einzelausfahrt
	als Gruppenausfahrt

Trainingsbereiche

Jan Ullrich setzt neue Maßstäbe im Straßenradsport

Leistungsstrukturen – Trainingsstrukturen – Trainingsbereiche

Tabelle 5: Grundlagenausdauerbereich (GA)

Trainingsziel	Training zur Entwicklung und Stabilisierung der Grundlagenausdauer
	Erhöhung der aeroben Kapazität, d.h., es kommt bei richtiger Anwendung und Beibehaltung aerober Stoffwechselbedingungen zu einer Erhöhung der Leistungsfähigkeit
Energiebereitstellung	ausschließlich aerob, Laktat 0–3 mmol/l (Fettstoffwechsel)
Intensität	niedrige bis mittlere Intensitäten
Steuerparameter	Herzfrequenz: nach Möglichkeit individuelle Festlegung in einer Bandbreite von 20 Schlägen/min; diese Bandbreite liegt in einer Skala von 100–150 Schlägen/min Tretfrequenz: 80–100 U/min Zielorientierung: 100 U/min Übersetzung: 60–80 Zoll
Hinweise zur Trainingssteuerung	Mit der Steuerung über die Herzfrequenz, Tretfrequenz und Übersetzung besteht ein Dreieck. Herzfrequenz und Tretfrequenz sind die entscheidenden Parameter unserer Steuerung. Wir trainieren also nach diesen Parametern und gestalten die Übersetzung variabel, so dass die Herzfrequenzvorgabe eingehalten wird und die Tretfrequenz bei 100 U/min liegt. Die dabei erzielte Geschwindigkeit wird zwar registriert, ist aber kein Steuerparameter. Wir steuern und trainieren im GA-Bereich nicht nach der Geschwindigkeit. Sie liegt in Abhängigkeit von Alter, Geschlecht und Leistungsstand zwischen 25 und 32 km/h.
Streckenlängen und -profil	In Abhängigkeit vom Alter, Geschlecht und Leistungskategorie 50–300 km/Trainingseinheit (TE). Flache und wellige Profile sind am besten geeignet.
Methoden	Dauerleistungsmethode
Anwendung	ganzjährige Anwendung
	ratsam: GA-Training im Block trainieren, d.h. 2–5 Trainingseinheiten in Folge aneinander reihen
Organisationsformen	als Einzeltraining
	in der Zweier-, Dreier- oder Vierer-Staffel*
	in der »Holländischen Staffel«*
	* Begrenzung der Führungslängen auf eine Minute, damit die Herzfrequenz auf allen Positionen der Staffel oder Reihe in der Vorgabe bleibt.
Besonderheiten	Training im Grundlagenausdauerbereich kann auch mit Motorführung (Motorrad/Mofa) durchgeführt werden. Wichtig ist dabei, dass die biologischen Steuerparameter des Grundlagenausdauertrainings (Herzfrequenz und Laktat) eingehalten werden.

Trainingsbereiche

Tabelle 6: Entwicklungsbereich (EB)

Trainingsziel	Entwicklung der wettkampfspezifischen Ausdauer
	Training im »sauren« Übergangsbereich
	Organismus soll auf die Wettkampfsituation vorbereitet werden und den Laktatabbau »lernen«
	2 Formen: 1. Tretfrequenzorientiertes Training im Entwicklungsbereich 2. Kraftorientiertes Training im Entwicklungsbereich
Energiebereitstellung	aerob-anaerob, Laktat 3–6 mmol/l (Fettstoffwechsel + Kohlenhydratstoffwechsel)
Intensität	hohe Intensität
Steuerparameter	Tretfrequenzorientiertes EB-Training Herzfrequenz: nach Möglichkeit individuelle Festlegung in einer Bandbreite von 10 Schlägen/min; diese Bandbreite liegt in einer Skala von 150–190 Schlägen/min Tretfrequenz: 100–120 U/min Übersetzungen: 70–100 Zoll Kraftorientiertes EB-Training Herzfrequenz: nach Möglichkeit individuelle Festlegung in einer Bandbreite von 10 Schlägen/min; diese Bandbreite liegt in einer Skala von 150–190 Schlägen/min Tretfrequenz: 70–90 U/min Übersetzungen: 80–110 Zoll
Hinweise zur Trainingssteuerung	Wie im GA-Bereich steuern wir das Training mit Herz- und Tretfrequenz. Die Übersetzung wird variabel gehalten. Die Geschwindigkeiten liegen erheblich über der GA-Geschwindigkeit und betragen in Abhängigkeit von Alter, Geschlecht und Leistungsstand 35–50 km/h.
Streckenlängen und -profil	Das EB-Training wird als Teilstreckentraining durchgeführt. Die Teilstreckenlängen betragen in Abhängigkeit von Alter und Leistungsstand 3/5/10/20 km. Tretfrequenzorientiert: flaches Profil / Kraftorientiert: welliges und bergiges Profil
Methoden	Wiederholungsmethode, d. h., zwischen den einzelnen Teilstrecken liegen aktive Pausen, bis die Herzfrequenz unter 100 Schlägen/min liegt. In der Regel sind dies 20–30 min. Beispiel einer Trainingseinheit 4 × 10 km EB: ○ 30 min Erwärmung; 10 km EB ○ 20 min aktive Pause; 10 km EB ○ 20 min aktive Pause; 10 km EB ○ 20 min aktive Pause; 10 km EB ○ 40 min ausradeln
Anwendung	letzte Phase der Vorbereitungsperiode (VP) in den Wettkampfperioden (WP) in der unmittelbaren Wettkampfvorbereitung (UVW)
Organisationsformen	als Einzeltraining als Staffeltraining

Leistungsstrukturen – Trainingsstrukturen – Trainingsbereiche

Tabelle 7: Spitzenbereich (SB)

Trainingsziel	Training zur Entwicklung der wettkampfspezifischen Schnelligkeitsausdauer und Schnelligkeit
Energiebereitstellung	anaerob, Laktat von 6–20 mmol/l (Kohlenhydratstoffwechsel)
Intensität	höchste Intensitätsstufe
Steuerparameter	Herzfrequenz: 180 bis zur Ausbelastung Tretfrequenz: maximal Übersetzungen: 80–110 Zoll, sofern keine Begrenzungen vorgeschrieben sind; Pausen und Serienpausen werden bei der angewandten Methode zu wichtigen Steuerparametern
Streckenlängen und -profil	kurze Strecken, z.B. 200/500/1 000/2 000/3 000 oder auch 4 000 m; kürzere Strecken für die Schnelligkeit (200/500/1 000 m), längere Strecken für die Schnelligkeitsausdauer (1 000/2 000/3 000/4 000 m), flache Profile werden empfohlen
Methoden	Intervalltrainingsmethoden, deren Charakteristikum das Intervall (Pause) ist. Zur Verbesserung der Schnelligkeit wählen wir kurze Strecken, höchste Intensitäten und relativ wenige Wiederholungen mit langen Pausen. Beispiel: 2 Serien à 5×200 m, Pause zwischen den 5×200 m je 20 min, Serienpause zwischen 1. und 2. Serie 60 min. Zur Verbesserung der Schnelligkeitsausdauer wählen wir längere Strecken, hohe Intensitäten, mehr Wiederholungen, aber kürzere Pausen. Beispiel: 2 Serien von je 5×1 000 m; die Pause zwischen jeder der 5×1 000-m-Strecken beträgt 15 min. Die Serienpause zwischen der ersten und zweiten Serie beträgt 30 min. Grundsätzlich nur gut erwärmt dieses Training aufnehmen.
Anwendung	in der letzten Phase der Vorbereitungsperiode, also vor dem Einsatz der Wettkämpfe als Ersatz für nicht vorhandene Wettkämpfe in der unmittelbaren Wettkampfvorbereitung (UWV) zur Leistungsausprägung
Organisationsformen	in der Regel als Einzeltraining in Mannschaftsformationen, z.B. im Vierer

Tabelle 8: Maximal- und Schnellkraftbereich (K1–K2)

Trainingsziel	Verbesserung der Maximal- und Schnellkraft mit spezifischen Trainingsmitteln
Energiebereitstellung	aerob (Fettstoffwechsel)
Anwendung	Variante 1 (K1): Das Training wird in der ersten Stunde eines Grundlagenausdauertrainings eingelagert. Es kommt ganzjährig zur Anwendung. Variante 2 (K2): Das Training wird auf dem Fahrradergometer absolviert, vorrangig im Zeitraum Oktober bis April.
Variante 1 (K1) Schnellkraftprogramm mit dem Rad		
Bestimmende methodische Faktoren	Belastungsausdauer	6 s; nahezu aus dem Stand
	Wiederholungszahl	10–12 Wiederholungen
	Belastungshöhe	max. 4–8% Steigung (Berg); wenn Voraussetzungen dazu bestehen, erhöht es die Wirksamkeit
	Übersetzung	80–90 Zoll
	Tretfrequenz	maximal
	Pausenlänge	5 min (aktive Pausengestaltung, d.h. weiterfahren)
Standardablauf	Warmfahren	15 min bei 80–90 U/min mit HF 120–140 Schläge/min
	Schnellkraftprogramm	10 × 6 s oder 12 × 6 s
	Ausfahren	10 min mit Tretfrequenz von 120–125 U/min bei einer HF von 120–140 U/min
Variante 2 (K2) Schnellkraftprogramm z.B. auf dem Ergometer		
Energiebereitstellung	anaerob (Kohlenhydratstoffwechsel)	
Bestimmende methodische Faktoren	Belastungsdauer	20 s
	Wiederholungszahl	3 Serien à 10 Wiederholungen
	Belastungshöhe	maximal; die Wirksamkeit des Belastungswiderstands ist durch TMU* für jeden Mesozyklus zu gewährleisten
	Tretfrequenz	am Anfang mit 70 U/min beginnend, alle 4 Wochen Steigerung um 10 U/min bis auf 100 U/min
	Pause	1 min
	Serienpause	15 min
	Belastungsziel	komplexe Entwicklung der Druck- und Zugkräfte
Standardablauf	Warmfahren	150–200 Watt; 80–90 U/min; 20 min
	Schnellkraftprogramm	10 Wiederholungen und 3 Serien mit aktiver Pausengestaltung
	Ausfahren	10 min mit Tretfrequenz 80–100 U/min ungebremst, d.h. keine Wattvorgabe
	* TMU = Trainingsmitteluntersuchung	

Leistungsstrukturen – Trainingsstrukturen – Trainingsbereiche

Tabelle 9: Kraftausdauerbereich (K3–K4–K5)

K3: Spezielles Kraftausdauertraining 75 s (Fahrradergometertraining)*		
Energiebereitstellung	Laktat	über 6 mol/ml
Bestimmende methodische Faktoren	Wiederholungszahl	6× für junge Sportler; max. 12× für ältere Sportler
	Belastungshöhe	maximal
	Tretfrequenz	80–100 U/min
	Pausenlänge	15–25 min aktive Pausengestaltung
	Belastungsziel	rd. 600–700 Watt (individuell durch regelmäßige Tests festzulegen)
Standardablauf	Warmfahren	150–200 Watt 80–90 U/min 20 min
	Programm	6–12 Wiederholungen und aktive Pausengestaltung
	Ausfahren	80–100 U/min ungebremst, 10 min
Anwendung		In den wettkampffreien Monaten Oktober bis April.
K3: Spezielles Krafttraining am Berg mit variablen Streckenlängen und Belastungszeiten entsprechend örtlicher Gegebenheiten*		
Energiebereitstellung		aerob-anaerober Übergangsbereich, Laktatkonzentration in Abhängigkeit von der Dauer der Einzelbelastung
Einzelbelastungszeit		über 60 min = 2–4 mmol/l 30–60 min = 3–5 mmol/l 2–30 min = 4–7 mmol/l unter 2 min = über 6 mmol/l
Bestimmende methodische Faktoren	Belastungsdauer	120 min (maximal)
	Wiederholungszahl	1–12 in Abhängigkeit von der Einzelbelastungszeit = Länge des Berges
	Belastungshöhe	submaximal
	Geschwindigkeitsverlauf	konstant; VP 2 und VP 3 Einsatz von 3–4 Bergsprints, 60–90 U/min bei 65–90 Zoll, Streckenlänge 50–150 m
	Übersetzung	65–90 Zoll
	Tretfrequenz	40–60 U/min
	Pausenlänge	im Sinne einer Ausdauerbelastung mit aktiver Pausengestaltung
	Ausfahren	15–50 km G 1 mit Übersetzung unter 68 Zoll, evtl. Motortraining

* Das K3-Training kann auch mit dem Mountainbike als Geländefahrt durchgeführt werden. Wichtig dabei ist, dass die biologische und methodische Zielstellung in etwa erreicht wird.

(Fortsetzung nächste Seite)

Tabelle 9: Kraftausdauerbereich *(Fortsetzung)*

K4: Spezielles Krafttraining am Berg mit Tempo- und Rhythmuswechsel		
Energiebereitstellung	Aerob-anaerober Übergangsbereich; die beim Tempo- und Rhythmuswechsel entstehende höhere Laktatkonzentration muss abbaubar sein. Deshalb wird das Trainingsmittel erst im Zeitraum Juni–September eingesetzt, wo ein sehr guter organischer Zustand bestehen sollte.	
Bestimmende methodische Faktoren	Belastungsdauer	Bergpass 6–15 km Länge
	Wiederholungszahl	2–5 in Abhängigkeit von der Länge des Berges
	Belastungshöhe	submaximal mit 3–5 maximalen Tempoeinlagen über je 200–500 m und einem abschließenden Bergwertungsspurt
	Übersetzung	Wettkampfübersetzung (deutlich kleiner als beim K3) beim Rhythmus-/Tempowechsel wird hochgeschaltet
	Pausenlänge	20–30 min
K5: Spezielles Kraftausdauertraining mit Progression am Berg		
Energiebereitstellung	aerob bis anaerob (Fettstoffwechsel bis Kohlenhydratstoffwechsel)	
Bestimmende methodische Faktoren	Belastungsdauer	Berg (Pass) 5–15 km
	Wiederholungen	2–5 in Abhängigkeit von der Länge des Berges
	Belastungshöhe	bis maximal
	Übersetzung	Wettkampfübersetzung, deutlich kleiner als K3
	Tretfrequenz	60–80 U/min
	Pausenlänge	20–30 min
Standardablauf	Das Training beginnt nach dem Einfahren. Der Berg (Pass) wird so gefahren, dass in einer bestimmten Zeiteinheit, z.B. 1 min, die Herzfrequenz immer um 5 Schläge pro Zeiteinheit erhöht wird. Die K5-Belastung endet, wenn die anaerobe Schwelle überschritten ist.	

Trainingsmethoden – Trainingsmittel

Allgemeines und spezielles Training

In der Trainingslehre wird das Training in allgemeine und spezielle Trainingsmittel unterteilt. Im Radsport bedeutet dies Training mit und ohne Rad. Im speziellen Training gibt es noch den Unterbegriff halbspezifisch. Für den Straßenradsport ist halbspezifisch zum Beispiel der Bahnradsport oder das Mountainbike. In allen Trainingsbereichen gibt es Trainingsmittel und Trainingsmethoden, die in den Tabellen 4–9 des Kapitels 2 ausgewiesen sind. Die zwölf wichtigsten Trainingsmethoden sind:

Die Dauerleistungsmethode

Sie beinhaltet eine lang andauernde Belastung zur Entwicklung der aeroben Leistungsfähigkeit (Grundlagenausdauer/Fettstoffwechsel/teilweise auch des aerobanaeroben Übergangs). Geringe, leichte und mittlere Intensitäten kennzeichnen die Dauerleistungsmethode, die noch unterteilt werden kann:

1. Die kontinuierliche Dauerleistungsmethode, d. h. es wird auf einer Intensitätsstufe während der gesamten Trainingseinheit kontinuierlich gefahren.

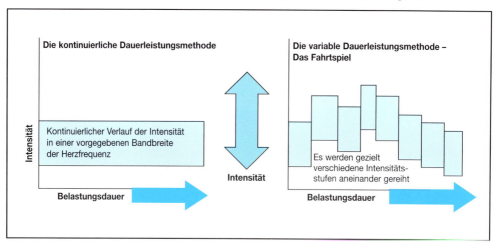

Abb. 10: Die Dauerleistungsmethode

Intervallmethode

2. Die variable Dauerleistungsmethode. Hier werden gezielt verschiedene Intensitätsstufen aneinandergereiht.
3. Zur Dauerleistungsmethode gehört auch das »Fahrtspiel«, bei dem die Intensitäten unplanmäßig durch die Trainierenden oder die Topographie oder beides gestaltet werden.

Bei allen drei Formen der Dauerleistungsmethode wird die Intensität mit Hilfe der Herzfrequenz gesteuert.

Die Intervallmethode

Sie ist durch einen systematischen Wechsel von gezielter, intensiver Belastung und Erholung gekennzeichnet. Die Erholungsphasen führen jedoch gezielt zu einer unvollständigen Wiederherstellung der Leistungsfähigkeit. Bei der Intervallmethode werden die Höhe und Dauer der Intensität sowie die der Pausen genau definiert. Länge und Art der Pausengestaltung unterstützen Teile der spezifischen

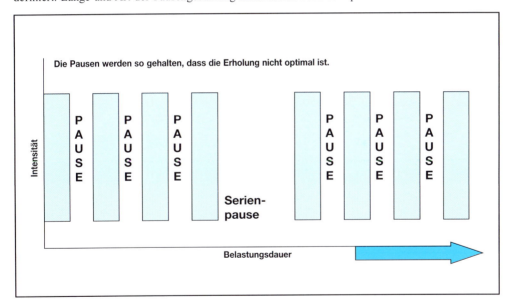

Abb. 11: Die Intervallmethode

Ausbildung. Die Pausen zwischen den Belastungen werden aktiv (Kompensationsbereich) gestaltet. Die Herzfrequenz wird nicht direkt zur Intensitätssteuerung eingesetzt, sondern zur Kontrolle der »unvollständigen Erholung« genutzt. Die Intervallmethode findet vor allem in den intensiveren Trainingsbereichen Anwendung. Die Belastungen finden im aerob-anaeroben bzw. anaeroben Bereich (Kohlenhydratstoffwechsel) statt.

Trainingsmethoden – Trainingsmittel

Die Wiederholungsmethode

Sie unterscheidet sich zur Intervallmethode, indem sie auf eine vollständige Erholung ausgerichtet ist. Die folgende Belastung beginnt, wenn die Phase der Erholung – mit der Herzfrequenz sehr gut zu kontrollieren – erreicht ist. Auch die Wiederholungsmethode wird in den Trainingsbereichen angewandt, wo höhere Intensitäten verlangt werden, und tangiert den aerob-anaeroben und anaeroben Bereich (Kohlenhydratstoffwechsel). Die Pausen zwischen den einzelnen Wiederholungen werden aktiv (Kompensationsbereich) genutzt. So können die Erholung optimiert und die Erholungszeit verkürzt werden.

Abb. 12:
Die Wiederholungsmethode

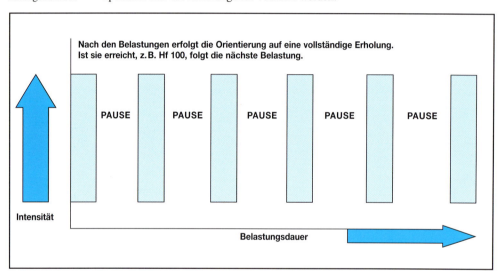

Abb. 13:
Die Pyramidenmethode

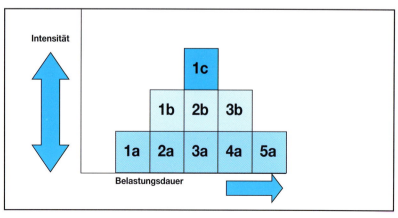

Die Pyramidenmethode

Die Belastungen werden gezielt wiederholt. Der Aufbau einer Trainingseinheit und die angesetzten Wiederholungen erfolgen pyramidenartig. Wenn ein pyramidaler Aufbau abgeschlossen ist, folgt die Erholung in Gestalt einer Pause. Die Pyramidenmethode wird in intensiveren Bereichen eingesetzt und ist besonders im Krafttraining von Bedeutung. Mit ihr werden mehrheitlich aerob-anaerobe oder anaerobe Belastungen (Kohlenhydratstoffwechsel) angestrebt.

Die Sinusmethode

Sinusfunktionen bestimmen biologische Abläufe und optimieren die Systeme. Auch der Wechsel zwischen Be- und Entlastung kann mit Sinusfunktionen gesteuert werden. Die Sinusmethode ist eine junge Trainingsmethode. Sie wurde von Richter (Avantronic Leipzig) entwickelt und besteht aus stufenlosen Belastungssteigerungen mit Entlastung. Die sinusförmigen Belastungssteigerungen können vorerst nur auf dem Ergometer (Cyclus 2 von Avantronic) gestaltet werden. Der Neuheitsgrad dieser Methode besteht darin, dass die Belastung stufenlos und sinusförmig gesteigert und gemindert werden kann. Die Periodenlängen liegen zwischen 1 und 5 Minuten, in denen der Sportler auf die vorher definierte Höchstbelastung fährt und sich im gleichen Rhythmus wieder dem Ausgangswert nähert. Auf dem Ergometer lässt sich die Sinusbelastung über die Leistung (in Watt) programmieren, steuern und abrechnen. Auch im Training auf der Straße kann die Sinusmethode angewandt werden, indem die Sinusfunktion mit der Herzfrequenz vorgegeben wird.

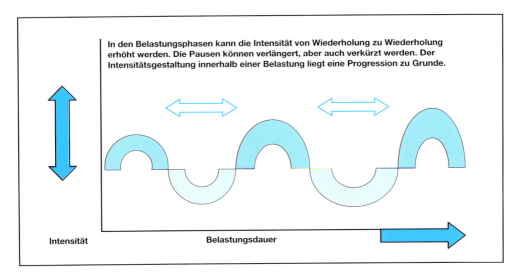

Abb. 14: Die Sinusmethode

Trainingsmethoden – Trainingsmittel

Abb. 15:
Die Sinusmethode
(Beispiel Ergometertraining)

Mit der Sinusbelastung sind höhere Belastungen zu erreichen als mit anderen Methoden – ein Vorteil, der den Wirkungsgrad beispielsweise im Krafttraining wesentlich erhöhen kann. Mit der Sinusmethode wird nicht nur die Belastung trainiert, sondern auch die Erholung optimiert.

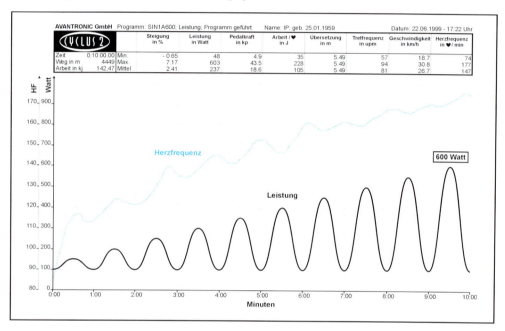

Die Methodik der Superkompensation

Trainingsbelastungen bewirken im Organismus einen Ermüdungsreiz. Dieser wird vom Trainingsumfang, der Trainingsintensität, der Erholungsfähigkeit sowie vom aktuellen Leistungsstand des Sportlers beeinflusst. Nach Trainingsbelastungen ist eine zeitlich limitierte Erholung notwendig. Ist die Dauer der Erholung optimal platziert, folgt eine Phase der erhöhten Leistungsbereitschaft, die auch als Superkompensation bezeichnet wird (siehe Abb. 16).

Wenn das Prinzip der Superkompensation wirksam werden soll, müssen auch die Erholungsphase effektiv gestaltet und der nachfolgende Belastungsreiz zeitlich und inhaltlich richtig gesetzt werden. Die Erholungsphase hat das Ziel der optimalen Regeneration. Stretching, Massage, eine auf die Regeneration abgestimmte Ernährung und ausreichend Schlaf unterstützen sie. Auch »aktive Pausen« mit Kompensationstraining verkürzen die Erholungszeiträume bzw. verbessern die Regeneration. Das Prinzip der Superkompensation, das nach allen Trainingseinheiten wirkt, kann auch gezielt zur Leistungssteigerung genutzt werden.

Methodik der Superkompensation

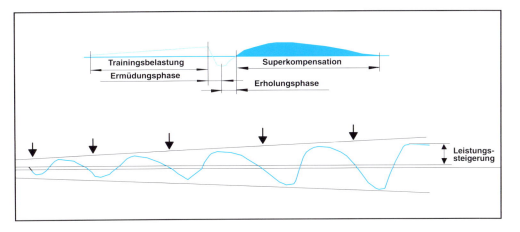

Abb. 16:
Das Prinzip der Superkompensation

Die folgenden fünf Grundregeln wurden in der Praxis erprobt und können zur Anwendung empfohlen werden:

1. Bei mehrstündigen Ausdauerbelastungen sollte nur einmal täglich trainiert werden. Die nächste Belastung folgt erst am folgenden Tag.
2. Belastungen sollten im Block erfolgen. D. h. an 2–5 aufeinander folgenden Tagen ist zum Beispiel ein Ausdauertraining im Block zu empfehlen. Beim Einsatz intensiver Trainingsbereiche sind kürzere Blöcke, 2–3 Tage, ratsam.
3. Nach Blöcken der Belastung sollte grundsätzlich ein Erholungstag folgen, an dem maximal ein kurzes Kompensationstraining die Erholung positiv beeinflusst.
4. Krafttraining oder Intensitätstraining beginnt nach dem Erholungstag. Stehen an einem Tag mehrere Trainingseinheiten auf dem Programm, beginnt man mit dem Intensitätstraining zuerst: z. B. Krafttraining am Morgen und Ausdauertraining – wenn überhaupt noch – am Nachmittag.
5. Superkompensationseffekte haben auch eine Langzeitwirkung wie beispielsweise nach Etappenrennen. 6–10 Tage nach Etappenrennende ist eine erhöhte Leistungsbereitschaft vorhanden, vorausgesetzt, die Regeneration wurde optimal gestaltet.

Das Prinzip der Superkompensation kann trainingsmethodisch zur Leistungssteigerung bei Eintageswettkämpfen genutzt werden. So wird zum Beispiel vor wichtigen Wettkämpfen 2–5 Tage vor dem Hauptwettkampf ein Superkompensationstraining gezielt angesetzt. Sportler reagieren auf Belastungen unterschiedlich. Deshalb sollte der 3–5-tägige Rhythmus vor dem Hauptwettkampf individuell ausgetestet werden. Ein Sportler erreicht das Optimum am 2. Tag, andere benötigen längere Zeiträume. Die Praxis zeigt, dass für viele Sportler der 3. Tag vor dem Hauptwettkampf zum Erfolg führt. Das Superkompensationstraining besteht aus einer umfangreichen und intensiven Belastung. Auch ein Wettkampf kann zur Erreichung des Superkompensationseffektes angesetzt werden (siehe Tabelle 10, Seite 46).

Trainingsmethoden – Trainingsmittel

Tabelle 10:
Gestaltung der Superkompensation vor einem Hauptwettkampf

Tag	Trainingsinhalt
1.	frei
2.	kürzeres intensiveres Training, z. B. im GA- und Entwicklungsbereich
3.	Superkompensationstraining, z. B. im Entwicklungs- und Spitzenbereich
4.	kurzes Training im Kompensationsbereich
5.	kurzes Training im Kompensationsbereich mit ein oder zwei intensiveren Einlagen
6.	Hauptwettkampf

Durch eine gezielte Ernährung ist der Effekt noch zu verstärken. In Tabelle 11 ist dazu ein Vorschlag aufgelistet. Das Prinzip der »Superkompensationsernährung« ist mit der sog. »Schwedendiät« nicht identisch. Es zielt auf Harmonie und Realismus, während die Schwedendiät vor allem im psychischen Bereich durch den Radikalismus in der Ernährung schlechte Voraussetzungen für anschließende Höchstleistungen bietet. Im Vorschlag erfolgt an drei Tagen vor dem Superkompensationstraining eine eiweißreiche, kohlenhydratarme Ernährung. Mit dem Superkompensationstraining werden die Glykogenspeicher umfangreich geleert. Danach erfolgt bis zum Hauptwettkampf eine kohlenhydratreiche, eiweißarme Ernährung. Die Glykogenspeicher werden wieder gefüllt. Training und Ernährung führen bei optimaler Dosierung dazu, dass sich bis zu 20% mehr Glykogen im »Speicher« befinden als normal.

Das Ausdauertraining

Das Ausdauertraining ist auf die Verbesserung der allgemeinen und speziellen Ausdauer, der Grundlagenausdauer und der Kondition ausgerichtet. Die Ausdauer kann im Rahmen des langfristigen Leistungsaufbaus mit allgemeinen (polysportiven) und speziellen Trainingsmitteln verbessert werden. Vom Aufbau bis zum Hochleistungstraining sind die Anteile allgemeiner und spezieller Trainingsmittel unterschiedlich. Mit fortschreitendem Trainingsalter nimmt die Spezifik der Ausbildung zu. Eine besondere Bedeutung hat das Ausdauertraining in den Vorbereitungsperioden. Mit einem umfangreichen Ausdauertraining soll die Grundlagenausdauer stark verbessert werden. Maßstab für dieses Ziel ist die Steigerung der Leistung an der aeroben Schwelle.
In Abb. 17 (Seite 49) ist das Prinzip der Leistungssteigerung dargestellt. Das Ausdauertraining bildet die Basis der Leistung im Straßenradsport. Es bewirkt eine deutliche Verbesserung der Leistungsfähigkeit im aeroben Bereich. Sie wird zum Beispiel mit der Leistung bei Laktat 3 gekennzeichnet. Durch ein optimales Grundlagenausdauertraining kann die Leistung bei Laktat 3 stark verbessert werden. Erst wenn dies erreicht ist, folgen intensivere Belastungen, vor allem im aerob-anaeroben Bereich. Diese zielen auf eine Leistungssteigerung im aerob-anaeroben

Tabelle 11: Vorschlag für eine 7-tägige Superkompensationsernährung

1. Tag: Eiweißkost

Frühstück
200 ml	Milch (1,5% Fett), Kaffee, Tee ohne Zucker
	Vollkorn- oder Mehrkornbrot oder dgl. als Brötchen
80 g	Vollkornmüsli ohne Trockenobst
250 g	Kräuterquark (20% Fett)
	Diätmargarine
	Honig
	1 Birne oder Apfel
150 g	Joghurt (1,5% Fett)

Nachmittag
300 ml	Milch (1,5% Fett)
2 St.	Erdbeertorte ohne Sahne (dünner Teigboden)

Mittagessen
150 g	Rohkostteller mit fettarmem Dressing
	Vollkornnudeln
200 g	Gegrilltes Rinderfilet
	Gedünstetes Möhrengemüse
250 g	Quarkspeise mit Banane (20% Fett) ungesüßt
	Mineralwasser

Abendessen
	Vollkornbrot, Diätmargarine
150 g	Fettarmer roher Schinken
30 g	Fettarmer Schnittkäse
200 g	Quark (20% Fett)
150 g	Vollkorn-Nudelsalat mit fettarmem Dressing und Roter Bete, klein gewürfelt
	Mineralwasser

2. Tag: Eiweißkost

Frühstück
	Kaffee, Tee, Milch (1,5% Fett) ohne Zucker
80 g	Vollkornmüsli
	Diätmargarine, Honig, Vollkornbrot, Mehrkornbrötchen
250 g	Bananenquark (20% Fett) ungesüßt
150 g	Joghurt (1,5% Fett)

Nachmittag
	Kaffee oder Tee ohne Zucker und Sahne
2 St.	Magerquark-Kuchen (ohne Teigboden)

Mittagessen
150 g	Naturreis
200 g	Gedünsteter Fisch (Rotbarsch oder Seelachs)
200 g	Gedünsteter Spargel
	Obstsalat bestehend aus Apfel, Birne, Pfirsich, Nüssen, Mandeln
	Mineralwasser

Abendessen
	Vollkornbrot, Diätmargarine
200 g	Rinder-Tatar
	Tomate, Gurke, Zwiebel, Schnittlauch, Gewürze
150 g	Joghurt (1,5% Fett)
	Mineralwasser
30 g	Käse
200 ml	Milch (1,5% Fett)
1	Pfirsich

3. Tag: Eiweißkost

Frühstück
	Kaffee, Tee ohne Zucker, Milch (1,5% Fett)
	Vollkornbrot, Mehrkornbrötchen
	Diätmargarine, Honig
80 g	Vollkornmüsli
250 g	Kräutermagerquark
150 g	Joghurt (1,5% Fett)
1	Birne oder Apfel

Nachmittag
	Kaffee, Tee ungesüßt
2 St.	Obstkuchen ohne Sahne (Biskuitteig)

Mittagessen
½	Gegrilltes Huhn
150 g	Vollkornnudeln
	Gedünsteter Rosenkohl
250 g	Pfirsichmagerquark ungesüßt
	Mineralwasser

Abendessen
	Linsensuppe fettarm
	Vollkornbrot, Diätmargarine, Mineralwasser
	Roher und gekochter magerer Schinken
100 g	Gegrilltes Rinderfilet
	Grüner Salat mit fettarmem Dressing

Achtung: Vom 1. bis 3. Tag alle Getränke, auch vor und nach den Mahlzeiten, fettarm, ohne Zucker, eiweißorientiert (Mineralwasser, Buttermilch, Apfelsaftschorle).

(Fortsetzung nächste Seite)

Tabelle 11: Superkompensationsernährung *(Fortsetzung)*

4. Tag: Kohlenhydratreiche Kost

Frühstück

	Kaffee, Tee ohne Zucker, Milch (1,5% Fett)
	Vollkornbrot, Mehrkornbrötchen, Diätmargarine
	Honig, Konfitüre
150 g	Joghurt (1,5% Fett)
	Vollkornmüsli
1	Banane

Nachmittag

	Eiskaffee
2–3 St.	Gefüllter Streuselkuchen

Mittagessen

Obstkaltschale
Spaghetti Bolognaise
Pudding
Fruchtsaft oder Apfelsaftschorle

Abendessen

Reissalat
Thunfisch, Schinken, Camembert, Wurst
Brot, Butter/Margarine
Obstsalat
Apfelsaftschorle

---

5. Tag: Kohlenhydratreiche Kost

Frühstück

	Kaffee, Tee ohne Zucker, Milch (1,5% Fett)
	Brot, Brötchen
	Konfitüre, Honig
	Müsli, Banane
1	Wiener Würstchen

Nachmittag

	Kaffee
2–3 St.	Gefüllte Mürbteigstücke

Mittagessen

	Obstkaltschale
150 g	Gefülltes Schweinefilet mit Spargel und Salzkartoffeln
	Vanillepudding mit Brombeeren

Abendessen

Salatteller
Nudelsalat
Schinken, Wurst, Käse
Brot, Butter
Apfelsaftschorle
Eis mit heißen Früchten

---

6. Tag: Kohlenhydratreiche Kost

Frühstück

	Kaffee, Tee ohne Zucker, Milch (1,5% Fett)
	Brot, Brötchen
	Konfitüre, Honig
	Müsli
1	Spiegelei
150 g	Obst

Nachmittag

	Kaffee
2–3 St.	Obsttorte ohne Fett und Sahne

Mittagessen

	Obstkaltschale
	Nudelsuppe
150 g	Gegrillte Rinderlende mit Karotten und Kartoffelpüree
	Pudding
	Apfelsaftschorle

Abendessen

Nudelauflauf
Schinken, Wurst, Käse
Brot, Butter, Margarine
Obstsalat
Apfelsaftschorle

---

7. Tag: Hauptwettkampftag

Frühstück

Kaffee, Tee ohne Zucker, Milch (1,5% Fett)
Brot, Brötchen
Konfitüre, Honig
Müsli
Omelette natur

Mittagessen

Spargelcremesuppe
Spaghetti natur und Tomatensauce
mit Parmesankäse
Cremespeise mit Beeren oder Banane

Achtung: Vom 4. bis 7. Tag kohlenhydratreiche Getränke einsetzen

Schnelligkeitstraining

Bereich hin. Hier kann die Leistung zum Beispiel bei Laktat 6 die Leistungsfähigkeit im aerob-anaeroben Bereich repräsentieren. Ist ein guter Trainingszustand auch hier erreicht, können anaerob wirkende Trainingsmethoden und -mittel eingesetzt werden.

Das anaerobe Leistungsvermögen ist durch die Begrenzung der Kapazität des Kohlenhydratstoffwechsels limitiert. Das Grundlagenausdauervermögen sinkt bei hohen Intensitäten schnell wieder ab. In Phasen, wo Intensitätstraining oder Wettkämpfe dominieren, sollte deshalb immer wieder Ausdauertraining integriert werden, um die Grundlagenausdauer auf einem hohen Niveau zu erhalten

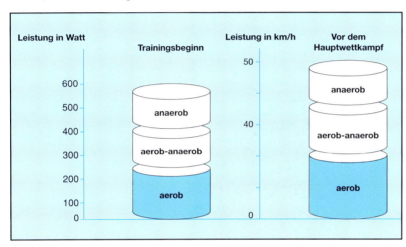

Abb. 17: Prinzip der Leistungssteigerung im Radsport

Das Schnelligkeitstraining

Unter Schnelligkeit wird die schnellstmögliche Bewegungsausführung (im Tretzyklus) verstanden. Dazu bedarf es vor allem eines guten Ausbildungsstands der neuromuskulären Steuerung und Regelung. Das Schnelligkeitstraining zielt im Straßenradsport vor allem auf die Verbesserung des Antrittsvermögens, des Spurtvermögens und der im Wettkampf häufig folgenden Tempowechsel ab. Dabei werden besonders hohe Anforderungen an die Tretfrequenz gestellt. Das Schnelligkeitstraining ist deshalb auch ein Training der optimalen bzw. der maximalen Tretfrequenz. Schnelligkeit ist aber auch an Vortriebsleistung und demzufolge an die Kraft gebunden.

Die Schnelligkeit wird spezifisch trainiert. Die Erholung soll optimal sein, bevor neue Schnelligkeitsreize gesetzt werden. Es kommt deshalb die Wiederholungsmethode zum Einsatz. Die eingesetzte Methode verläuft in aerob-anaeroben und anaeroben Bereichen (Kohlenhydratstoffwechsel). Für Verstärkung der Wirkung des Schnelligkeitstrainings (Tretfrequenztraining) kann auch der Einsatz von Hilfsmitteln erfolgen: Rollen, Ergometer, starre Naben, Motorführung.

Trainingsmethoden – Trainingsmittel

Training in der Staffel schult die Technik …

… während Radbeherrschung in Perfektion auf der Rolle trainiert wird

Das Krafttraining

Unter dem Begriff »Kraft« ist die Fähigkeit des Muskel-Nerven-Systems zu verstehen, durch Stoffwechselprozesse und Muskelkontraktion Widerstände zu überwinden. Sie wird trainingsmethodisch in drei Bereiche unterteilt:
1. **Die Maximalkraft.** Sie ist die höchstmögliche Kraft, die gegen einen Widerstand erzeugt werden kann.
2. **Die Schnellkraft.** Sie ist eine Kraft, die in einer zur Verfügung stehenden Zeit zu erbringen ist.
3. **Die Kraftausdauer.** Sie ist durch einen mittleren Krafteinsatz über längere Zeiträume gekennzeichnet.

Auch im Krafttraining wird unter den Trainingsmitteln zwischen allgemeinem und speziellem Krafttraining unterschieden. In den Tabellen 8 und 9 des Kapitels 2 sind die Methoden und Programme des spezifischen Krafttrainings ausführlich dargestellt. Im Kapitel 11 »Aufbautraining« wird ausführlich das Krafttraining (K1–K5) mit allgemeinen Trainingsmitteln dargestellt.

Ergometertraining

Das Ergometertraining

Rollen, Ergometer und Laufbänder waren in ihren Geburtsstunden Hilfstrainingsmittel und Notlösungen, insbesondere in den Phasen der Wintermonate, wo in Mitteleuropa witterungsbedingt »schlecht« trainiert werden kann. Die Weiterentwicklung der Geräte, die Einbindung der Mikroelektronik und die Integration der Trainingsmethodik haben bewirkt, dass heute und vor allem in der Zukunft Ergometer und Laufbänder neue Maßstäbe für die sportliche Ausbildung setzen können. Neue Trainingsreize sind schon heute mit den bekannten Mitteln und Methoden des Ergometertrainings möglich. Die Belastungen können mit höchster Genauigkeit programmiert und anschließend trainiert werden (z. B. im spezifischen Krafttraining). Auch alle denkbaren Streckenprofile können mit allen Einzelheiten erfasst, ihre Daten abgespeichert und danach simuliert werden. Die Steuerung der Belastung mit dem Computer und die detaillierte Auswertung eröffnen dem Hochleistungstraining neue Möglichkeiten zur Leistungssteigerung. Auch der Hobbyfahrer findet interessantere Trainingsvarianten und kann, ausgehend vom Steuer- und Informationsdisplay, dem Ergometerfahren Freude und Motivation abgewinnen.

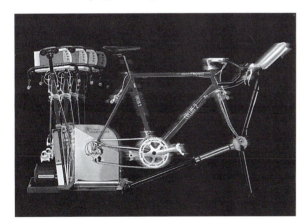

Links: Das Hochleistungsergometer »Cyclus 2«

Unten: Untrennbar: Hochleistungsergometer und Leistungsdiagnostik

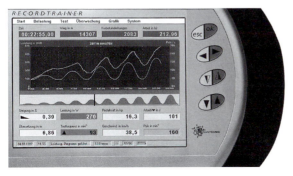

Links: Display Rekordtrainer

Trainingsmethoden – Trainingsmittel

Das Höhentraining

Spätestens seit den Stundenweltrekorden von Ole Ritter, Eddy Merckx und Francesco Moser oder den Olympischen Spielen 1968 in Mexiko kennt die Sportwelt den Effekt des Höhentrainings. Es wird auch Hypoxietraining genannt. Es hat in fast allen Ausdauersportarten Einzug gehalten und hilft, Leistungsreserven zu erschließen. Zwei Zielstellungen lassen sich dadurch realisieren:

1. Training und Wettkämpfe in der Höhe werden genutzt, um eine Leistungssteigerung nach Rückkehr unter normalen Bedingungen (NN) zu ermöglichen. Das Höhentraining schafft für dieses Ziel ideale Voraussetzungen und wird deshalb in den Ausdauersportarten sehr häufig angewandt, da die Leistungsvoraussetzungen im aeroben Bereich deutlich gesteigert werden können.
2. Es finden bedeutende Wettkämpfe in der Höhe (1800–3000 m über NN) statt. Der Sportler muss sich auf die veränderten Bedingungen vorbereiten, die durch die Höhenlage entstehen.

Physiologische Vorbemerkungen

Hypoxie ist der Zustand des Sauerstoffmangels gegenüber normalen Verhältnissen unter NN. Sauerstoffmangel entsteht in Höhenlagen (Hochgebirge) oder durch künstliche Verhältnisse, wie sie zum Beispiel in Barokammern, Höhenhäusern oder durch Atemmasken simuliert werden können. Sauerstoffmangel wird durch die Senkung des auf Meereshöhe herrschenden Sauerstoffpartialdrucks hervorgerufen. Ein reduzierter Sauerstoffpartialdruck in der Atemluft bewirkt eine geringere Sauerstoffaufnahme. Dadurch ist auch der arterielle Sauerstoffpartialdruck geringer, da mit zunehmender Höhe sich der Luftdruck und der Sauerstoffpartialdruck vermindern, wie aus Tabelle 12 hervorgeht.

Tabelle 12: Reduzierung des Luftdrucks, des Sauerstoffpartialdrucks und des Sauerstoffanteils bei steigender Höhe

Höhe (m)	Luftdruck (hPa)	Sauerstoffpartialdruck Trachealluft	Alveolarluft	Sauerstoff in Vol.%
NN	1013	199	147	20,94
1000	898	175	123	18,5
2000	795	153	101	16,2
3000	701	133	81	14,3
4000	616	116	67	12,6

Unter Höhenbedingungen steht dem Organismus weniger Sauerstoff für die Energiebereitstellung zur Verfügung. Alle körperlichen Leistungen, der Sport inbegriffen, sind aber eng mit dem Sauerstoff- und Energieumsatz verbunden. Das Höhentraining ist ein Training unter Sauerstoffmangel. Der Organismus muss sich anpassen und auf die neuen Bedingungen einstellen. Dabei kommt es zu folgenden Reaktionen:

Höhentraining

1. Das Hämoglobin (Hb = roter Blutfarbstoff) bindet den Sauerstoff im Blut und transportiert ihn zur Muskelzelle. Höhenbedingungen führen zu einem Anstieg der roten Blutkörperchen und des Hämoglobins im Blut. Die Transportkapazität für den Sauerstoff erhöht sich. Die Fließeigenschaften des Blutes verbessern sich. Sauerstoff wird leichter und schneller an die Muskelzellen abgegeben.
2. Der reduzierte Sauerstoffpartialdruck bewirkt eine höhere Atemfrequenz, wodurch auch eine höhere CO_2-Abatmung erfolgt. Höhentraining ist auch ein Atemfrequenztraining und bewirkt eine Steigerung des Atemminutenvolumens.
3. In der Höhe nimmt der Wasserdampfdruck ab. Zum Gasaustausch in der Lunge, wo die eingeatmete Luft auf 37 °C und die Sättigung der Atemluft mit Wasserdampf erfolgt, ist eine stärkere Wasserabgabe der Schleimhäute in den Atemwegen notwendig. Unter Hypoxiebedingungen trocknen die Schleimhäute schneller aus. Häufigeres Trinken und die Regulierung des höheren Flüssigkeitsbedarfs verhindern Infektionen der Atemwege.
4. Hypoxie erfordert Rückkopplungen an die Ernährung. Beim oxidativen Stoffwechsel werden die freien Fettsäuren und die Blutglukose als Hauptenergieträger in Richtung des Kohlenhydratstoffwechsels verschoben. Dadurch benötigt der Organismus mehr Glukose aus der Leber. Bei der Zusammenstellung der Menüpläne muss dieser Faktor beachtet werden. Der Anteil der Kohlenhydrate sollte 60% nicht unterschreiten. Dies kann insbesondere auch durch kohlenhydratreiche Zwischenmahlzeiten erreicht werden.
5. Unter natürlichen Hypoxiebedingungen ist die Sonnenstrahlung wesentlich intensiver als unter NN. Höhere ultraviolette Anteile bilden eine zusätzliche körperliche Belastung. Ein umfassender Schutz vor der Sonne ist vom ersten Tag an notwendig.

Physikalische Besonderheiten

Zur Überwindung des Luftwiderstands wird ein hoher Anteil von umgewandelter Energie im Radsport benötigt. Die »dünnere Luft«, wie sie unter Hypoxiebedingungen anzutreffen ist, bewirkt einen geringeren Luftwiderstand. Geringerer Luftwiderstand bedeutet Geschwindigkeitsgewinn bei gleichem energetischen Aufwand oder geringerer Aufwand bei gleicher Geschwindigkeit. Längere Höhenaufenthalte können einen Verlust der Kraftfähigkeiten nach sich ziehen, wenn dieser Faktor bei der Belastungsgestaltung unterschätzt wird.

Vorbereitung zum Höhenaufenthalt

Die komplizierten physiologischen Vorgänge, auf die in diesem Rahmen nur im Überblick eingegangen wurde, erfordern eine perfekte Vorbereitung des Höhentrainings. Oft erschweren sich die Bedingungen vor Ort noch durch den Wechsel von Zeit- und Klimazonen. Aus eigener Praxis können sechs goldene Grundregeln an die Vorbereitung auf ein Höhentraining weitergegeben werden:
1. Sehr guter konditioneller Zustand, insbesondere ein gutes aerobes Leistungsniveau. Eine leistungsdiagnostische Untersuchung (KLD) ist vor dem Höhentraining ratsam.

Trainingsmethoden – Trainingsmittel

2. Guter, stabiler Gesundheitszustand. In der Höhe machen sich defekte Zähne oder ein gereizter Blinddarm sofort bemerkbar und führen notwendigerweise zu einer vorzeitigen Rückreise.
3. Eine zweckmäßige Bekleidung ist mitzunehmen. Große Temperaturschwankungen von morgens bis mittags und zur Nacht treten oft auf. Effektiven Sonnenschutz mitnehmen und immer auftragen.
4. Vorher die Topographie erkunden. Die notwendigen Übersetzungen mitnehmen. Krafttraining integrieren, um einen Verlust der Kraft in der Höhe durch den geringeren Luftwiderstand auszuschließen.
5. Wenn Zeitzonen in Richtung Westen zu überwinden sind, die Flüge so buchen, dass Europa morgens verlassen wird. So erfolgt die Ankunft am gleichen Tag abends. Im Flugzeug nicht schlafen und sich nach Ankunft sofort dem neuen Tagesrhythmus anpassen. Wenn Zeitzonen in Richtung Osten verlassen werden, den Flug am späten Nachmittag buchen. Die Ankunft erfolgt dann morgens. Im Flugzeug schlafen und sich nach Ankunft sofort dem neuen Tagesrhythmus anpassen.
6. Das Höhentraining beginnt mit einer Anpassungsphase vor Ort. Trainingsumfang und Trainingsintensität werden reduziert. Das Training, die Freizeit und andere Aufgaben so koordinieren, dass der neue Tagesrhythmus vom Organismus angenommen wird (tagsüber nicht schlafen). Die Anpassung bei Zeitzonenwechsel über 6 Stunden dauert 3–5 Tage. Bleibt das Höhentraining in der Zeitzone, reduziert sich die Anpassung auf 2–3 Tage. Der Verlauf der Anpassung kann mit dem Ruhepuls kontrolliert werden. Ein stabiler Ruhepuls wie unter NN bedeutet, dass der Organismus voll angepasst ist (siehe Abb. 18).

Abb. 18:
Darstellung des Ruhepulses unter Höhenbedingungen

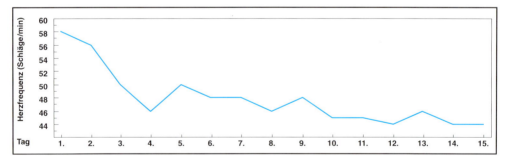

Effektive Gestaltung

Für den Radsport sind Höhentrainings unter natürlichen Bedingungen nur dann effektiv, wenn gute Bedingungen (Klima, Strecken und Streckenprofil, Straßenbelag) gegeben sind. Ist dies nicht der Fall, gibt es auch Kombinationsmöglichkeiten: Unten trainieren – in der Höhe wohnen; in der Barokammer oder auf dem Ergometer/Laufband trainieren – in der Kammer wohnen; außen trainieren – im Höhenhaus leben; mit der Maske unten trainieren – in der Höhe leben.

Höhentraining

Dauer des Höhentrainings

Soll das Höhentraining eine mögliche Leistungsreserve erschließen, so ist ein Aufenthalt als Minimum von 21 Tagen, als Optimum von 28 Tagen zu empfehlen. Auch wenn mehrfache Höhenaufenthalte im Jahr stattfinden, sollte der Einzelaufenthalt nicht unter 21 Tage sein. Höhenaufenthalte unter 21 Tagen bringen nicht den gewünschten Trainingseffekt.

Optimale Trainingshöhe

Die Wahl des Ortes hat eine große Bedeutung. Höhenlagen zwischen 2000 und 3000 m erweisen sich in der Praxis als optimal. Unter 2000 m ist der Effekt unter den Erwartungen. Höhen über 3000 m schränken das Training im Umfang und in der Intensität ein. Dazu sind die Anpassungen länger und verkürzen die Tage der effektiven Belastung.

Höhentrainingsorte

Für den Radsport erfüllen nur wenige Orte die spezifischen Kriterien eines effektiven Höhentrainings. In Frage kommen St. Moritz (Schweiz), Belfast (Südafrika), Colorado Springs (USA), Toluca (Mexiko), Duitama (Kolumbien).

Hypoxieketten

Mehrere Höhentrainingslager im Jahr werden als »Hypoxiekette« bezeichnet. Sie können sehr gut gestaltet werden, indem zum Beispiel natürliche Höhe mit künstlicher Höhe kombiniert wird. Auch ein Höhenaufenthalt (ohne Radtraining, z. B. in der Vorbereitungsperiode oder im Urlaub) mit Bergsteigen oder Skifahren ist eine nützliche Integration. In Abb. 19 (Seite 56) sind Vorschläge zur Gestaltung von Hypoxieketten dargestellt.

Inhaltliche Gestaltung

Die inhaltliche Gestaltung des Höhentrainings richtet sich nach den Ausbildungszielen und Aufgaben der jeweiligen Trainingsperiode. Grundlagenausdauertraining, kombiniert mit Krafttraining, ist ein Inhalt, der sich unter natürlichen Höhenbedingungen sehr gut verwirklichen lässt. In beiden Bereichen können, durch die Hypoxiebedingungen begünstigt, die größten Leistungsreserven erschlossen werden. Intensitätstraining und Wettkämpfe passen schlechter zum Höhentraining. Wenn jedoch Hauptwettkämpfe in der Höhe stattfinden, ist es ratsam, vorher auch Intensität und Wettkampf einzubeziehen.
Die Höhenbedingungen erfordern eine perfekte Intensitätssteuerung. Fehler in der inhaltlichen Gestaltung und der Intensitätssteuerung haben größere negative Auswirkungen im Vergleich zu denen unter NN-Bedingungen. In Abb. 20 (Seite 57) wird ein Beispiel der inhaltlichen Gestaltung eines Höhentrainings dargestellt. Von Bedeutung sind die Anpassungsphase, die zyklische Gestaltung (Blockbildung), die trainingsfreien Tage und der gezielte Einsatz von Intensitäten.

Trainingsmethoden – Trainingsmittel

Abb. 19:
Prinzipielle Gestaltung einer Hypoxiekette in der Vorbereitungsperiode, z. B. Vorbereitung auf die Olympischen Spiele 1988. Mit dem Gewinn von 2 möglichen Goldmedaillen (Olaf Ludwig und DDR-Straßenvierer) wurde der Effekt der positiven Hypoxiekette eindeutig demonstriert.

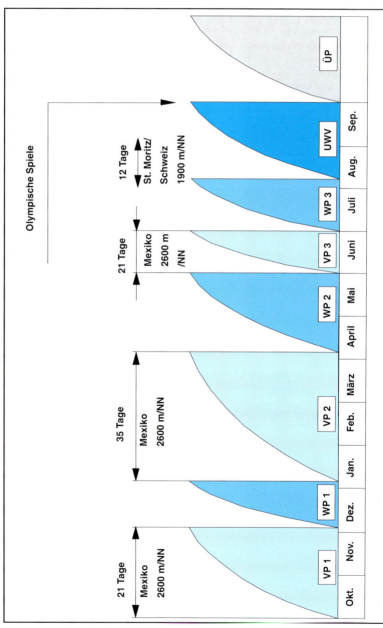

Höhentraining

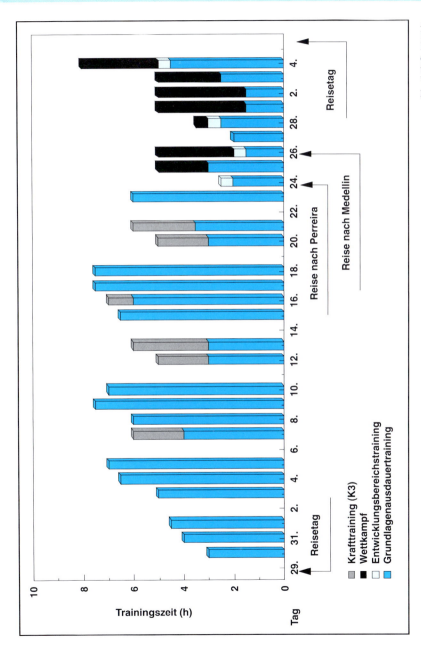

Abb. 20:
Beispiel für die zyklische Gestaltung des Höhentrainings über 35 Tage in der Vorbereitungsperiode

Trainingsmethoden – Trainingsmittel

Nachbereitungsphase – Leistungszuwachs

Die Phase der erhöhten Leistungsbereitschaft tritt nach dem 12. Tag nach Rückkehr aus der Höhe ein und dauert 2–3 Wochen bei einmaligem Höhentraining. In der Hypoxiekette sind ähnliche Verläufe zu registrieren. Die Hypoxiekette garantiert aber im Jahresverlauf ein durchgängig höheres Niveau, insbesondere im Bereich der Grundlagenausdauer.

Im Höhentraining hat sich der Organismus an die veränderten Bedingungen gewöhnt und benötigt zuerst Zeit für eine Rückanpassung. Sie erfolgt in den ersten 6 Tagen, wobei es zu einer verminderten Leistungsfähigkeit kommt. In dieser Phase sollte keine Intensität trainiert oder Wettkämpfe bestritten werden. Vom 7.–12. Tag ist die Leistungsfähigkeit Schwankungen unterworfen: Ein Tag ist schon gut, der andere wiederum nicht. Grundlagenausdauertraining und gut dosierte Intensitäten begünstigen die Entwicklung. Der Ruhepuls gibt auch in dieser Phase Auskunft über die Anpassung.

Werden bei der Rückkehr aus dem Höhentraining wiederum Zeitzonen überflogen, gelten die gleichen Hinweise wie bei der Anreise.

Das Mountain-Air-Höhentraining

Ein neues Trainingsmittel ist das »Mountain-Air-Höhentraining«. Ein mobiles Gerät produziert ein Sauerstoff-Luftgemisch. Der Sportler sitzt unter einer Glocke und atmet die Bergluft ein; dabei können Höhenlagen von 2200–6000 m simuliert werden. Im Gegensatz zu den Höhenhäusern oder Barokammern arbeitet das Mountain-Air-Programm ohne die negativen Wirkungen des veränderten Luftdrucks. So muss im Gegensatz zum Hypoxietraining die Trainingsintensität vor und nach dem Mountain-Air-Programm auch nicht reduziert werden.

Tabelle 13: Anwendungsempfehlungen zum Mountain-Air-Höhentraining

	Leistungssport	Breitensport	Wellness
Wiederholungen im Jahr	4–5	2–3	1–2
Anzahl der Sitzungen	14 je 65 min	14 je 40 min	10 je 30 min
Programm	1. Sitzung 12% 4600 m 2.–14. Sitzung 9% 6400 m	1. Sitzung 12% 4600 m 2. Sitzung 11% 5200 m 3. Sitzung 10% 5800 m 4.–14. Sitzung 9% 6400 m	1. Sitzung 14% 3400 m 2. Sitzung 12% 4600 m 3.–10. Sitzung 10% 5800 m

Mountain-Air-Höhentraining

Mountain-Air-Trainingsgerät

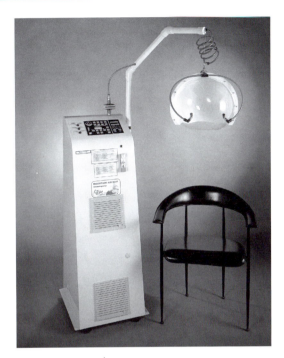

TOSMA-Höhentraining

Die praktikabelste Form des Höhentrainings unter künstlichen Bedingungen wurde von der Berliner Firma TOSMA entwickelt. Sie hat eine neue Technik gefunden, wo unter normalem Luftdruck der Sauerstoffgehalt der Luft reduziert wird. Der normale Sauerstoffgehalt der Luft unter NN-Bedingungen beträgt 20,9 %. Um optimale Höhentrainingsbedingungen von 2500 m zu erreichen, muss der Sauerstoffgehalt auf 15 % gesenkt werden. Die TOSMA-Technik produziert ein Luftgemisch mit reduziertem Sauerstoffanteil. Spezielle Generatoren trennen kontinuierlich durch ein Molekularsieb einen Teil des Sauerstoffes von der Luft. Das verbleibende sauerstoffreduzierte Luftgemisch wird ununterbrochen in den Trainingsraum geleitet, um die gewünschte Höhe (Höhen bis 4200 m sind möglich) aufrechtzuerhalten. Gleichzeitig wird die verbrauchte Luft (Kohlendioxid) abgeleitet.
Prominentester Anwender im Radbereich des TOSMA-Höhentrainings ist T-Mobile-Kapitän Jan Ullrich.

Barokammertraining

Bemerkenswert ist auch die Methode von Dr. Fuchs und Volker Spiegel (Firma, Berlin). Sie reduzieren den Sauerstoffgehalt der Luft von 21 auf 15 % im Raum, wo trainiert wird. So schaffen Sie Höhenbedingungen, die sich auch Jan Ullrich zu Eigen macht.

Belastungssteuerung im Radsport

In der sportlichen Belastung spiegelt sich die Summe aller auf den Organismus einwirkenden Leistungsfaktoren wider. Diese Faktoren und ihre Parameter so aufeinander abzustimmen, dass eine progressive Leistungsentwicklung entstehen kann, ist das Ziel der Belastungssteuerung. Sie konzentriert sich in erster Linie auf die physischen Leistungsfaktoren. Wichtig ist aber, dass auch alle anderen Leistungsfaktoren mit einbezogen und beachtet werden, so dass die Komplexität der Ausbildung gewahrt bleibt.

Die physischen Leistungsfaktoren werden unter anderem durch die Parameter des Umfangs und der Intensität repräsentiert. Beide bilden das Zentrum der Belastungssteuerung. Der Umfang der sportlichen Belastung ist eine erste wichtige quantitative und qualitative Größe. Die Intensität der Belastung ist sehr sensibel und deshalb auch individuell zu gestalten. Die Zeiten, wo die Belastung nur in Form von Kilometern und Geschwindigkeiten ausgedrückt wurde, ist vorbei. Die Anzahl der Steuerparameter und ihre Bandbreite ist durch die Aufhellung der Leistungsstrukturen wesentlich breiter geworden.

Im Hochleistungstraining beginnen die Trainingsumfänge an ihre Grenzen zu stoßen. Das Zeitbudget für die sportliche Ausbildung ist nicht unendlich. Dieses Problem haben aber auch alle anderen Sporttreibenden; auch für sie ist das Zeitbudget begrenzt. Große Trainingsumfänge und hohe Intensitäten bedingen zudem eine umfassende, optimale Regeneration. Effektivität in allen Bereichen ist gefragt. Die Trainingszeit muss effektiver und gezielter ausgenutzt werden. Trainingszeiten, die außerhalb der inhaltlichen Vorgaben liegen, bedingen keine Leistungsentwicklung und müssen vermieden werden. Dieser hohe Anspruch soll mit der Belastungssteuerung realisiert werden.

Individuell und optimal belasten

Zwei Forderungen stehen an erster Stelle: Die Belastung muss individuell und optimal sein, d.h. es soll die Leistungsfähigkeit des Sportlers erhöht und das Optimum erreicht werden. Jeder Athlet hat seine persönlichen Leistungsvoraussetzungen und reagiert auf Belastungsreize sehr unterschiedlich. Aus diesem Tatbestand, der in der Wettkampfanalyse und der Leistungsdiagnostik tagtäglich beweisbar ist, resultiert die Forderung nach der Individualität. Gruppenbelastungen, wie sie in der Vergangenheit noch möglich waren, verlieren zum Teil ihren Trainingsreiz. Der Spitzenathlet muss in jeder Minute der Belastung in seinem persönlichen Optimum arbeiten, will er Leistungssprünge in bestimmten Perioden vollziehen. Sowohl eine Unterforderung als eine Überforderung ist diesem Ziel abträglich.

Ruhepuls

Der individuelle Trainingsplan, ganz gleich für welchen Zeitraum, bildet die Basis der Belastungssteuerung. Mit dem Trainingsplan werden die Kennziffern des Trainingsumfangs fixiert. Wichtige Prinzipien der Belastungssteuerung kennzeichnen den Trainingsplan:
- das Prinzip der steigenden Belastung im Jahresverlauf, aber auch in einzelnen Abschnitten und Perioden,
- die zyklische Trainingsgestaltung und die Planung von Belastung und Erholung,
- die Planung der Regeneration und der dazugehörigen Maßnahmen,
- der gezielte Einsatz und die Festlegung des Umfangs einzelner Trainingsbereiche, der Mittel und Methoden,
- die Festlegung von Zuwachsraten des Gesamtumfangs und detaillierter Umfänge in den einzelnen Bereichen auf der Basis des langfristigen Leistungsaufbaus,
- die Fixierung der Eckdaten, an denen eine Leistungsdiagnostik eine richtungsweisende Standortbestimmung ist.

Die Leistungsdiagnostik kontrolliert die Belastungssteuerung und liefert die individuellen Vorgaben für die Steuerung der Intensität. Verlässliche Steuerparameter ermöglichen optimale Belastungsreize zu setzen. Damit sind neben dem Trainingsumfang und seiner Parameter auch die der Intensität messbar und damit abrechenbar zu gestalten. Im Straßenradsport hat sich zur Intensitätssteuerung neben der Herzfrequenz die Tretfrequenz und die Übersetzung durchgesetzt. Ein weiterer Kontrollparameter ist das Laktat.

Der Ruhepuls

Der Ruhepuls ist ein wichtiger Parameter zur Belastungssteuerung. Er signalisiert tagtäglich den Zustand der Belastbarkeit und schließt die Nachwirkung der inneren und äußeren Belastungsfaktoren ein. Der Ruhepuls hängt von der Herzgröße, dem allgemeinen Gesundheitszustand sowie vom Zustand der Leistungsvoraussetzungen ab. Ein betont auf Ausdauer trainierter Sportler hat einen tiefen Ruhepuls. Im Extremfall tendiert er auf und vereinzelt unter 30 Schläge/min. Unabhängig von seiner Höhe zeichnet er sich durch Stabilität aus. Erkrankungen, Verletzungen, Überlastungen oder eine schlechte Regeneration bewirken seinen Anstieg und signalisiert, dass der Organismus nicht normal belastbar ist. Diese Warnung darf nicht übersehen werden. Zurückhaltung in allen Belastungsbereichen ist angesagt, wenn der Anstieg extrem ist (ab 10 Hf/min über dem Durchschnitt). Der Verlauf des Anstiegs sollte beobachtet werden. Oft zeigen sich erst später weitere Symptome, wie Fieber. Ist dies der Fall, bedeutet es Belastungsverbot, Diagnose, Behandlung. Erst wenn der Ruhepuls wieder stabil im Normbereich liegt, kann das Training erneut aufgenommen werden. Der größte Fehler, den ein Athlet in solch einer Anstiegsphase des Ruhepulses machen kann, ist weiter zu trainieren. Dabei wird das Immunsystem weiter geschwächt, der Krankheitsverlauf wird verzögert. Die Belastbarkeit und die sportliche Leistungsfähigkeit sind stark reduziert.
Der Ruhepuls sollte morgens nach dem Erwachen noch vor dem Aufstehen gemessen werden. Die Daten werden im Trainingstagebuch registriert. So kann der Ath-

Belastungssteuerung im Radsport

let zu jeder Zeit den Zustand seiner Belastbarkeit anhand des Ruhepulses beurteilen und Entscheidungen zum Tagesablauf am Morgen treffen.
In Abb. 21 ist ein Beispiel des Verlaufs des Ruhepulses aufgezeigt: Die ersten 8 Tage zeigen Stabilität. Am 9. Tag steigt er überdimensional an. Der Sportler stellt das Training ein, der Ruhepuls fällt am 11. Tag und erreicht am 13. Tag seinen Ausgangswert. Als Ursache des Anstieges konnte eine Erkältung diagnostiziert werden. Sie konnte innerhalb weniger Tage auskuriert werden. Der Trainingsausfall war vertretbar. Es mussten keine Medikamente, wie z. B. Antibiotika, eingesetzt werden.

Die Herzfrequenz

Auf der Suche nach einem einfachen Parameter zur Intensitätssteuerung hat sich die Herzfrequenz bewährt und weltweit in den Ausdauersportarten durchgesetzt. In der Herzfrequenz schlagen sich alle inneren und äußeren Belastungsfaktoren nieder. Hinzu kommt, dass die Herzfrequenz einfach zu messen ist. Die technischen Entwicklungen, vor allem durch den Marktführer Polar, sind beeindruckend. Die augenblickliche Verfügbarkeit des Parameters sowie der Abspeicherung und Auswertung hat dem Sporttreibenden und speziell dem Leistungssportler völlig neue Möglichkeiten eröffnet. Die Herzfrequenzmesser arbeiten mit der Genauigkeit eines EKGs im Klinikum und sind äußerst pflegeleicht. Im Gegensatz zu Blutabnahmen ist die Herzfrequenz »sportlerfreundlich«.
Die Belastungssteuerung mit der Herzfrequenz erfolgt, indem von der anaeroben Schwelle ausgehend den einzelnen Trainingsbereichen individuelle Vorgaben zugeordnet werden (siehe Tabelle 14).

Tabelle 14:
Beispiel der Herzfrequenz-Vorgaben für die einzelnen Trainingsbereiche

	Trainingsbereich	Herzfrequenz-Vorgabe
Anaerobe Schwelle 172 Hf/min	SB	172 > maximal
Aerob-anaerober Übergang 151–171 Hf/min	EB KmR (K1–K2) KmR (K3–K4)	160–172 150–170 150–170
Aerobe Schwelle 150 Hf/min	GA KB	120–150 >120

Für aerobe Belastungen (Fettstoffwechsel) stehen die Bereiche Kompensation (KB) und Grundlagenausdauer (GA). Belastungen im aerob-anaeroben Stoffwechsel (Übergang vom Fett- in den Kohlenhydratstoffwechsel) können mit dem Entwicklungsbereich (EB) sowie dem spezifischen Krafttraining (KmR) realisiert werden. Anaerobe Mobilisationen (Kohlenhydratstoffwechseln) werden im Spitzenbereich (SB) vollzogen. Der Athlet achtet nun darauf, dass er immer in seinen persönlichen Vorgabebereichen (individuellen Intensitätsbereichen) für den jeweiligen Trainingsbereich trainiert. Wenn ihm das gelingt, arbeitet er mit einer sehr großen

Herzfrequenz

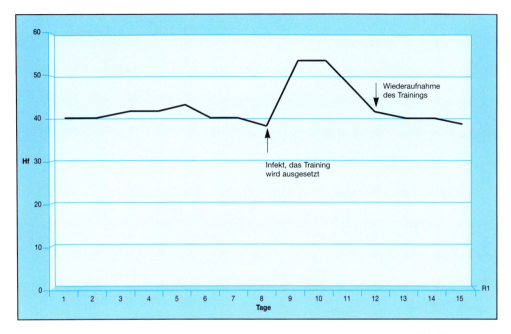

Abb. 21:
Beispiel eines
Ruhepulsverhaltens

Effektivität. Er erreicht dadurch Leistungsvoraussetzungen mit einem optimalen Aufwand an Zeit und Trainingsumfang.

Der Einsatz der Herzfrequenz erfolgt im Training und auch im Wettkampf. In den Aufbauwettkämpfen, wo in erster Linie der langfristige Aufbau und nicht das Ergebnis zählt, leistet der Herzfrequenzmesser dem Athleten besonders gute Dienste in der Intensitätsbeurteilung. Weltklassefahrer, die sich gezielt auf einzelne Rennen im Jahr vorbereiten, gehen in den Aufbauwettkämpfen selten über die Limits und steuern bewusst die Intensität der Wettkampfbelastungen mit der Herzfrequenz.

Die Tretfrequenz

Die leistungsstrukturellen Untersuchungen der Wettkämpfe haben bewiesen, dass die Tretfrequenz für die Leistung eine große Bedeutung besitzt. Sie wird in der Anzahl der Kurbelumdrehungen pro Minute gemessen und ist der repräsentative Parameter für die motorischen Fähigkeiten des Radsportlers. Die Höhe der Tretfrequenzen ist in den einzelnen Disziplinen unterschiedlich. Sie unterliegt zum Beispiel im Straßenrennen einer großen Dynamik. Im Einzelzeitfahren zeichnet sie sich eher durch eine Stabilität auf höchstem Niveau aus.

Belastungssteuerung im Radsport

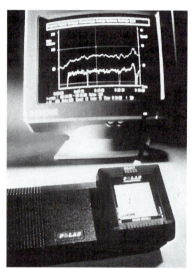

Oben: In der Pulsuhr gespeicherte Daten sind mit Interface oder der Infrarotschnittstelle von jedem PC schnell auszuwerten. Auch Sofortauswertung mittels Handy ist möglich

Brustgurt und Pacer sind schnell betriebsbereit. Die Technik der Telemetrie sorgt problemlos und mit höchster Präzision dafür, dass alles unter Kontrolle bleibt

Rechts: Belastungssteuerung mittels Herzfrequenzmessung hat sich in vielen Sportarten durchgesetzt

Tretfrequenz · Übersetzung · Leistungsmessung

Diese disziplinspezifischen Differenzierungen sind auch die Ausgangsposition, um die Tretfrequenz als Steuerparameter zu benutzen. Die Tretfrequenz wird den inhaltlichen Zielen der Belastung zugeordnet. Jeder Trainingsbereich hat deshalb seine eigenen Bandbreiten in der Tretfrequenz. Diese werden in Auswertung der KLD (komplexe Leistungsdiagnostik) und der Wettkämpfe dann noch individuell gestaltet. Deckt die Analyse des Wettkampfes Reserven in der Tretfrequenz auf, kann im Training dies beachtet und eine Korrektur vorgenommen werden. Die Fähigkeit, mit höheren Tretfrequenzen zu fahren, ist trainierbar. Die Basis dazu sollte im langfristigen Leistungsaufbau, in der biologisch begünstigten Phase für das »motorische Lernen« gelegt werden. Wird dies verpasst, sind spätere Korrekturen zeitaufwendig und oft nicht vom gewünschten Erfolg gekrönt. Ob Training oder Wettkampf, immer ist ein ökonomischer Tretrhythmus gefordert. Einzige Ausnahme: das spezielle Krafttraining.

Die Übersetzung

Der dritte Steuerparameter ist die Übersetzung. Die Übersetzung ist das Verhältnis zwischen dem benutzten Kettenblatt und dem Zahnkranz. Sie wird in Zoll bzw. in Metern pro Kurbelumdrehung umgerechnet angegeben. Die leistungsstrukturellen Untersuchungen der Wettkämpfe haben gezeigt, dass die Bandbreite der benutzten Übersetzungen sehr groß ist. Sie unterscheidet sich in der Ebene und am Berg erheblich. Übersetzung und Tretfrequenz stehen in einem direkten, abhängigen Verhältnis zueinander. Beide profitieren vom Kraftpotential des Sportlers. Defizite in der Kraft begrenzen Tretfrequenz und Übersetzung. Entsprechend der zu erwartenden Leistungsstruktur bei den Hauptwettkämpfen der Saison ist gezielt auf die zum Einsatz kommenden Übersetzungen hinzuarbeiten. Jeder Trainingsbereich hat deshalb auch seine Vorgaben bezüglich der empfohlenen Übersetzung. Eine Besonderheit im Radsport ist die variable Übersetzungsgestaltung. Sie entsteht durch die Variationsbreite der Schaltung, die in den letzten Jahren faszinierend erweitert wurde. Mit der Schaltung erhält der Sportler die Möglichkeit, seinen energetischen Einsatz zu optimieren.

Die Leistungsmessung

Die technische Entwicklung der Gerätesysteme zur Belastungssteuerung ermöglicht seit geraumer Zeit auch die Leistungsmessung in Watt. Sowohl der speziell für den Radsport entwickelte Polar S 725 als auch das SRM-Trainingssystem erfassen die Leistung in Watt. Für den Spitzensport eine bedeutende Größe zur systematischen Leistungsentwicklung.

Belastungssteuerung im Radsport

Das Dreieck der Intensitätssteuerung

Die Herzfrequenz, die Tretfrequenz und die Übersetzung bilden eine Dreiecksbeziehung zur Intensitätssteuerung. In der Praxis kann die Steuerung, wie folgende Beispiele aus den einzelnen Trainingsbereichen zeigen, angewandt werden:

- Im Kompensationsbereich steht das Ziel der aktiven Regeneration. Es wird eine sehr geringe Intensität gefordert. Der Fettstoffwechsel arbeitet auf der untersten Stufe, die Herzfrequenz liegt dementsprechend tief. Dazu werden kleine Übersetzungen gewählt und die Tretfrequenz wird so variabel gehalten, dass die Herzfrequenz im Vorgabebereich liegt.
- Im Grundlagenausdauertraining wird das Ziel verfolgt, die aerobe Leistungsfähigkeit zu erhöhen. Die Tretfrequenz soll um die 100 U/min betragen. Die Übersetzungen werden so variiert, dass die Herzfrequenz im Vorgabebereich angesiedelt bleibt.
- Der Entwicklungsbereich soll die Leistungsfähigkeit im aerob-anaeroben Übergang erhöhen. Er unterteilt sich in eine tretfrequenzorientierte und eine kraftorientierte Ausbildungsvariante. Bei der Kraftorientierung kommen größere Übersetzungen zum Einsatz, um einen Entwicklungsreiz für die Kraft zu setzen. Die Tretfrequenz bleibt variabel, damit die Herzfrequenz im Vorgabebereich bleibt. Die Frequenzorientierung tendiert zur Verbesserung motorischer Fähigkeiten und bevorzugt deshalb hohe Tretfrequenzen. Die Übersetzung wird variabel gehalten, um die Herzfrequenz im Vorgabebereich zu belassen.

Im Spitzenbereich geht es um die Verbesserung der anaeroben Mobilisation. Die Herzfrequenz soll zwischen der anaeroben Schwelle und dem Maximalwert liegen. Die Tretfrequenzen und die Übersetzungen sind hoch angesetzt und tendieren zum Maximum:

- Im speziellen Krafttraining, z. B. am Berg, liegt der Schwerpunkt beim hohen Krafteinsatz, der den Einsatz hoher Übersetzung bedingt. Konstante Stoffwechselverhältnisse können durch eine variable Tretfrequenz aufrechterhalten werden.

Die äußeren Belastungsfaktoren – Wind, Wetter, Profil und Straßenbelag – beeinflussen natürlich Tretfrequenz und Übersetzung. Beide sind so anzupassen, dass das Trainingsziel erreicht wird. Kriterium dafür ist, dass die Herzfrequenz im Bereich der individuellen Vorgaben bleibt. Mit dem Griff zum Schalthebel oder durch die Veränderung der Tretfrequenz kann der Sportler dafür sorgen, dass die angestrebten Stoffwechselparameter (die durch die Herzfrequenz repräsentiert werden) eingehalten werden.

5 Leistungsdiagnostik – Leistungstests

Die Bedeutung der komplexen Leistungsdiagnostik

Komplexe leistungsdiagnostische Untersuchungen sind heute für alle, die aktiv Sport treiben, notwendig. Vom Hobbyradler bis zum Spitzenfahrer hat die Leistungsdiagnostik zwei gemeinsame Ziele:
- den Gesundheitszustand zu analysieren und zu überwachen und
- den Stand der Leistungsvoraussetzungen festzustellen und davon geeignete Parameter für die Belastungsdosierung und die Belastungssteuerung abzuleiten.

Nur auf dieser Basis können die Leistungsfähigkeit planmäßig und zielgerichtet gesteigert und gesundheitliche Risiken, einschließlich des Übertrainings, weitestgehend ausgeschlossen werden. Die Anzahl der leistungsdiagnostischen Untersuchungen im Jahr sowie deren Umfang und Inhalt richtet sich nach den Zielen, Umfängen und Inhalten der sportlichen Belastung insgesamt (siehe Tabelle 15).

Wichtig für eine qualifizierte Aussage beispielsweise eines Stufentests ist die Vorbelastung des Sportlers in den letzten 48 Stunden vor dem Test. Es sollten standardisierte Vorbelastungen gewählt werden, d. h. Belastungen, die vor jedem Stufentest reproduzierbar sind. Damit soll erreicht werden, dass der Sportler in einem relativ erholten Zustand getestet wird. Der Testzustand sollte dem eines bedeutenden Wettkampfs entsprechen. Der Zustand des Sportlers sollte die exakte Beurteilung aller Leistungsvoraussetzungen ermöglichen. Als Standardbelastung kann zum Beispiel zwei Tage vor dem Test eine Trainingseinheit (2 h GA mit 2 x 5 km EB) und am Vortag eine Trainingseinheit (2 h KB) gewählt werden. Am Testtag selbst steht keine Trainingseinheit auf dem Programm, dafür sollte sich der Sportler gut einfahren.

Alters- bzw. Leistungsgruppe	Anzahl pro Jahr
Schüler (m/w): Grundlagentraining	1–2x jährlich
Jugendliche (m/w): Aufbautraining	2–3x jährlich
Junioren (m/w): Anschlusstraining	3–4x jährlich
U23–Elite (m/w): Hochleistungstraining	4–6x jährlich
Masters (m/w): Ohne Wettkämpfe	1–2x jährlich
Masters (m/w): Mit Wettkämpfen	2x jährlich

Tabelle 15: Empfehlungen zur Häufigkeit leistungsdiagnostischer Untersuchungen im Jahresverlauf

Leistungsdiagnostik – Leistungstests

Unter komplexer leistungsdiagnostischer Untersuchung (KLD) verstehen wir Tests und Kontrollen, die den aktuellen Zustand der Leistungsfähigkeit erfassen. Die Leistungsdiagnostik sollte einen komplexen Charakter haben. Sie sollte im Minimum einen Leistungstest (Conconi- oder Stufentest), eine Körperfettmessung sowie ein Blutbild umfassen. Eine Befragung des Sportlers durch den Arzt nach Beschwerden, Erkrankungen und Verletzungen ist ein weiterer Bestandteil der KLD. Bei gegebenem Anlass sind weitere Untersuchungen angebracht. Bei Erkrankungen oder Verletzungen ist es von großer Bedeutung, dass die Ursachen gründlich analysiert (eindeutige Diagnose) werden, um eine erfolgreiche Behandlung anzuschließen. Die Forderung nach Komplexität bezieht sich auch auf die Einbeziehung der Trainingsplan- und Wettkampfanalysen. Je tiefgründiger die Leistungsdiagnostik alle Bereiche analysiert, desto konkretere Schlussfolgerungen lassen sich für die weitere sportliche Belastung ziehen und in die gesamte Trainingsplanung integrieren.

Grundsätzlich ist es ratsam, dass Leistungstests immer auf gleichen Gerätesystemen und nach der gleichen Methode durchgeführt werden. Nur so ist die Vergleichbarkeit im persönlichen Längsschnitt über Jahre optimal gewährleistet.

Der Conconi-Test

Professor Conconi hat eine Methode entwickelt, bei der die anaerobe Schwelle nur mit der Herzfrequenz ermittelt wird. Auf andere Parameter kann verzichtet werden. Er fand heraus, dass der Zusammenhang zwischen dem linearen Anstieg der Leistung und der Herzfrequenz gemeinsam linear verläuft, solang keine anaeroben Stoffwechselverhältnisse vorherrschen. Treten diese ein, knickt der Verlauf der Herzfrequenzkurve ab. Ab da wird die Energie anaerob bereitgestellt. Die anaerobe Schwelle wird auch oft als »Conconi-Schwelle« bezeichnet. Von der anaeroben Schwelle ausgehend, können die Steuerparameter (Herzfrequenz) für die einzelnen Trainingsbereiche abgeleitet werden.

Testaufbau und Testdurchführung sind einfach und praktisch. Jeder kann den Test selbst durchführen. Benötigt werden dazu:

- ein Fahrradergometer. Es sollte bei der Widerstandseinstellung einen linearen Belastungsanstieg garantieren (z. B. Cyclus 2 von Avantronik, Spintrainer von Technogym u. a.);
- ein Polar-Herzfrequenzmesser mit Speicherkapazität (z. B. Protrainer NV, Protrainer XT, Coach, Accurex Plus und Xtrainer Plus);
- eine Tabelle oder das Programm zum Testaufbau;
- ein Grafikvordruck zum Test oder ein Computerprogramm mit dem Test inklusive Auswertung.

Der Test beginnt mit einem 5–10-minütigen Einfahren. Dann wird der Test gestartet. Beim Testverlauf kommt es eigentlich nur darauf an, dass ein linearer Belastungsanstieg gesichert wird. Der Test endet mit einem 10-minütigen Ausfahren. Der Abfall der Herzfrequenz, gemessen in der 3., 5. und 10. Minute, gibt eine Aussage über die Erholung.

Stufentest

Der Stufentest

Der Stufentest auf dem Fahrradergometer ist die am weitesten verbreitete Form des Leistungstestes. In Abb. 22 sind der Testaufbau und die Untersuchungsmethodik dargestellt. Die Testperson nimmt auf dem Ergometer Platz. Dabei sollte die Sitzposition so eingestellt werden, dass sie der Originalposition auf dem Rennrad entspricht, Pedalsysteme und Schuhe inbegriffen. Um dies zu erreichen, sollte der Sportler die eigenen Pedale und Schuhe zum Test mitnehmen und die Maße seiner Sitzhöhe genau kennen. Gut geeignet sind auch Fahrradergometer, wo der Sportler sein eigenes Rennrad montieren kann. Nach der 10-minütigen Phase des Warmfahrens mit geringer Intensität beginnt der eigentliche Test mit einer geringen Eingangsleistung von z. B. 90 Watt. In gleichen Zeitrhythmen (3, 4 oder 5 Minuten) erfolgen gleiche Belastungssteigerungen (20, 30, 40 oder 50 Watt). Während des gesamten Stufentests muss eine vorgegebene Tretfrequenz (90 oder 100 U/min) eingehalten werden. Kann der Sportler die vorgegebenen Kriterien der Leistung nicht mehr einhalten, gilt der Test als beendet.

Die Hochleistungsergometer der neuesten Generation zeichnen alle Testparameter (Watt, Tretfrequenz, Herzfrequenz) auf den einzelnen Stufen auf und signalisieren optisch oder akustisch, wenn der Sportler die vorgegebenen Werte nicht mehr erreicht. Während des Tests wird die Herzfrequenz aufgezeichnet. Auf jeder Stufe wird das Laktat gemessen. Zum Standard des Stufentests gehört weiterhin die Registrierung der Sauerstoffaufnahme. Zur Beurteilung der Parameter werden diese absolut angegeben und auf pro Kilogramm Körpergewicht des Sportlers umgerechnet.

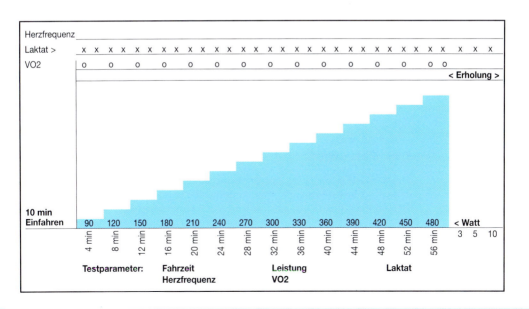

Abb. 22: Testaufbau Stufentest auf dem Fahrradergometer nach Dr. S. Kettmann/ Dr. R. Müller

Leistungsdiagnostik – Leistungstests

Die Laktatleistungskurve

Das Testergebnis wird in Tabellenform (siehe Tabelle 16, Seite 72) und der Laktatleistungskurve (siehe Abb. 23) ausgewiesen. Die Laktatleistungskurve entsteht, wenn auf den einzelnen Belastungsstufen die gemessenen Werte von Herzfrequenz und Laktat in Beziehung gesetzt werden. Der Straßenradsport ist eine typische Langzeitausdauerdisziplin. Es wird überwiegend eine im Sattel sitzende Position eingenommen. Die Hände sind am Lenker fixiert. So leistet der Oberkörper über weite Zeiträume eine statische Kraftleistung. Der gesamte Oberkörper hat durch diese Haltung im Vergleich zu anderen Ausdauersportarten andere Krafteinsätze und demzufolge auch andere Energiebilanzen. Daraus ergibt sich ein radsportspezifischer Faktor: Die Herzfrequenz an der anaeroben Schwelle liegt beim Straßenradsportler 10–15 Schläge tiefer als beispielsweise beim Marathon- oder Skilangläufer. Die Leistungsdiagnostik hat zur Aufgabe, eine sportartspezifische Testauswertung vorzunehmen. Die aufgezeigten Tatsachen bedingen, dass die aerobe Schwelle bei Laktat 3, die anaerobe bei Laktat 6 für den Straßenradsport empfohlen werden kann.

Die Testergebnisse (siehe Tabelle 16) können von Test zu Test individuell gegenübergestellt und verglichen werden. Der individuelle Längsschnitt ermöglicht über lange Zeiträume gesicherte Beurteilungen und gibt entscheidende Hinweise für die Trainings- und Wettkampfplanung. Die »Schwellenwerte« ermöglichen exakte Vorgaben zu jedem Trainingsbereich. Die Daten nach dem Test in der 10-minütigen Erholungszeit gestatten eine Beurteilung der Regenerationsfähigkeit.

Rückläufige Tendenzen einzelner Parameter sollten nicht unterschätzt werden. Analysen des Trainings und Wettkampfes sind in diesem Fall ratsam. Es gilt die Ursachen des Rücklaufs zu erkennen. Danach sind Veränderungen im Trainingsplan oder in der Trainingssteuerung bzw. in der Regeneration ratsam. Die auf das Körpergewicht-Parameter bezogenen Werte haben Bedeutung in zwei Richtungen: Erstens berücksichtigen sie die Schwankungen des Körpergewichts des Sportlers. Das Körpergewicht bei Leistungssportlern ist in der Regel im Jahresverlauf Schwankungen bis zu 5% unterworfen. Zweitens kann man in der Gruppenbeurteilung Sportler miteinander vergleichen, ohne daraus jedoch Schlussfolgerungen z. B. zur Trainingssteuerung ziehen zu können.

Der Sinustest

Der Sinustest ist ein neues Testverfahren. Analog zum Sinustraining werden im Test stufenlose, sinusförmige Be- und Entlastungen vorgegeben. Die Testintervalle, die Belastungshöhe und die Sinusverläufe des Leistungsanstieges und seiner Abminderungen verlangen vom Athleten gegenüber dem Stufentest wesentlich höhere Leistungen. Diese liegen vor allem im aerob-anaeroben und im anaeroben Bereich. Deshalb fordert der Sinustest vor allem in diesen beiden Bereichen höhere Leistungen. Sie sind vergleichbar mit rennentscheidenden Situationen, wo der Sportler kurzzeitig an seiner maximalen Leistungsgrenze fahren muss. Der Test beurteilt neben diesen Situationen auch die Phase der anschließenden Leistungsminderung,

Laktatleistungskurve · Sinustest

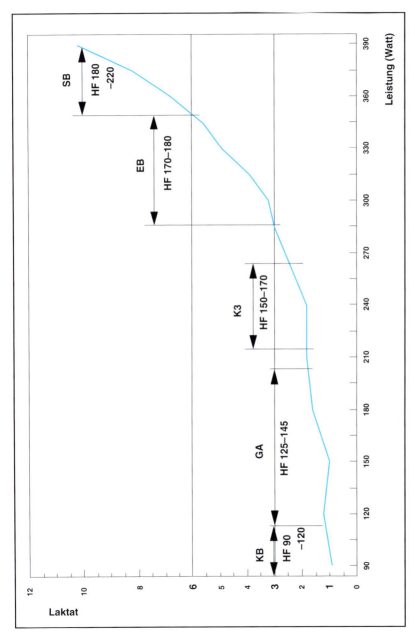

Abb. 23:
Die Laktatleistungskurve im Stufentest

Leistungsdiagnostik – Leistungstests

Tabelle 16: Testauswertung, Vergleich, Einschätzung

Testparameter		1. Test absolut	pro kg KG	2. Test absolut	pro kg KG	Vergleich	Einschätzung der Testergebnisse und des absolvierten Trainings
Fahrzeit in min/sec	La 3	28:10 min		34:10 min		+	Die Fahrzeiten haben sich in allen Bereichen verbessert. Der Trainingsumfang war optimal.
	La 6	43:15 min		48:50 min		+	
	max	48:40 min		58:40 min		+	
Leistung in Watt	La 3	270 Watt	3,8 W/kg	320 Watt	4,57 W/kg	+	Die Leistung ist an den Schnittstellen La 3 und 6 sowie max. angestiegen. Die Trainingssteuerung war individuell und richtig.
	La 6	360 Watt	5,1 W/kg	450 Watt	6,43 W/kg	+	
	max	420 Watt	6,0 W/kg	480 Watt	6,85 W/kg	+	
Herzfrequenz	La 3	160		150		–	Die Hf ist gefallen. Das bedeutet eine größere Effektivität. Die max. Hf ist rückläufig. Das Training im anaeroben Bereich hat Reserven.
	La 6	180		175		–	
	max	198		190		–	
VO2	La 3	2100 ml	30,0 ml	2800 ml	40,0 ml	+	Die maximale Sauerstoffaufnahme ist deutlich gestiegen und bestätigt die bereits getroffenen Einschätzungen.
	La 6	3700 ml	52,8 ml	4800 ml	68,5 ml	+	
	max	5100 ml	72,8 ml	6200 ml	88,6 ml	+	
Laktat	max	12,8		13,1		+	Die La-max-Werte konnten gesteigert werden, obwohl die Hf (max) rückläufig war.
Erholung							Auch in den Erholungswerten spiegeln die guten Testergebnisse die getroffenen Einschätzungen wider. Das Training war ausreichend, effektiv, gut gesteuert und die Regeneration optimal. Alles hat gestimmt, deshalb auch diese positive Entwicklung.
3. Minute	La	11,3		10,1		–	
	Hf	148		148		o	
5. Minute	La	9,1		8,2		–	
	Hf	122		122		o	
10. Minute	La	4,9		3,9		–	
	Hf	112		112		o	

1. Test: Die anaerobe Schwelle befindet sich bei Hf 180 (La 6), die aerobe Schwelle bei Hf 160 (La 3).
2. Test: Die anaerobe Schwelle befindet sich bei Hf 175 (La 6), die aerobe Schwelle bei Hf 150 (La 3).

die Rückkehr in den aerob-anaeroben Bereich und die Erholungsfähigkeit im Allgemeinen. Der Sinustest liefert gegenüber dem Conconi- bzw. Stufentest für den wettkampfspezifischen Bereich und die Regeneration zusätzliche Informationen. Diese können für die Belastungssteuerung genutzt werden.

Abb. 24: Der Sinustest

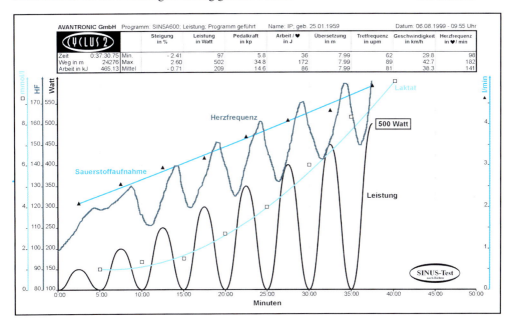

Krafttests

Zu einer modernen Leistungsdiagnostik wird in den kommenden Jahren eine exakte Aussage zur Kraftvoraussetzung und zur Kraftentwicklung gehören. Die Messung der Tretfrequenz geht mit der Kraftmessung einher. Zwischen Krafteinsatz und Tretfrequenz bestehen klare Abhängigkeiten, die für die Leistungsentwicklung große Bedeutung haben. Die verschiedenen Bestandteile der Kraft und deren trainingsmethodische Bearbeitung bilden eine deutliche Reserve der Leistungsentwicklung.

Kraftmessungen sind in den letzten Jahren realistischer Bestandteil der Leistungsdiagnostik geworden. Die Kraft kann am »statischen Messrad« gemessen werden. Moderne Fahrradergometer oder das SMR-System messen indirekt die Kraft. Mit dem von Prof. Dr. Junker entwickelten Messpedal kann die Kraft direkt gemessen werden. Besonders die Optimierung des oft unterschiedlich starken Beineinsatzes (rechtes und linkes Bein) auf dem Pedal kann die Leistungsvoraussetzungen beeinflussen. Auch die Analyse des Krafteinsatzes im Tretzyklus (Zug- und Druckphase)

Leistungsdiagnostik – Leistungstests

gehört zur Aufgabe der Kraftmessung in der KLD. Aus Gründen des Aufwandes wird empfohlen, die Messung der Kraft und der Tretfrequenz an den Stufen- bzw. Sinustest zu koppeln. Dabei lässt sich vor allem die Kraftausdauer gut und eindeutig beurteilen. Für die Messung der Maximal- und der Schnellkraft sind spezielle Tests notwendig. Die Verfahren sind aufwendig und werden deshalb zur Zeit nur von wenigen Einrichtungen angeboten.

Feldtests

Unter Feldtests verstehen wir Tests mit dem Rennrad auf der Trainingsstrecke. Es ist möglich, unter diesen Bedingungen die gleichen Parameter wie im Labor zu messen. Feldtests sind einerseits aufwendig und wohl nur für professionell arbeitende Teams geeignet. Andererseits sind sie aber auch einfach und können von jedermann angewendet werden. Wer in seiner Nähe keine leistungsdiagnostische Basis für eine KLD hat und auch keine Tests der KLD durchführen möchte, dem empfehle ich einen Radtest.

Benötigt wird eine Rundstrecke zwischen 3 und 5 km Länge sowie ein Testprotokoll (siehe Tabelle 17). Die Strecke muss gut gewählt werden und darf keine Ampelanlagen enthalten. Sie muss in Rechtsrichtung befahrbar sein. Kreuzungen und andere Verkehrsleiteinrichtungen, die die Vorfahrt nehmen, eignen sich nicht in einer Teststrecke. Die Rundstrecke muss rundum sicher sein. Die Testfahrt darf keine Gefahr für den öffentlichen Verkehr bilden. Der Testfahrer setzt sich den gleichen Bedingungen aus, denen er im öffentlichen Verkehr tagtäglich gegenübersteht. Dann wird ein Polar-Herzfrequenzmesser mit Tretfrequenzmessung, Stoppuhr und Speicherkapazität benötigt. Weitere standardisierte Testbedingungen sind: Lufttemperatur, Luftdruck, Tageszeit. Diese sollten nur geringen Schwankungen

Tabelle 17: Testprotokoll Radtest

Parameter	1. Test	2. Test
Datum		
Fahrzeit		
Hf max		
Hf (D)		
Übersetzung		
Tretfrequenz (D)		
km		
Tageszeit		
Temperatur		
Luftdruck		
Höhenmeter/h		

unterliegen. Der Test wird immer mit ein und derselben Übersetzung, z. B. 51:16, gefahren. Es ist ein Zeitfahren über eine Runde, wobei es um eine sehr gute, um eine Testleistung geht.

Wie bei allen anderen Tests beginnt zuerst das Einfahren. Alle Parameter werden in das Protokoll eingetragen, ausgewertet und Schlussfolgerungen gezogen. Verbessern sich Fahrzeit und damit die Leistung bei gleichen oder geringeren Herzfrequenzen, so kann man davon ausgehen, dass die Belastungen richtig gewählt wurden. Verschlechtert sich die Leistung oder steigen bei gleicher Leistung die Herzfrequenzen, war die Belastung nicht optimal. Jetzt gilt es zu analysieren und Änderungen im Training oder in der Wettkampfplanung einzuleiten.

Weitere Tests sind im Zeitfahren und im Bergfahren möglich. Im Elitesport ist ein Test zur Ermittlung der Bergfahrleistung in einer Stunde eine aussagefähige Größe. Gemessen werden zum Beispiel die Höhenmeter, die der Fahrer in einer Stunde erklettert.

Der Polar-Fitnesstest

Mit allen Herzfrequenzmessgeräten von Polar, die mit dem »OWN INDEX« ausgestattet sind, können Sie täglich Ihren individuellen Fitnesstest starten. Der Ownindex ist eine neuartige Ermittlung der aeroben Leistungsfähigkeit. Der Test basiert auf der Herzfrequenz, deren Variation in Ruhe sowie Ihren individuellen körperlichen Daten. Letztere müssen Sie eingeben. Der Test ist nicht zeitaufwändig und kann deshalb täglich durchgeführt werden. In den Dokumenten von Polar ist der Test, seine Anwendung sowie die Interpretation der Testergebnisse ausführlich dargestellt.

Die Körperfettmessung

Der Körperfettanteil ist eine aussagefähige Größe für die Gesundheit und für die Leistungsvoraussetzungen. Es wird empfohlen, dass die Körperfettmessung immer an einen Test gekoppelt wird. Im Hochleistungssport (männlich) liegen die zu empfehlenden Richtwerte in der Wettkampfsaison zwischen 4 und 6%. Übertreibungen im Abnehmen sind gefährlich und führen zur Magersucht. In den wettkampffreien Perioden ist darauf zu achten, dass der Anstieg des Körperfetts nicht mehr als 2–3% beträgt. Bei Frauen liegt der Körperfettanteil konstitutionsbedingt grundsätzlich höher. Da die Gefahr der Magersucht bei Frauen wesentlich höher ist als bei Männern, sollte die Beurteilung dieses Wertes immer dem Arzt vorbehalten sein.

Das Blutbild

Das Blut hat wichtige Aufgaben für das Leben und die Leistung. Es ist ratsam, in regelmäßigen Abständen ein Blutbild anfertigen zu lassen. Alle Bestandteile des Blutes sollten im Normbereich (siehe Tabelle 18, Seite 76) liegen. Ist dies nicht der Fall, ist der Arzt gefragt. Bei Mangelerscheinungen sollten die Ursachen ergründet werden. Sie können zum Beispiel in der Ernährung, in bisher nicht erkannten In-

Leistungsdiagnostik – Leistungstests

fekten oder in zu hoher Trainingsintensität bzw. zu geringer Regeneration liegen. Sollen die Werte in den Normbereich zurückgeführt werden, ist zuerst nach den Ursachen zu forschen. Oberflächliche Handlungen empfehlen oft sofort die Behandlung. Zwar kehrt mit der Zufuhr aus der Apotheke in der Regel die Norm schnell zurück, aber die Ursache ist weiterhin unklar. Mit dieser Art der Behandlung beginnt aber auch die Bereitschaft, schnell zu irgendwelchen Mitteln aus der Apotheke zu greifen – ein negatives Erscheinungsbild unserer Gesellschaft. Deshalb empfehle ich grundsätzlich: Erst die Ursachen suchen und nur dann reagieren, wenn es für die Gesundheit unbedingt notwendig ist.

In Tabelle 18 ist die Blutanalyse »Sport-Screen« dargestellt. Es können Aussagen zu drei Komplexen getroffen werden, die für den Sportler von Bedeutung sind:

- Zur Beurteilung der Belastungsverträglichkeit (Muskelbelastung, Gesamtbelastung, Regeneration) werden die Parameter GOT, GPT, CK, Harnsäure und Harnstoff herangezogen.
- Mangelerscheinungen zeigen sich durch Abweichungen von Ferretin und Magnesium. Magnesium ist für die Muskeltätigkeit von Bedeutung, Ferretin für die Blutbildung. Das Hämoglobin (roter Blutfarbstoff) ist für den Sauerstofftransport im Blut verantwortlich. Der Hämatokritwert gibt die Dicke des Blutes an.
- Glukose, Cholesterin (Blutfett), Eiweiß und die Blutsenkung sind aktuelle Parameter zur Kontrolle des Herzens, des Kreislaufs und des allgemeinen Gesundheitszustands.

Die angegebenen Referenzwerte beziehen sich auf den Durchschnitt der gesunden Bevölkerung. Sportler können je nach Sportart und Trainingszustand abweichende Werte aufweisen. Die Referenzwerte des Hämatokrit wurden dem Reglement der UCI angepasst; sie sind aber auch laborabhängig. So hat jedes Labor seine eigenen Referenzwerte.

Tabelle 18: Das Blutbild

Substanz	Einheit	Referenzbereiche	
		männlich	weiblich
GOT (ASAT)	U/l	>37	>31
GPT (ALAT)	U/l	>17	>31
CK Creatinkinase total	U/l	>190	>170
Harnsäure	umol/l	200–420	140–340
Harnstoff	umol/l	2,0–2,8	2,0–8,0
Eiweiße gesamt	gl	61,5–83,0	61,6–83,0
Glukose (nüchtern)	mmol/l	3,3–6,1	3,3–6,1
Cholesterin	mmol/l	3,5–6,7	3,5–6,7
HDL-Cholesterin	mmol/l	1,2–1,7	1,2–1,7
Ferretin (WHO 80/602)	ug/l	25–150	15–90
Magnesium	mmol/l	0,65–1,05	0,65–1,05
Hämoglobin	Mio/ul	8,8–11,0	7,6–10,0
Hämatokrit (UCI 1/97)	absolut	0,40–0,50*)	0,38–0,50*
Leukozyten	ul/l	3700–9600	3700–9600
Blutsenkung	mm/h	>10	>10

* Der Norm der UCI angepasst

Bewertung der Testergebnisse

Nach erfolgter KLD werden die Ergebnisse der Tests sowie die Wettkampf- und Trainingsplananalyse Gegenstand der Bewertung. Weisen die Testergebnisse rückläufige Entwicklungstendenzen auf, müssen die Ursachen gesucht und gefunden werden. Ist dies erfolgt, sind Änderungen in der Belastungssteuerung oder der Belastungsplanung vorzunehmen:

- Aus den Testergebnissen (Herzfrequenz/Laktat) der aeroben und der anaeroben Schwelle werden die Vorgaben der Herzfrequenz für die einzelnen Trainingsbereiche abgeleitet und wenn notwendig korrigiert.
- Die Leistung bei La3, La6 und maximal lässt eine generelle Einschätzung der Entwicklung der Leistungsvoraussetzungen zu. Verschiebt sich die Laktatleistungskurve nach unten oder nach rechts bzw. nach unten und nach rechts, ist eine positive Leistungsentwicklung nachgewiesen. Verschiebt sie sich aber nach rechts und nach oben, ist die Grundlagenausdauer rückläufig, aerob-anaerobe Prozesse aber progressiv. Eine Verschiebung nur nach rechts bedeutet, dass die Grundlagenausdauer (aerobe Leistung) stabil geblieben ist und die aerob-anaerobe Leistungsfähigkeit sich verbessert hat. Ein total negatives Ergebnis wäre die Verschiebung der Laktatleistungskurve nach oben und nach links.
- Die Höhe der maximalen Ausbelastung (gemessen an Hf und La) signalisiert die anaerobe Mobilisationsfähigkeit. Geht sie zurück, stimmt das Verhältnis zwischen aeroben, aerob-anaeroben und anaeroben Bilanzen nicht. Der anaerobe Stoffwechsel müsste im Training bzw. Wettkampf mobilisiert werden.
- Die Entwicklung der maximalen Sauerstoffaufnahme kennzeichnet besonders die aerobe Leistungsfähigkeit und damit die Grundlagenausdauer und den Fettstoffwechsel. Eine sehr hohe VO_2-Kapazität (Quotienten zwischen 80 und 90 mml/kg) kennzeichnet den Ausdauersportler.
- Die Werte in der 10-minütigen Erholungsphase des Stufentests kennzeichnen die Erholung nach einer maximalen Ausbelastung. Verzögert sich die Erholung, ist eine Analyse der Verhältnisse zwischen Belastung und Erholung ratsam. Auch die Analyse nach zyklischer Trainingsgestaltung und Maßnahmen der Regeneration sind gefragt.
- Die Entwicklung des Körpergewichts wird absolut und mit der Körperfettmessung kontrolliert. Nimmt der Anteil des Körperfetts ab, das Körpergewicht jedoch zu, können wir davon ausgehen, dass es sich um eine Zunahme an Muskelmasse handelt. Nehmen Körpergewicht und Körperfettanteil zu, ist dies ein Alarmzeichen. Es werden zu viele Energien über die Nahrungskette aufgenommen und zu wenig durch Belastung verbrannt.

Das Übertraining

Im Bereich der Trainingsmethodik führen viele, oft auch verschiedene Wege zum Ziel, zur Spitzenleistung. Allen Wegen, die nicht zum Ziel führen, begegnet das Phänomen des Übertrainings. Das Übertraining kann mit einer »Krankheit«, der des Trainings und der Trainingsmethodik verglichen werden. Auch hier gilt wie im

Leistungsdiagnostik – Leistungstests

täglichen Leben: Vorbeugen ist besser als heilen. Trainer, Sportliche Leiter und Ärzte betreuen den Sportler. Sie alle sind aufgerufen, ein Übertraining und seine Symptome auszuschließen. Übertraining entsteht durch falsches Training. Der Organismus ist physisch und psychisch überlastet. Oft stimmen die Proportionen zwischen Trainingsumfang und Trainingsintensität nicht. Die Trainingsreize sind zu hoch, die Regenerationszeiten zu kurz oder aber der aufgestaute Leistungsdruck blockiert die physischen Systeme. Das bedeutet für die Theorie und Praxis:
- Training und Wettkampf optimal planen.
- Ein ausgewogenes Verhältnis zwischen Belastung und Erholung schaffen.
- Die Belastungssteuerung individualisieren und tagtäglich hochprozentig umsetzen.
- Die Maßnahmen der Regeneration planen und umsetzen.
- Korrekturen zur Planung vornehmen, wenn es erste Anzeichen z. B. im Ruhepulsverhalten gibt.
- Entstehendem Leistungsdruck offensiv begegnen und abbauen.

Der Stufentest bildet die Grundlage leistungsphysiologischer Tests

Wenn all diese Mechanismen in der Praxis wirken, kann ein Übertraining ausgeschlossen werden. Tritt der Zustand des Übertrainings aber ein, ist die kontinuierliche, leistungssportliche Entwicklung zunächst unterbrochen. Notwendige Reaktionen: Pause, Belastung zurückschrauben, Neuaufbau.

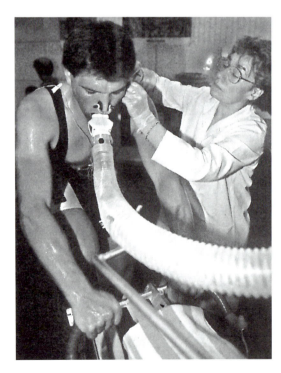

Rechts: Testauswertung, bevor der neue Trainingsplan erstellt wird

Unten: Auf dem Ergometer werden die Kraftfähigkeiten gemessen

Trainingsplanung – Trainingsdokumentation

In der Trainingspraxis erprobte Erfahrungen, sportmedizinische Erkenntnisse, leistungsstrukturelle und -diagnostische Ergebnisse sowie der individuelle Ausbildungsstand, das persönliche leistungsorientierte Ziel inbegriffen, müssen wie ein Mosaik zusammengefügt werden.

Sportliche Höchstleistungen, ganz gleich auf welcher Leistungsstufe oder Alterskategorie, müssen sinnvoll und systematisch aufgebaut werden. Alle Details sind wichtig und entscheiden über das Gelingen. Das Training sollte deshalb immer zielgerichtet sein. Die Wettkämpfe sollten richtig ein- und zugeordnet werden. Die Dimensionen zwischen den Trainingsbereichen müssen stimmen. Die progressive Entwicklung der Leistungsfaktoren zu den wichtigsten Wettkämpfen muss auf die dort zu erwartende Leistungsstruktur und Leistungshöhe ausgerichtet werden und eine Rückkopplung auf das Training bewirken. Dieser Kreislauf unterstreicht nochmals die Bedeutung der Prognoseleistung. Diesen hohen Ansprüchen soll die Trainingsplanung gerecht werden. In Tabelle 19 sind die Hauptformen der Trainingsplanung dargestellt.

Tabelle 19: Hauptformen der Trainingsplanung

Plandokument	
Trainingsmethodische Grundkonzeption (TGK)	Die TGK beinhaltet komplex alle Ziele, Strukturen, Prognosen, Organisationsformen, Trends, Mittel und Methoden für einen längeren, mehrjährigen Zeitraum. Neben Sport- und Landesverbänden können TGK auch für Vereine, Trainings- und Sportgruppen oder einzelne Sportler als Planmethode erstellt werden.
Rahmentrainingsplan (RTP)	Der RTP ist in der Regel ein Jahresplan, abgeleitet von einer TGK. Er hat insbesondere für Vereine, Sport- sowie Trainingsgruppen eine große Bedeutung und beinhaltet alle Ziele, Strukturen, Prognosen, Trends, Organisationsformen, Mittel und Methoden, Belastungsumfänge und -inhalte meist für ein Jahr.
Individueller Trainingsplan (ITP)	Der ITP ist auf einen Sportler zugeschnitten und geht vom eigenen aktuellen Leistungsstand aus. Er beinhaltet ein persönliches Leistungsziel. Von beiden Eckpfeilern ausgehend werden Belastungsumfang und -inhalt geplant. Bei allen Plangrößen geht es um die Beachtung der individuellen Besonderheiten; persönliche Entwicklungen, Reaktionen, Erfahrungen, LD-Ergebnisse, Tests u.a. sollten in den ITP einfließen.
Operativplan (OP) (siehe Tabelle 20, Seite 80/81)	Abgeleitet vom RTP bzw. ITP können für kürzere Phasen (einige Wochen oder Monate) Operativpläne erstellt werden. Diese kürzeren Phasen lassen sich auch als Makro- oder Mesozyklen bezeichnen. Auch ein Wochentrainingsplan oder der Plan für eine einzelne Trainingseinheit kann unter der Rubrik des Operativplanes laufen.

Trainingsplanung – Trainingsdokumentation

Trainingsbereich		Rad-Trainingsbereiche							
	KB	GA	EB	SB	KmR	Bike	Quer	Erg	
Woche 1	Mo								
01. 01. – 07. 01.	Di								
	Mi								
	Do								
	Fr								
	Sa								
	So								
	Gesamt								
Woche 2	Mo								
08. 01. – 14. 01.	Di								
	Mi								
	Do								
	Fr								
	Sa								
	So								
	Gesamt								
Woche 3	Mo								
15. 01. – 21. 01.	Di								
	Mi								
	Do								
	Fr								
	Sa								
	So								
	Gesamt								
Woche 4	Mo								
22. 01. – 28. 01.	Di								
	Mi								
	Do								
	Fr								
	Sa								
	So								
	Gesamt								
Gesamtsummen									

Tabelle 20: Der operative Trainingsplan

Trainingsplan

	Athletik-Bereiche			Regeneration				Wettkampf
A	KaM	Schwimmen	Lauf/Inline					

Trainingsplanung – Trainingsdokumentation

Tabelle 21:
Erläuterung der verwendeten Abkürzungen

aaA	– Die Erfassung des Trainings »allgemeine athletische Ausbildung« wird hier in Stunden/Minuten vorgenommen
Bel.P	– Der Belastungspuls ist der Durchschnittswert der Belastung in einer Trainingseinheit
Bike	– Mountainbike (Wettkampfart)
EB	– Die Kilometer im Entwicklungsbereich werden hier eingetragen
Erg	– Ergometer
GA	– Es erfolgt der Eintrag der Kilometer im Grundlagenausdauerbereich
Gkm	– Hier werden alle Kilometer, die in einer Trainingseinheit absolviert werden, erfasst
Inline	– Inline Skating
K	– Alle Kilometer im Krafttraining (K1 bis K5) werden hier erfasst
KaM	– Die Erfassung des Trainings »Kraft mit allgemeinen Mitteln« erfolgt hier in Stunden/Minuten
KB	– Es erfolgt der Eintrag der Kilometer im Kompensationsbereich
KG	– Erfassung des Körpergewichts; der Sportler geht morgens vor dem Frühstück auf die Waage
KmR	– Kraft mit Rad
Lauf	– Das Lauftraining wird nach Stunden/Minuten erfasst
MB	– Mountainbike-Training, wird nach Stunden/Minuten bzw. Kilometern protokolliert
Platz	– Hier erfolgt der Eintrag zum Wettkampfergebnis
Q	– Querfeldeintraining, wird nach Stunden/Minuten bzw. Kilometern protokolliert
RuP	– Eintragung des Ruhepulses, der täglich vor dem Aufstehen gemessen wird
SB	– Im Spitzenbereich werden hier alle Kilometer registriert
Schwimmen	– Schwimmtraining, wird hier nach Stunden/Minuten erfasst
Wkm	– Die Wettkampflänge in Kilometern wird hier protokolliert
Zeit	– Die Gesamtdauer der Trainingseinheit wird hier eingetragen

Das Computerprogramm zur Trainingsplanung und Trainingsdokumentation ist beim Autor erhältlich.

Belastungsplan · Periodisierung

Grundsätzlich hat sich aus den Erfahrungen mit der Trainingsplanung der Trend durchgesetzt, dass eine erfolgreiche, zielgerichtete sportliche Tätigkeit ohne Trainingsplan nicht möglich ist. Für die Trainingsarbeit ist es entscheidend zu wissen, wie ein Trainingsplan erstellt werden kann. Der Plan ist kein Dogma, er muss tagtäglich schöpferisch umgesetzt und, falls notwendig, auch korrigiert werden. Muss aus zwingenden Gründen ein Training ausfallen, so hat dies in der Regel auch Auswirkungen auf die folgenden Trainingseinheiten. Die Zeiten, wo sporadisch nach Lust und Laune trainiert wird, sollten eigentlich vorbei sein.

Auch der Hobbyradler sollte seine Belastungen planen, sich mehr Zeit für Gedanken zum Radeln nehmen, bevor er sein Training gesteuert in Angriff nimmt. Gewünschte Effekte, und sei es der schlanken Linie wegen, treten so sicherer ein und sind letztendlich von längerer Dauer.

Der Belastungsplan

Er ist das Herzstück der Trainingsplanung. Der Belastungsplan kann für beliebig lange Zeiträume erstellt werden. Aus der Praxis abgeleitet ist es vorteilhaft, einen Jahresbelastungsplan zu erstellen, der dann für die einzelnen Phasen, Perioden, Wochen usw. präzisiert werden kann und muss. Zur Vereinfachung der Erstellung eines Planes empfehle ich, einen praxiserprobten Standardvordruck zu verwenden, wie er in Abb. 25 auf den Seiten 84/85 dargestellt ist.

Der Belastungsplan ist zweigeteilt. Der obere Teil besteht aus einem Grafikteil, wo in Form von Säulendiagrammen die geplanten Kennziffern dargestellt werden können. Durch diese Art der Darstellung wird der Plan übersichtlicher, und trainingsmethodische Grundprinzipien sind leichter zu kontrollieren. Der Sportler oder Trainer kann sich durch die Grafik einen viel besseren Überblick verschaffen und eventuelle Fehler rechtzeitig erkennen. Im unteren Teil ist die Belastungsplanung tabellarisch erfasst. Für jede der 52 Wochen des Jahres können in allen Trainingsbereichen die geplanten Umfänge eingetragen werden.

Die Periodisierung

Das Trainingsjahr sollte zur Erreichung einer notwendigen Systematik in mehrere große Abschnitte unterteilt werden: die Trainingsperioden. Wir unterscheiden nach ihrem Inhalt drei Arten von Perioden:
1. Vorbereitungsperioden (VP)
2. Wettkampfperioden (WP)
3. Übergangsperioden (ÜP)

Die wesentlichste Orientierung für die Einteilung des Trainingsjahres bildet die zeitliche Lage der wichtigsten Wettkämpfe (Hauptwettkämpfe) im Jahresverlauf. Zu diesen Wettkämpfen soll die höchste Leistungsfähigkeit im Jahr erreicht werden. Die Wettkampfperioden legen wir so, dass die Hauptwettkämpfe am Ende einer Wettkampfperiode liegen.

Trainingsplanung – Trainingsdokumentation

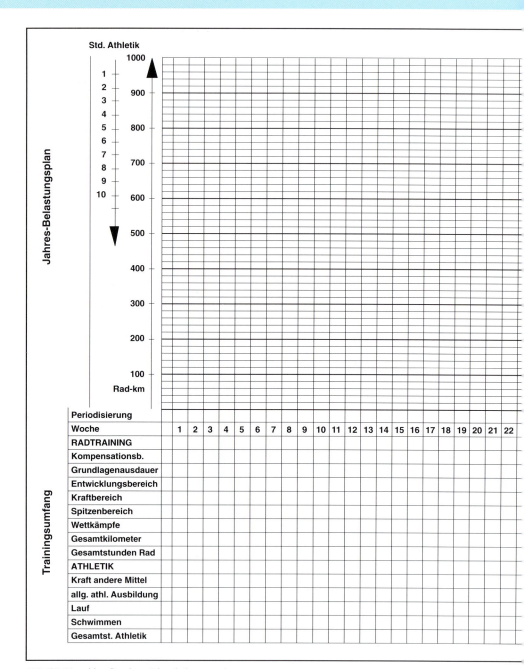

Abb. 25: Vorschlag für einen Jahresbelastungsplan

Jahresbelastungsplan

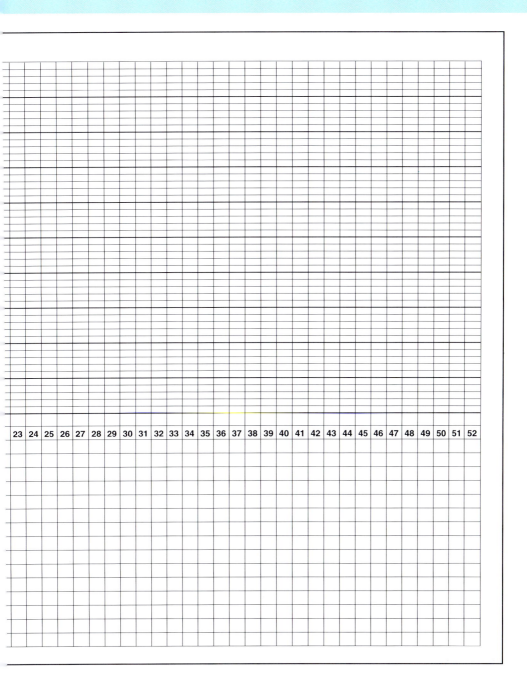

Trainingsplanung – Trainingsdokumentation

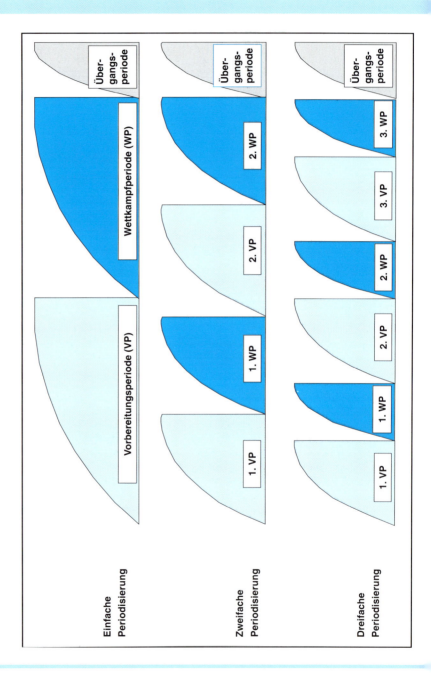

Abb. 26: Periodisierungsmodelle

Periodisierung

Den Wettkampfperioden werden Vorbereitungsperioden vorangestellt. In ihnen sollen die Grundlagen für die physischen, psychischen und technisch-taktischen Leistungsfaktoren geschaffen werden. In den Vorbereitungsperioden wird die Form langfristig und systematisch aufgebaut, die Belastungsverträglichkeit erhöht. Nach Saisonende folgt eine kurze Übergangsperiode zur Regeneration.

Die letzten sechs Wochen vor dem wichtigsten Wettkampf des Jahres haben eine besondere Bedeutung für die Ausprägung der Leistungen. Deshalb erhält dieser Abschnitt eine gewisse Eigenständigkeit. Wir nennen diesen Zeitraum »Unmittelbare Wettkampfvorbereitung (UWV)«.

Die Vorbereitung auf nur einen Hauptwettkampf im Jahr bedeutet eine einfache Periodisierung. Bei zwei Hauptwettkämpfen wird von einer zweifachen und bei drei von einer dreifachen Periodisierung gesprochen. Die Periodisierungsmodelle sind in Abb. 26 aufgezeigt.

Ein sehr wichtiges Anliegen der Planung ist neben der Darstellung des Belastungsumfangs und der Belastungshöhe die dazu notwendige Planung zur Erholung bzw. Regeneration. Um dieses Ziel zu realisieren, werden die einzelnen Perioden in Zyklen unterteilt. Ein Zyklus umfasst einige Wochen mit ansteigender Belastung. Nach der Woche mit der höchsten Belastung folgt eine Woche der verminderten Belastung. Die Zyklusmodelle sind in Abb. 27 ausgewiesen. Erst wenn der Rahmen der Periodisierung und Zyklisierung abgesteckt ist, kann mit der Detailplanung begonnen werden.

Zuerst sollten die Schnittpunkte festgelegt werden, an denen mittels Leistungsdiagnostik der Ausbildungsstand zu überprüfen ist. Mit den leistungsdiagnostischen Untersuchungsergebnissen lässt sich die Entwicklung der wichtigsten Parameter für die Ausdauer, Kraft, Schnelligkeit usw. überprüfen. Sind die Ergebnisse planmäßig, kann nach Plan weitergearbeitet werden. Verläuft die Entwicklung der leistungsbestimmenden Faktoren nicht planmäßig, empfiehlt sich eine Korrektur des Trainingsplans. Die Rückkopplung mit Hilfe der Leistungsdiagnostik versetzt uns in die Lage, die Richtigkeit unserer Planung zu überprüfen und zu ergänzen. Im Jahresverlauf helfen uns die Wettkampfergebnisse in diesem Prozess gleichfalls.

Vom Jahresbelastungsplan lassen sich nun alle anderen Planmethoden, die sog. Operativpläne, ableiten. Die Form der Operativplanung sollte eigenständig entschieden werden. Sie kann von der grafischen Darstellung über Tabellen bis zu Vorgaben im Kalenderjournal erfolgen. Die Länge des Operativplans sollte auch

Abb. 27: Zyklusmodelle

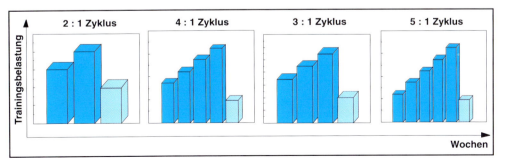

Trainingsplanung – Trainingsdokumentation

von trainingsmethodischen Aufgabenstellungen abgeleitet werden. Am besten eignet sich dazu ein Zyklus, also über 3, 4, 5 oder auch 6 Wochen.

Im Operativplan sollten alle wichtigen Faktoren der Belastung und der Regeneration beachtet werden. Auch berufliche und schulische Verpflichtungen sind zu beachtende Belastungen. Bei der richtigen Gestaltung von Belastung und Erholung sollten im Operativplan grundsätzlich alle Maßnahmen der Regeneration, sofern sie planbar sind, aufgenommen werden (Massage oder andere physiotherapeutische Maßnahmen, Stretching). In wichtigen Trainingsphasen auch die Ernährung, insbesondere in Phasen erhöhten Trainingsumfangs, in Krafttrainingsphasen, Wettkämpfen (Rundfahrten).

Die Trainingsdokumentation

Eine sehr wichtige Tätigkeit neben der Trainingsplanung ist die Erfassung des durchgeführten Trainings. Diese Übersichten über das absolvierte Training werden einmal zur Beurteilung unseres Ausbildungsstands, zweitens für die weitere Präzisierung der Trainingsplanung und letztendlich zur Sicherung des langfristig systematischen Leistungsaufbaus benötigt.

Für die Praxis sind drei Hauptformen der Datenerfassung zu empfehlen:

- Die einfachste Form der Protokollierung ist die tägliche Notiz vom Training im Kalenderjournal. Es werden der Trainingsumfang nach Zeit und Kilometern sowie beliebig anderen Messgrößen und Bemerkungen registriert. Diese Form ist sehr praktisch. Sie ist aber für detaillierte Zusammenstellungen und deren Aufbereitung ungeeignet, da der Aufwand letztendlich sehr hoch ist.
- In Tabelle 22 wird ein Trainingsprotokoll vorgestellt, wie es alle Rennsportler, Triathleten, Duathleten oder Biker verwenden können. Es werden täglich nur wenige Zahlen in einen vorgegebenen Raster eingetragen. Am Wochenende können die einzelnen Trainingsbereiche addiert werden. Zu empfehlen ist auch der Eintrag der Wochenwerte in eine Jahresbelastungsgrafik (s. Abb. 25, Seite 84/85). So erhält man eine sehr übersichtliche Ist-Grafik und Tabelle. Zur Erläuterung der einzelnen Protokollabkürzungen siehe die Hinweise der Tabelle 21 (Seite 82).
- Für den Radlerfreund, der über einen PC verfügt, ist die perfekte Form der Trainingsdokumentation die Erfassung und Auswertung aller Daten mittels Computer. Handelsübliche Software, wie z. B. das Programm Trainingstagebuch (Lindner), vereinfacht die Arbeit der computergestützten Trainingsdokumentation erheblich. Grundlage der Computerprotokollierung bildet das in der Tabelle 22 vorgestellte Trainingsprotokoll.

Die in den Computer eingegebenen Trainingskennziffern können als Tabelle, Säulen- oder als Kreisdiagramm dargestellt werden. Vor allem sind Diagramme bei der Suche nach Reserven der Leistungsentwicklung, wenn erwartete Leistungen ausblieben, anschaulich und erleichtern die Ursachenfindung. Mehrjährige Datenerfassung und Auswertung erleichtern die Kontrolle des langfristigen systematischen Leistungsaufbaus erheblich.

Das Trainingstagebuch auf Diskette oder CD kann direkt beim Autor unter der E-Mail-Adresse wolindner@hotmail.com bezogen werden.

Trainingsprotokoll

Tabelle 22:
Trainingsprotokoll

Trainingsprotokoll vom _____ bis _____

RuP	KG	Bel.P	Gkm	Zeit	KB	GA	EB	K	SB	Wkm	Platz	MB	KaM	aaA	Q	Lauf	Schw.	Bemerkungen
MON																		
DIE																		
MIT																		
DON																		
FRE																		
SAM																		
SON																		
Summe																		

89

Das Wettkampfsystem

Das Wettkampfsystem

Die Wettkämpfe und ihre Leistungsstrukturen wurden für die einzelnen Leistungs- und Altersklassen dokumentiert. Die Anzahl der Wettkampftage pro Jahr sind im Straßenradsport im Vergleich zu anderen Ausdauersportarten wesentlich höher. Im Elitebereich liegt die Wettkampfhäufigkeit pro Saison zwischen 90 und 125 Wettkampftagen. Demzufolge kann nicht jeder Sportler alle Wettkämpfe mit einer maximalen Leistung abschließen. Ausgehend von den daraus resultierenden unterschiedlichen Aufgabenstellungen der Sportler für die einzelnen Wettkämpfe können diese in drei Kategorien eingeteilt werden: Aufbau-, Selektions- und Hauptwettkämpfe:

- **Aufbauwettkämpfe** dienen dem systematischen Aufbau der Leistung. Sie haben den Charakter eines Trainingsbereiches auf höchstem Niveau und sind die komplexeste Form der sportlichen Ausbildung, in denen zur gleichen Zeit alle Leistungsfaktoren angesprochen werden. Einzel- und vor allem Etappenrennen werden zur akzentuierten wettkampfspezifischen Ausbildung genutzt, um eine Leistungssteigerung zum Hauptwettkampf zu ermöglichen.
- **Selektionswettkämpfe** dienen auf den verschiedensten Ebenen zur Qualifikation für bedeutende Wettkämpfe.
- Die Anzahl der **Hauptwettkämpfe** im Jahr ist limitiert. In ihnen soll der Sportler die maximal mögliche Leistung erbringen und, wenn möglich, mit einer Siegleistung abschließen.

Die Aufbauwettkämpfe bilden die »Brücke« zu den Hauptwettkämpfen

Wettkampfsystem und Reglement

Das Wettkampfsystem und das Reglement

Unbestritten ist, dass die Wettkämpfe und ihre Anzahl in Einklang mit dem Training der entscheidende Faktor der Leistungsentwicklung sind. Die Wettkampfsysteme in den einzelnen Ländern und Erdteilen bilden die Basis und fördern die Leistungsentwicklung. Je vollkommener sie ausgeprägt sind, desto höher sind die Möglichkeiten der Leistungsentwicklung. Dieser Faktor lässt sich in der Analyse des UCI-Kalenders und der Weltranglisten nachweisen. Im Straßenradsport (Elite) dominieren in der Weltrangliste die europäischen Länder, gefolgt von Amerika, Australien/Ozeanien, Asien und Afrika. Europa veranstaltet ca. 70% aller Einzel- und Etappenrennen, gefolgt von Amerika (ca. 22%). Asien veranstaltet ca. 4%, Australien/Ozeanien ca. 2% und Afrika ca. 1%. Auch innerhalb dieser Kontinente kann der Nachweis der Abhängigkeiten von Leistung und Wettkampf erbracht werden.

Die sog. »Radsportländer« Italien, Frankreich, Spanien, Belgien, die Schweiz und die Niederlande verfügen über das umfangreichste Wettkampfsystem und das breiteste Leistungspotential im Elitebereich. Im Radsportland Nr. 1, Italien, beherbergen die norditalienischen Provinzen ca. 75% aller Wettkämpfe in allen Leistungs- und Altersklassen. Aus diesen Regionen kommt auch eine überzeugende Mehrheit an Spitzenathleten. Die »Entwicklungsländer« im Radsport haben neben Defiziten in allen Bereichen vor allem kein ausgeprägtes Wettkampfsystem.

Auf der Basis des vom Internationalen Radsportverband UCI erarbeiteten Reglements werden alle Wettbewerbe ausgetragen. Die nationalen Verbände haben in Ableitung dessen ein eigenes, für nationale Wettkämpfe gültiges Reglement. In das Reglement ist das Dopingreglement des IOC (Internationales Olympisches Komitee) einbezogen. Es wird von der UCI für den Radsport entsprechend modifiziert und die nationalen Verbände wenden es mit weiteren Ergänzungen der nationalen olympischen Komitees an. Das gesamte Reglement wird jährlich überarbeitet. Aktuelle Trends und neue wissenschaftliche Erkenntnisse sowie Erfahrungen werden eingearbeitet.

Das aktuelle Reglement, speziell auch das Dopingreglement, muss von allen Sportlern, Trainern, Masseuren, Mechanikern, Sportlichen Leitern und Managern eingehalten werden. Es zu kennen – vor allem auch die Aktualisierungen – ist eine Grundvoraussetzung für alle Beteiligten. In Bezug auf das Dopingreglement muss im Zweifelsfall eine sach- und fachkundige Beratung erfolgen. Unwissenheit schafft oft peinliche Situationen. Grundsätzlich gilt: Werden Medikamente, Arzneimittel, Präparate, Nahrungsergänzungsmittel oder »Aufbaupräparate« eingesetzt, müssen die Bestandteile reglementkonform sein und diesen Tatbestand auch in der Mixzone (Einnahme verschiedener Substanzen in gleichen oder engen Zeiträumen) garantieren. Andernfalls entsteht der Verdacht des Dopings und des Medikamentenmissbrauchs. Diese Verstöße schaffen nicht nur ein negatives Image, sondern der Sportler wird bestraft.

Das Wettkampfsystem

Leistungsziele, Leistungsdruck, psychische Wettkampfvorbereitung

In den Hauptwettkämpfen wird eine Spitzenleistung, ein Leistungsziel, vom Athleten erwartet und vorgegeben. Es sollte auf einer realistischen Einschätzung begründet sein. Die individuellen Möglichkeiten des Sportlers bedürfen der Integration in das Ziel, das natürlich auch eine Leistungssteigerung erkennen lassen sollte. Stimmen die Proportionen zwischen Möglichkeiten und Machbarem nicht überein, entsteht ein Leistungsdruck. Sportler, die sich selbst zu sehr unter Druck setzen oder von außen (Medien, Umfeld) gedrückt werden, haben große Probleme, damit fertig zu werden. Ein Versagen im Wettkampf ist in der Regel die Folge.

Für jeden Hauptwettkampf bedarf es auch einer psychischen Wettkampfvorbereitung. Das Umfeld (vor allem der Sportliche Leiter/Coach und der Masseur/Pfleger) sollten diesen Prozess realistisch und mit positiven Einstellungen zum Sportler führen. Im Mittelpunkt des Prozesses sollte der Aufbau des Selbstvertrauens stehen. Davon ausgehend gilt es, realistische Tendenzen zur Zielerfüllung in die individuellen und kollektiven Strategien und Taktiken im Wettkampf zu integrieren und vom Sportler den Leistungsdruck zu nehmen.

Motivation

Entscheidend für eine erfolgreiche Teilnahme an Wettkämpfen ist der »Kopf«, die Motivation des Sportlers. Sie entscheidet bei physischer Leistungsgleichheit zunehmend über das Wettkampfergebnis, über Sieg oder Niederlage. Der Slogan »Man muss nur Siegen wollen« sagt unter anderem aus, dass hinter allen Elementen der Motivation der Wille eine Schlüsselposition einnimmt.

Relativ einfach ist es, Sportler für einen Hauptwettkampf bzw. einen Selektionswettkampf zu motivieren. Der Fahrer motiviert sich in der Regel selbst. In diesen Wettkämpfen steht für das Umfeld bzw. die Betreuer die Aufgabe, die Motivationen richtig zu kanalisieren und eine Übermotivation einzudämmen. Die Motivation in Aufbauwettkämpfen, speziell wenn die äußeren Bedingungen nicht optimal sind, werden schon schwieriger. Ist der Weg vom Aufbau- zum Hauptwettkampf mit all seinen Details mit dem Sportler erarbeitet, kann dies auf die Motivation sehr stimulierend wirken. Der Sportler kann sich mit dem Weg und dem Ziel tiefgründig identifizieren. Er wird beides als seinen eigenen Weg und sein Ziel betrachten und dementsprechend hoch motiviert handeln. Das Ergebnis der Motivation ist dann besonders tief wirkend und der Erfolg wahrscheinlicher. Spitzenathleten haben darin ausreichend Erfahrungen und es genügen kleine, aber oft entscheidende Details zur perfekten Motivation. Junge Athleten müssen – den Lernprozess inbegriffen – auf diesem Weg gezielt geführt werden. Fingerspitzengefühl und Verständnis für den Athleten und seine Probleme sind im Umfeld gefragt und notwendig. Die Entwicklung der Motivation ist ein Prozess, der Geduld erfordert und in der Regel nicht geradlinig verläuft.

Ein nicht unwesentlicher Teil an der Motivation der Athleten entsteht auch durch die Veranstaltungen selbst. Eine gute Organisation bildet die Basis. Alle

Motivation · Konzentration

Wenn es um die »Großen Siege« geht, ist Jan Ullrich hoch motiviert und konzentriert

Veranstalter sollten sich bewusst werden, dass ihre Arbeit auch im Detail die Athleten motiviert oder demotiviert. Es ist nicht immer nur der Athlet schuld, wenn unbefriedigender Sport betrieben wird, die Quote der ausgeschiedenen Fahrer zu hoch und der Rennverlauf zu monoton ist. Unter anderem sind folgende Bedingungen an Straßenradsportwettkämpfe gebunden, die in der Motivation eine große, oft unterschätzte Rolle spielen:
1. Die Auswahl der Strecken und Profile, der Lage der Sonderwertungen und der Verpflegungspunkte.
2. Ausgeschilderte und abgesicherte Rennstrecken, auf denen ein fairer Wettkampf stattfinden kann.
3. Die Disziplin der motorisierten Verkehrsteilnehmer und ihr Verhalten bei der Begegnung mit dem Wettkampf.
4. Umkleideräume und Duschmöglichkeiten vor und nach dem Rennen. Ein bekanntes und attraktives Preisschema.
5. Das Publikum, das ein animiertes Rennen erleben und gastronomisch gut betreut sein möchte.

Konzentration bei der Wettkampfvorbereitung

Jeder Sportler sollte sich konzentriert auf jeden Wettkampf vorbereiten. Das ist nicht nur eine psychische Anforderung, vielmehr schließt es alle Bereiche ein:
1. Zunächst ist eine umfangreiche Information über Streckenlänge und -profile, Startzeiten, Sonderwertungen (Bergwertungen, Sprintwertungen) sowie zur Startliste erforderlich.
2. Die Zielstellung des Wettkampfes ist fixiert, die Taktik (individuell und im Team) ausgegeben.

Das Wettkampfsystem

3. Das Radmaterial sollte vor jedem Wettkampf grundsätzlich einem Sicherheitscheck unterzogen werden.
4. Entsprechend der Witterung müssen Kleidung und Verpflegung für den Wettkampf gerichtet sein. Ersatzmaterial und Verpflegung für mögliche Depots sind zu verteilen.
5. Es empfiehlt sich, die Tasche mit allen Materialien für das Rennen, insbesondere auch der Lizenz, am Vorabend mit Hilfe einer Checkliste zu packen, damit nichts vergessen werden kann.

Für die Hauptwettkämpfe kann ein Plan der Wettkampforganisation das Bedingungsgefüge optimal koordinieren. Alle Voraussetzungen, z. B. im materielltechnischen und organisatorischen Bereich, sorgen für ein optimales Ergebnis, wenn sie aufeinander abgestimmt sind.

Offensive Renngestaltung

Grundsätzlich sollte jeder Fahrer eine offensive Renngestaltung ansteuern und in seinem Leistungsrahmen für ein animiertes Rennen sorgen. Nur so kann jeder Fahrer die Ausbildungsmöglichkeiten, die der Wettkampf bietet, für seine persönliche Leistungsentwicklung nutzen. Ein Rennen kann nicht vom Start bis zum Ziel offensiv gestaltet werden – das ist selbstverständlich. Aber die Forderung nach offensiver Fahrweise kann in Details auch im Aufbauwettkampf realisiert werden. Sie führt, wenn die Mehrheit der Starter so denkt und es in der Praxis umsetzen kann, zu einem auf hohem Niveau stehenden sportlichen Wettkampf. Nur so werden selbst kleinere Rennen mit regionalem Charakter zu wertvollen Wettkämpfen, in denen auch sportliche Ausbildungsaufgaben gelöst werden können.

Wettkampfanalysen

Sie sind für Sportler und Betreuer wichtig und notwendig, um die Leistung im Wettkampf beurteilen zu können. In der hier genannten Reihenfolge sollten folgende Eckpunkte eingeschätzt und analysiert werden:
1. Die Erfüllung der Aufgaben, die für den Wettkampf fixiert waren.
2. Die Analyse des Rennens selbst (Verlauf, Vorentscheidungen, Entscheidungen, Sonderwertungen, Ergebnis, Einschätzung der sportlichen Gegner).
3. Die Analyse zur Realisierung der geplanten Renntaktik (nach Schwerpunkten).
4. Die Analyse/Auswertung der aufgezeichneten Parameter vom Rennen, insbesondere der Herzfrequenz, der Tretfrequenz, der Übersetzungen sowie der Geschwindigkeitsverläufe auf den einzelnen Streckenabschnitten.

In der Analyse sollten viele Fragen (auch kritisch) gestellt werden, wobei es gilt, auf alle Fragen eine Antwort zu finden. Die Wettkampfanalyse ermöglicht es, an den Stärken und Schwächen des Sportlers zu arbeiten sowie neue Aufgaben für Training und Wettkampf zu formulieren.

Der langfristige Leistungsaufbau

Der langfristige Leistungsaufbau beinhaltet einen mehrjährigen, systematisch geplanten Trainingsprozess, beginnend im Kindesalter. Er ist zielorientiert auf die Gesunderhaltung durch richtiges, sinnvolles Training und auf die Entwicklung von Leistungsbereitschaft und Leistungsfähigkeit ausgerichtet. Es geht in diesem Prozess um eine Sichtungs- oder Eignungsprüfung sowohl für die Leistungsgruppen als auch für die ebenso wichtigen Hobbysportler, die diese Sportart aus Freude betreiben.

Im Verlauf des langfristigen Leistungsaufbaus ist ein Trainings- und Wettkampfsystem in den einzelnen Altersstufen festgeschrieben. Ein Überspringen einzelner Stufen oder Etappen erweist sich in der Regel als negativ und sollte vermieden werden, da dadurch gegen allgemein gültige Entwicklungsgesetze verstoßen wird.

Links: Lang und beschwerlich ist der Weg zum Erfolg. Oft fängt es so an ...

Rechts: Möglicherweise ist das das Ziel: der Traum vom Sieg bei der Tour de France; Lance Armstrong hat ihn sich erfüllt

Der langfristige Leistungsaufbau

Die Entwicklungsstufen

Die Entwicklungsstufen, die in das Grundlagen-, Aufbau-, Anschluss- und Hochleistungstraining unterteilt sind, haben das Ziel, eine Einheit von Belastungssteigerung und Leistungsentwicklung zu sichern. Persönlichkeitsentwicklung, Geschlechtsspezifik und das biologische Alter müssen beachtet werden.

Bei allen Ausbildungsprogrammen steht eine Forderung im Mittelpunkt: Es muss mit Freude gearbeitet, die Schönheit des Radsports muss gefördert werden. Nur auf dieser Basis gibt es neue Motivationen für die harten Stunden des Straßenradsports. Ziel muss sein, dass viele Menschen unserer Sportart erhalten bleiben und diese mit mehr oder weniger Leistungsorientierung betreiben.

Im Anschluss- oder Hochleistungstraining, also im Alter von 17 bis 23 Jahren, wird auf der Grundlage der Leistungsentwicklung zwangsläufig ein Differenzierungsprozess einsetzen, der in drei Gruppen unterteilt werden kann:

- Sportler und Sportlerinnen mit normalen sportartspezifischen Anlagen und Leistungen gehen zur Gruppe Hobbyradler oder in andere Radsportdisziplinen (Cross, MTB, Triathlon), ohne dass damit irgendeine Abwertung verbunden wäre.
- Sportler und Sportlerinnen mit guten bis sehr guten Anlagen und sportartspezifischen Leistungen bilden den breiten Rahmen der verschiedenen Leistungsklassen des Radrennsports.
- Aktive mit außergewöhnlichen Voraussetzungen und sportartspezifischen Leistungen bilden die kleine Gruppe der Profiradsportler.

Leistungs- und Alterspyramide

Dieser Prozess hat bei genauer Betrachtungsweise einen pyramidalen Aufbau. Wir bezeichnen ihn deshalb auch als Leistungs- und Kaderpyramide. Er ist in Abb. 28 als Übersicht dargestellt.

Wir haben erstens einen geradlinigen Aufbau, beginnend im Kindesalter bis zum Berufssport bzw. zu den drei bereits beschriebenen Gruppen. Dabei handelt es sich um einen typisch pyramidalen Verlauf.

Zweitens gibt es die »Quereinsteiger«. Das sind Aktive, die im Kindes-, Jugend- oder Erwachsenenalter andere Sportarten betreiben und erst relativ »spät« zum Straßenradrennsport stoßen. Wie die Praxis zeigt, sind es nicht wenige und zum Teil auch recht erfolgreiche Radrennsportler. Dieser zweite Weg ist für eine Ausdauersportart, in der das Hochleistungsalter vom 18. bis nahezu 40. Lebensjahr reicht (in der Ausnahme noch länger), viel typischer als z. B. im Turnen oder Eiskunstlaufen. Auch hier ist der langfristige Leistungsaufbau dadurch gekennzeichnet, dass die Einheit von Belastungssteigerung und Leistungsentwicklung unter den veränderten Gesetzmäßigkeiten (Alter, Leistungsstand, biologische Entwicklung, Persönlichkeit) gewahrt bleibt und in entsprechend anderen Dimensionen verlaufen kann.

Zurück zum geradlinigen pyramidalen Aufbau, der im Grundlagentraining beginnt und durch ein inhaltlich akzentuiertes, vielseitiges Training charakterisiert ist. Im weiteren Verlauf geht die Richtung schrittweise und systematisch vom vielseitigen,

Leistungs- und Alterspyramide

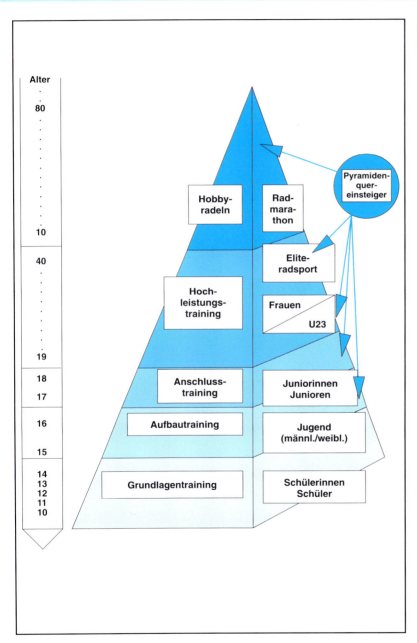

Abb. 28:
Die Leistungs- und Kaderpyramide

Der langfristige Leistungsaufbau

auf den Straßenradrennsport ausgerichteten Grundlagentraining zu einem mehr und mehr spezialisierten Training über. Dieser Prozess (Aufbau-, Anschluss- und Hochleistungstraining) ist mit einer quantitativen und qualitativen Erhöhung der Belastungsumfänge und -inhalte sowie einer deutlichen Steigerung der Wettkampfanteile verbunden.

Das Grundanliegen des langfristigen Leistungsaufbaus ist für beide Geschlechter gleich.

Belastungssteigerung in Einheit von Umfang und Intensität

Belastungssteigerung ist ein trainingsmethodisches Grundprinzip und bildet die Basis jeglicher Leistungssteigerung. Belastungssteigerungen sind notwendig, da der Organismus die psychophysischen Funktionssysteme an die Belastungen anpasst. Es kommt zur Leistungssteigerung, die aber bei gleich bleibenden Trainingsreizen deutlich abflacht. Das Training wird, fehlen Belastungssteigerungen, mit der Zeit reizunwirksam.

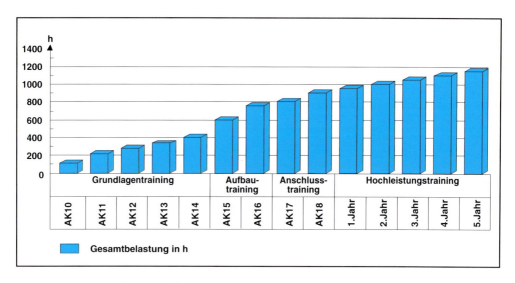

Abb. 29:
Der langfristige Leistungsaufbau von der Schülerin zur Frau – dargestellt am Jahresbelastungsumfang in Stunden

Belastungssteigerungen werden einmal durch den Trainingsumfang und zum anderen durch den Trainingsinhalt, die Intensität, repräsentiert.

Die Erfahrungen aus der Trainingspraxis zeigen, dass Belastungssteigerungen, immer in Einheit von Umfang und Intensität vollzogen, die sichersten Leistungssteigerungen bewirken.

Die Belastungsgestaltung vom Grundlagen- bis zum Hochleistungstraining ist in den Abb. 29 und 30 für Frauen und Männer dargestellt.

Training der Quereinsteiger

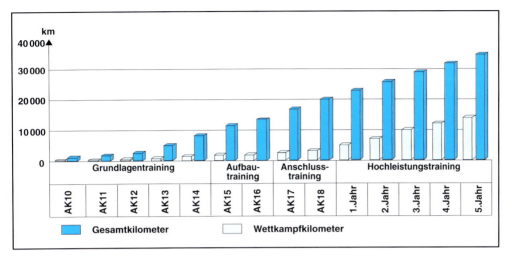

Abb. 30: Darstellung des langfristigen Leistungsaufbaus vom Schüler zum U23-Fahrer am Belastungsumfang der Jahresgesamt- und Wettkampfkilometer

Training der Quereinsteiger

Vom Grundlagen- bis zum Hochleistungstraining wurde bisher die Entwicklung als einheitlicher, in sich abgeschlossener Prozess mit klaren trainingsmethodischen Prinzipien und Empfehlungen betrachtet. Ein nicht unbedeutender Teil der Sportler entdeckt die Liebe zum Straßenradsport jedoch etwas später. In der Regel wurden davor andere Sportarten betrieben. Eine gute allgemeine Körperentwicklung durch andere Sportarten im Kindes- und Jugendalter ist sicherlich von Vorteil. Besonders eignen sich andere Ausdauersportarten, aber auch Spielsportarten und technische Disziplinen ermöglichen einen relativ problemlosen Einstieg in den pyramidalen Aufbau des Straßenradsports.

Die Leistungsfaktoren Ausdauer, Kraft und Schnelligkeit sowie deren Kombinationen lassen sich relativ leicht sportartspezifisch an den Straßenradsport anpassen, vorausgesetzt, die Sportler sind athletisch gut vorbereitet. Die Belastungssteigerung von Quereinsteigern ist in Abb. 31 (Seite 102) dargestellt.

Nachholbedarf in der Fahrtechnik

Die Hauptprobleme, die die Quereinsteiger in der Anfangsphase haben, sind in erster Linie technischer Art: Die richtige Position auf dem Rad, guter Sitz auf dem Pedal und vortriebwirksames Pedalieren müssen sehr konzentriert überwacht werden. Mit dem Wechsel zum Radsport muss vom ersten Tag an großer Wert auf diesen Komplex gelegt werden. Wird die Entwicklung verpasst, ist es für eine spätere Korrektur oft zu spät.

Die Beherrschung des Rennrads in allen Situationen des Trainings und Wettkampfes ist ein weiterer, oft unterschätzter Schwerpunkt. Das Fahren im Fahrerfeld mit

Der langfristige Leistungsaufbau

Mario Cipollini und Erik Zabel sind positive Beispiele eines langfristigen Leistungsaufbaus. Jörg Jaksche hat ihn zu einem Großteil noch vor sich

200 und mehr Teilnehmern erfordert Konzentration, Mut und Geschick. Quereinsteiger weichen dieser Aufforderung oft so aus, dass sie sich am Ende des Felds aufhalten. Sie glauben, dort mehr Platz und Ruhe zu haben und Stürzen ausweichen zu können. Das ist ein Trugschluss, und so kann das Problem nicht gemeistert werden. In der Regel fahren die leistungsschwächeren Sportler hinterher, die oft auch fahrtechnisch schlechter ausgebildet sind. Dadurch entstehen gefährliche Situationen. Aus der Statistik geht hervor, dass Stürze mehr im hinteren als im vorderen Fahrerfeld stattfinden. Außerdem erfordert das Hinterherfahren erheblich mehr Anstrengung, da die Wege vom hinteren zum vorderen Teil des Fahrerfelds oft sehr lang sind. Kommt man dann vorne an, ist eine Vorentscheidung bereits gefallen, bzw. physische Reserven sind zum Teil schon ausgeschöpft.

Die technischen Probleme sind nur mit großem Willen, Konzentration und offensiver Renngestaltung von Anfang an zu meistern. Unterstützt kann dieser Prozess dadurch werden, dass z. B. auf der ungebremsten Rolle gefahren wird (später auch freihändig). Bereits im Training eng am Hinterrad anderer Sportler zu fahren ist eine Grundforderung. Wer im Training nur mit Sicherheitsabstand fährt, kann es auch im Wettkampf nicht anders. Dort braucht er aber den Windschatten der Mitbewerber, um Kraft zu sparen und in der entscheidenden Phase dabei zu sein.

Zur Technik des Straßenradsports gehört weiterhin das Beherrschen des Sportgeräts, also Steuern, Bremsen und Schalten in allen denkbaren Situationen.

Quereinsteiger beider Geschlechter haben vor allem mit dem Einsatz der richtigen Übersetzungen ihre Probleme: Sie fahren am Berg zu groß und auf der Ebene zu klein übersetzt. Die Grundregeln zur Steuerung der Belastung mit Tretfrequenzen und Übersetzungen sollen durch den Einsatz der Pacer vom ersten Tag an berücksichtigt werden. Vor allem sollte versucht werden, herzfrequenzgesteuertes

Training der Quereinsteiger

Training mit 100 Kurbelumdrehungen pro Minute zu absolvieren. Die Übersetzungen sind dabei so zu wählen, dass die vorgegebenen Herzfrequenzbereiche und die 100 U/min bei der Tretfrequenz erreicht werden. Der Einsatz von Pacern und Pulsuhren, nach Möglichkeit bereits in den ersten Trainingstagen, erleichtert den »Einstieg« in die neue Sportart wesentlich.

Erst Training, dann Wettkampf

Nach einem Entschluss, sich im Straßenradrennsport zu versuchen, sollte zunächst mit dem Training begonnen werden, bevor in die Wettkämpfe eingestiegen wird. Fünf bis sechs Wochen gezieltes Radtraining, in dem vor allem auch die beschriebenen technischen Schwerpunkte realisiert wurden, sind notwendig, bevor das erste richtige Rennen bestritten wird.

Erfolgt der erste Start in den Jugend- oder Juniorenklassen, sind einfachere Streckenprofile zu bevorzugen. Bei den U23 wird der Einstieg in der untersten Leistungsklasse vollzogen, bei den Frauen dagegen gleich in der obersten Leistungsklasse.

Bei den U23 und Frauen sollte auch, bezogen auf die Auswahl der Wettkämpfe, nach dem Prinzip »vom Einfachen zum Komplizierten« vorgegangen werden. Werden diese Hinweise nicht konsequent genug beachtet, kann schnell die Freude am Radsport verfliegen und das gerade Begonnene vorzeitig enden.

Die Belastungen der Quereinsteiger

Erfolgt der Einstieg im Alter bis 14 Jahre, so gibt es bei Jungen wie Mädchen vom Belastungsumfang und -inhalt kaum Probleme. Die Belastungen des Grundlagentrainings können schon nach wenigen Wochen mitvollzogen werden.

Im Alter bis zu 18 Jahren kann man sich an Belastungsverhältnissen orientieren: Im ersten Jahr 50% der Belastung der Jahreskennzifferübersichten der Tabellen 32 und 33 (Seiten 141/142), dann jährliche Steigerungen von 20 bis 25%, bis der Anschluss an die nächste Trainingsetappe hergestellt ist.

Wenn der Einstieg nach dem 18. Lebensjahr bei den Frauen bzw. U23 erfolgt, sollten im ersten Jahr 40 bis 50% der in Abb. 31 (Seite 102) und Tabelle 35 (Seite 151) genannten Jahresbelastungen angestrebt werden. Weitere Steigerungsraten sollten jährlich bei maximal 30% liegen. Größere Belastungssteigerungen zwischen 30 und 50% sind theoretisch möglich und werden sicherlich auch praktiziert. Im Interesse einer langfristigen systematischen Leistungsentwicklung sind derartige Steigerungen jedoch nicht ratsam. Sie führen zu Leistungssprüngen, deren Stabilität und Wiederholbarkeit oft nicht gesichert ist.

Allen Quereinsteigern wird empfohlen, sich regelmäßig der Leistungsdiagnostik zu unterziehen. Die Ergebnisse sollten zur Festschreibung der Belastungsplanung mit herangezogen werden. Die Höhe der Steigerungsraten in der Belastung sind vom biologischen Anpassungsgrad abhängig zu machen. Alle trainingsmethodischen Prinzipien, Mittel und Methoden haben für Quereinsteiger die gleiche Bedeutung. Die Trainingssteuerung kann eine hohe Reizwirksamkeit gerade bei dieser Zielgruppe bewirken und eine schnellere, stabile Leistungsentwicklung einleiten.

Der langfristige Leistungsaufbau

Abb. 31:
Belastungen von Quereinsteigern am Beispiel von Fahrerinnen

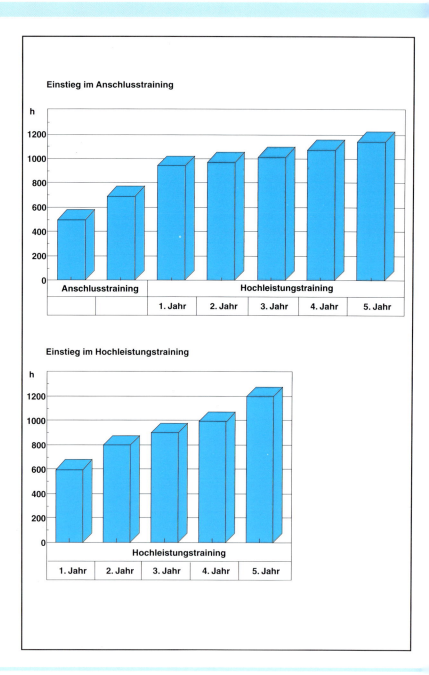

Der Belastungsaufbau im Jahresverlauf

Die Dynamik der Leistungsentwicklung in allen radsportlichen Wettbewerben sowie die erfreuliche Resonanz, die das Rad zur regelmäßigen sportlichen Betätigung wieder gefunden hat, erfordert Perfektion in allen trainingsmethodischen Fragen. Die physischen Leistungsfaktoren Ausdauer, Kraft, Schnelligkeit und ihre Kombinationen müssen zum richtigen Zeitpunkt und in dem erforderlichen Umfang erarbeitet werden. Der richtige Belastungsaufbau im Jahresverlauf hat eine Schlüsselposition inne.

Ganzjährig trainieren

Ein erster Punkt ist die Ganzjährigkeit des Trainings. Die Zeit, in der nach der von März bis Oktober gehenden Wettkampfsaison die große Winterpause einsetzte, ist lange überholt. Ein Trainingsprozess sollte ganzjährig erfolgen. Gut aufgegliedert in Perioden und Zyklen bietet er so die Basis eines soliden Aufbaus. Wichtig ist, dass einmal die Belastung mit ansteigendem Charakter sowie die dazu notwendige Zeit zur Erholung und Regeneration geplant und realisiert wird. So können die physischen Leistungsfaktoren immer auf das erforderliche Niveau aufgebaut werden. Die Systematik des Belastungsaufbaus schafft die erforderliche physische und psychische Lockerheit und Frische für die Wettkampfleistung.

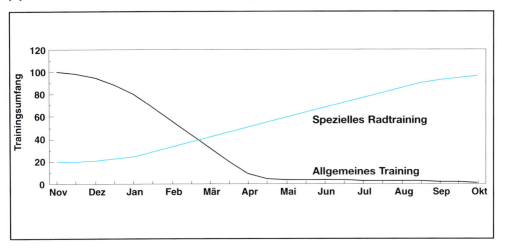

Abb. 32: Der Einsatz allgemeiner und spezieller Trainingsmittel im Jahresverlauf

Der Belastungsaufbau im Jahresverlauf

Allgemeines und spezielles Training

Im Jahresverlauf tendiert der Einsatz der Trainingsmittel grundsätzlich und in allen Alters- und Leistungsbereichen vom Allgemeinen zum Speziellen.

In den Wintermonaten November bis März haben allgemeine Trainingsmittel einen hohen Stellenwert. Sie werden aber in den einzelnen Alters- und Leistungskategorien einen unterschiedlichen Umfang einnehmen.

Umgekehrt verhält es sich mit dem speziellen Radtraining. Alle Trainingsmittel mit dem Rad nehmen in Umfang und Häufigkeit während der Monate November bis März zu und dominieren von April bis Oktober (siehe Abb. 32, Seite 103).

Konditionelle Basis

Besonderes Augenmerk muss auf das Niveau der Grundlagenausdauer und der Kraft gerichtet werden. Beide Faktoren gehen schnell zurück, wenn nicht ständig entsprechende Trainingsreize gesetzt werden. Für das Training in den Bereichen Grundlagenausdauer und Kraft besteht ein ganzjähriger Bedarf. Das Krafttraining hat eine gesteigerte Bedeutung, wenn der Sportler im Flachland wohnt bzw. dort längere Zeiträume im flachen Land trainiert oder Wettkämpfe bestreitet. Er sollte sich dann gezielter dem Krafttraining mit dem Rad zuwenden. Stehen bergige Trainingsstrecken zur Verfügung oder werden Wettkämpfe im stark profilierten Gelände bestritten, ergeben sich dadurch noch zusätzliche Kraftreize.

Auch das Grundlagenausdauertraining ist nach Wettkampfphasen, wie z. B. nach Rundfahrten, ernst zu nehmen, da das Grundlagenausdauer-Niveau schnell abstürzen kann.

Nach solchen hochintensiven Phasen sollte das Grundlagenausdauertraining kompensierenden Charakter besitzen, indem flache Strecken bevorzugt werden und im unteren Grundlagenausdauer-Herzfrequenzbereich lange und überlange Trainingsstrecken mit relativ kleinen Übersetzungen und hoher Tretfrequenz (100 U/min) gewählt werden. Die flachen Strecken sind vor allem dann zu bevorzugen, wenn die Wettkämpfe vorher im bergigen Gelände absolviert wurden. Im Grundlagenausdauertraining soll neben der Grundlagenausdauer auch die Motorik (Tretfrequenz) geschult werden. Diese Aufgabe kann auch durch Motortraining – Fahren hinter einem Fahrzeug mit Motor – zusätzlich positiv unterstützt werden (unter Beachtung der StVO).

Haben die Wettkämpfe dagegen im flachen Terrain stattgefunden, so ist nach einem bestimmten zeitlichen Abstand zur Rundfahrt das Training nach Möglichkeit in ein profiliertes Gelände zu verlegen oder es sind Kraftausdauer-Trainingsreize zu setzen. Zwischen Motorik und Kraft besteht eine sehr wichtige Wechselbeziehung. Die Proportionen zu- und miteinander beeinflussen die Leistung auf dem Rad erheblich. Um dieser Forderung gerecht zu werden, müssen immer beide Aspekte beachtet und trainiert werden. Wird ein Faktor vernachlässigt, kommt es bereits zu einem z. T. beträchtlichen Leistungsabfall.

Aus der Praxis ist bekannt, dass zahlreiche Weltklassesportler dem Problem damit begegneten, dass sie täglich abends oder morgens 20 Minuten auf einer ungebrems-

Konditionelle Basis · Jahresaufbau

ten Rolle mit sehr hohen Tretfrequenzen (120 U/min) und kleinen Übersetzungen (42:19) fuhren, um die motorischen Fähigkeiten dauerhaft hoch zu halten. Diese Methode wurde von ihnen ganzjährig angewandt, also auch während der Etappenrennen.

Werden Rundfahrten bestritten, so ist die Gestaltung der Phasen danach oft problematisch. Grundsätzlich sollte die Regeneration durch aktive Erholung und nicht durch Pausen gestaltet werden. Zu empfehlen ist eine standardisierte Belastung, wie es in Tabelle 23 dargestellt ist.

Tag nach der Rundfahrt	Belastungsumfang	Trainingsinhalt
1.	1–2 h	Kompensationsbereich
2.	2–3 h	Kompensationsbereich
3.	frei	–
4.	3–4 h	Grundlagenausdauer
5.	4–5 h	Grundlagenausdauer
6.	4–5 h	Grundlagenausdauer
7.	frei	–
8.	Fortsetzung des Trainings bzw. der Wettkämpfe	

Tabelle 23: Trainingsvorschlag nach Etappenrennen

Jahresaufbau

Das neue Trainings- und Wettkampfjahr ist in der Regel mit dem Kalenderjahr nicht identisch. In der Sportpraxis finden die letzten Wettkämpfe Anfang Oktober statt. Der Wettkampfperiode schließt sich eine maximal dreiwöchige Übergangsperiode – Zeit für den Jahresurlaub – an. Anfang November beginnt das neue Trainings- und Wettkampfjahr mit der Vorbereitungsperiode.

Im Jahresaufbau ist ein Grundprinzip voranzustellen: Die Trainingsbelastung, zyklisch gut gegliedert, steigt im Jahresverlauf an. Die höchsten Belastungen, auch als Gipfelbelastungen bezeichnet, liegen unmittelbar vor den Wettkampfhöhepunkten. In Abb. 33 (Seite 106) ist das Prinzip nochmals anschaulich dargestellt. Unter Trainingsbelastung ist das Produkt aus Trainingsumfang und Trainingsintensität aller Trainingsmittel einschließlich der Wettkämpfe zu verstehen.

Zu Beginn des Trainings- und Wettkampfjahres sollten im ersten Abschnitt ca. acht Wochen zur Erarbeitung eines guten Kraft- und Grundlagenausdauer-Niveaus in Anspruch genommen werden. Die Kraft zeigt in einer langen Wettkampfsaison die größten Verschleißerscheinungen. Es wird deshalb mit der Erarbeitung der Maximal- und Schnellkraft, später mit der Kraftausdauer begonnen. Zum Einsatz

Der Belastungsaufbau im Jahresverlauf

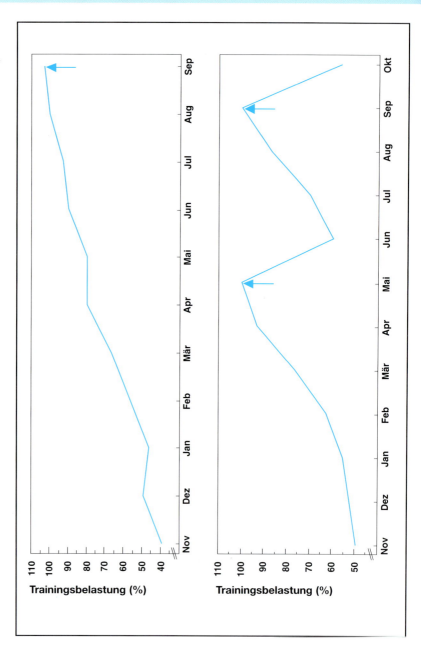

Abb. 33:
Das Prinzip der steigenden Belastung im Jahresverlauf mit einfacher und zweifacher Periodisierung

Jahresaufbau

kommen spezielle Kraftprogramme mit allgemeinen Trainingsmitteln, also im Kraftraum oder Fitness-Center.
Die Konzentration des Krafttrainings richtet sich auf die Muskelgruppen, die wir in der »Muskelschlinge« beim Radfahren benötigen:
- Unterschenkelmuskulatur,
- Oberschenkelmuskulatur,
- Gesäßmuskulatur,
- Bauchmuskulatur,
- Rückenmuskulatur,
- Schultergürtelmuskulatur,
- Oberarmmuskulatur.

Schultergürtel-, Oberarmmuskulatur sowie alle anderen Muskelgruppen des Oberkörpers müssen so gestärkt werden, dass sie voll »funktionstüchtig« sind. Ein schwerpunktmäßiges Training dieser Muskeln ist jedoch für den Straßenradrennsport nicht zu empfehlen, da Muskelzuwachs mit Erhöhung des Körpergewichts verbunden ist. In dieser Disziplin wird aber ein optimales Körpergewicht, z. B. zum Bergauffahren, benötigt. Mit anderen Worten: Es werden nur die Muskeln stark ausgebildet, die für die Vortriebsleistung beim Pedalieren wichtig sind (siehe Abb. 34, Seite 108).
Die Krafttrainingseinheiten müssen zeitlich so liegen, dass die Muskulatur relativ erholt ist, bevor der Kraftreiz gesetzt wird. Dazu in Tabelle 24 einige Beispiele.

Tabelle 24:
Die Lage der Krafttrainingseinheiten im Mikrozyklus

Tag	Richtiges Beispiel	Falsches Beispiel
Samstag	GA-Trainingseinheit	GA-Trainingseinheit
Sonntag	GA-Trainingseinheit	GA-Trainingseinheit
Montag	frei	Krafttraining
Dienstag	1. TE Krafttraining 2. TE Spiel/Schwimmen	frei
Mittwoch	1. TE Krafttraining 2. TE Spiel/Schwimmen	1. TE Spiel/Schwimmen 2. TE Krafttraining
Donnerstag	frei	GA-Trainingseinheit
Freitag	GA-Trainingseinheit	Krafttraining
Samstag	GA-Trainingseinheit	GA-Trainingseinheit
Sonntag	GA-Trainingseinheit	frei

Der Belastungsaufbau im Jahresverlauf

Abb. 34:
Die Muskelschlinge im Radsport

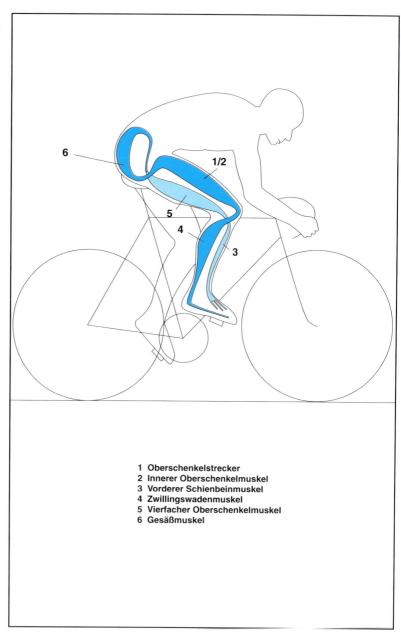

1 Oberschenkelstrecker
2 Innerer Oberschenkelmuskel
3 Vorderer Schienbeinmuskel
4 Zwillingswadenmuskel
5 Vierfacher Oberschenkelmuskel
6 Gesäßmuskel

Parallel dazu läuft das Ausdauertraining mit allgemeinen und speziellen Trainingsmitteln. Der Umfang des Radtrainings richtet sich unter anderem nach den Witterungsbedingungen. Sind diese schlecht, ist Training auf der ungebremsten Rolle oder dem Fahrradergometer einzubeziehen.

Das Ziel, Grundlagenausdauer aufzubauen, muss mit einer guten Trainingssteuerung gesichert werden. Dies lässt sich nur erreichen, wenn die Trainingsintensität individuell optimal erreicht wird, die Belastung also reizwirksam ist.

Nach dem ersten Abschnitt empfiehlt sich zur Verstärkung der Reizwirksamkeit des Trainings, die Trainingsmittel für zwei bis drei Wochen zu wechseln.

Jahreswechsel und Feiertage geben uns gute Möglichkeiten zum Skilaufen. Alpine Skifahrten stärken vor allem die Beinmuskulatur und erhöhen unser Kraftpotential. Skilanglauf und Skiwanderungen können dem Grundlagenausdauer-Vermögen neue Impulse verleihen. Eine gewisse Zeit Wintersport setzt also gute Trainingsreize und bringt dazu im psychischen Bereich Freude, Entspannung und Abwechslung.

Danach folgt der zweite Abschnitt der Vorbereitungsperiode, von Mitte Januar bis Ende März, mit dem Hauptziel Kraft- und Grundlagenausdauer. Der Anteil der allgemeinen Trainingsmittel nimmt deutlich ab. Mit Beginn der Wettkampfsaison endet die allgemeine athletische Ausbildung und beschränkt sich bis Saisonende auf die tägliche Dehnungs- und Lockerungsgymnastik.

Auch das Kraftausdauertraining wird zunehmend mit dem Rad absolviert. Drei bis vier Wochen vor den ersten Wettkämpfen beginnt das wettkampfspezifische Training im Entwicklungs- und Spitzenbereich.

In der Wettkampfperiode liegt der Schwerpunkt selbstverständlich in der Wettkampfleistung. Da die Saison von April bis Oktober sehr lang ist, gilt es, durch eine gute zyklische Gestaltung Erholungsphasen zu sichern sowie zwischen den Wettkämpfen durch das Training die physischen Leistungsfaktoren auf hohem Niveau zu erhalten.

Neuaufbau nach Erkrankung und Verletzung

Entsteht durch Erkrankung oder Verletzung ein Trainingsausfall von mehr als zehn Tagen, sollte ein Neuaufbau geplant und realisiert werden. Grundsätzlich muss die Art der Erkrankung oder Verletzung beachtet werden. Alle Erkältungskrankheiten sind richtig auszukurieren, bevor mit dem Training begonnen wird. Ein Neuaufbau ist durch Systematik und langsamer Umfangs- und Intensitätssteigerung gekennzeichnet. Unser Organismus ist am Anfang des Neuaufbaus immer noch geschwächt und benötigt erst niedrigere Intensitäten und langsam gesteigerte Trainingsumfänge. Erst wenn die Stabilität durch das Grundlagenausdauertraining erreicht wird, ist ein intensives Training möglich und kann Krafttraining oder wettkampfspezifisches Training angesetzt werden. Bei mehrwöchigen Trainingsausfällen ist der Belastungsaufbau mit Grundlagenausdauertraining, Krafttraining und Intensitätstraining zu empfehlen, bevor Wettkämpfe integriert werden.

Zu empfehlen ist, dass in solchen Phasen eventuell der Arzt mit in die Planung einbezogen und das gesamte Training mit Hilfe der Herzfrequenz gut gesteuert wird.

Der Belastungsaufbau im Jahresverlauf

Auf die Stunde fit sein

Zahlreiche Sportlerinnen und Sportler, ja selbst Hobbyradler, nehmen an Wettkämpfen teil, die für sie viel bedeuten. Sie möchten gut aussehen und, wenn möglich, zu den Siegern zählen. Voraussetzung ist, dass man auf die Stunde »fit« ist. Wir bezeichnen solch wichtige Wettkämpfe auch als »Hauptwettkämpfe«, auf die man sich mit großer Konzentration gezielt vorbereiten muss.

Unmittelbare Wettkampfvorbereitung (UWV)

In der Planung des Trainings schenken wir einem speziellen Abschnitt in der Wettkampfperiode besondere Bedeutung. Er erhält eine gewisse Eigenständigkeit und wird »unmittelbare Wettkampfvorbereitung« oder »UWV« genannt. Am Ende dieser Phase liegt, zeitlich gesehen, unser Hauptwettkampf.

Der Erfolg einer UWV hängt maßgeblich vom erreichten individuellen Entwicklungsniveau der Leistungsfaktoren sowie von der Wettkampfleistung und damit von der Wirksamkeit des Trainings in den der UWV vorgelagerten Perioden bzw. Mesozyklen ab. Im Klartext: Man benötigt eine hohe, vor allem aber stabile UWV-Eingangsleistung. Sie sollte einen maximalen zeitlichen Umfang von sechs Wochen nicht überschreiten und hat eine klare trainingsmethodische Gliederung (siehe Abb. 35).

Nach einer verminderten Belastung folgt eine Trainingsphase, bestehend aus Grundlagenausdauer- und Krafttraining. In dieser Phase geht es um die Erzielung weiterer Zuwachsraten in der Entwicklung der Grundlagen- und Kraftausdauer. Danach folgt die Phase der wettkampfspezifischen Ausprägung mit der Gipfelbelastung, welche die höchste Belastung im Jahresverlauf darstellt. Die Sicherung der vollen Leistungsausprägung und der maximalen Form erfolgt durch ein hohes Niveau der wettkampfspezifischen Belastungen. Sie sind am effektivsten durch auf hohem Niveau stehende Wettkampfserien oder Rundfahrten zu erzielen.

Unter Ausnutzung des Superkompensationseffektes folgt mit entsprechendem zeitlichen Abstand der Hauptwettkampf.

Ziel der unmittelbaren Wettkampfvorbereitung ist das Erreichen einer höchstmöglichen Steigerung der komplexen Wettkampfleistung. Sie ist daher als sehr leistungsproduktive und nicht nur als erhaltende Phase zu gestalten. Soll ein gutes Hauptwettkampfergebnis erzielt werden, ist die erforderliche deutliche Leistungssteigerung mit einer konsequenten UWV-Gestaltung möglich.

Unverzichtbare Grundlage für ein wirkungsvolles Training in der UWV ist eine gründliche Analyse der individuellen UWV-Eingangsleistung, gestützt auf Leistungsdiagnostik, Trainings- und Wettkampfanalyse. Der analysierte Entwicklungsstand der komplexen Wettkampfleistung und der Leistungsfaktoren, insbesondere der Grundlagenausdauer und Kraftausdauer, muss Aufschluss darüber geben, welche Reserven vor allem durch das Training der UWV zu erschließen sind. Das Training in der UWV ist deshalb sehr stark zu individualisieren, soll doch jeder Sportler am Tag X die Form des Jahres aufweisen. Wenn wir die UWV planen, gilt es, von einem bestimmten organisatorisch-inhaltlichen Rahmen aus einen individuellen UWV-Plan zu erstellen.

Auf die Stunde fit sein

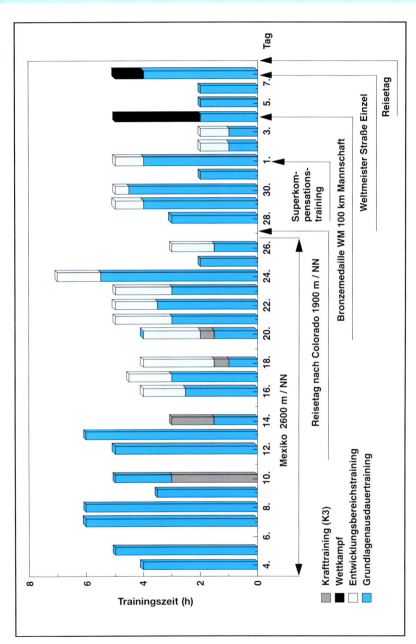

Abb. 35:
Unmittelbare Wettkampfvorbereitungs-Gestaltung mit Höhentrainings in Vorbereitung auf die Rad-WM 1986

Der Belastungsaufbau im Jahresverlauf

In der unmittelbaren Wettkampfvorbereitung ist die höchste Wirkung der Trainings- und Wettkampfbelastung im Jahresverlauf anzustreben. Sie ist deshalb der Abschnitt der entwicklungswirksamsten Trainingsreize. Die Belastungssteigerung geht mit der effektivsten Entwicklungssystematik einher. Die erforderlichen Leistungszuwachsraten sind nur durch eine exakte, individuell ausgerichtete Trainingssteuerung möglich.

Von entscheidender Bedeutung für ein bestmögliches Ergebnis ist der psychische Zustand des Sportlers. Er sollte vor der UWV fest für den Hauptwettkampf nominiert sein und sich, frei von Qualifikationen, ganz auf den Höhepunkt konzentrieren können. Die Trainingseinheiten und Wettkämpfe sollten trotz der hohen Belastungsreize ohne zusätzlichen Druck absolviert werden.

Auch dem Umfeld ist Beachtung zu schenken, Regeneration und Lockerheit sind stark zu beachten. Der Sportler muss diese Prozesse selbst aktiv anstreben. Die richtige Einstellung und das Wissen sowie ein hohes Anspruchsniveau sind für die Bewältigung aller Anforderungen erforderlich.

Eine wirksame unmittelbare Wettkampfvorbereitung setzt eine effektive Trainings- und Wettkampfgestaltung und -organisation voraus. Das heißt, es werden bewährte Trainingsmittel und -programme eingesetzt. Keine Experimente, aber ein vertretbares Risiko zur Steigerung der Trainingsreize eingehen! In einer UWV ist eine gute, durchgehende Betreuung der Sportler durch Trainer, Ärzte, Physiotherapeuten und Mechaniker zu sichern.

Der Hauptwettkampftag selbst ist minutiös zu planen. Alle Mosaiksteinchen, die ein Bedingungsgefüge ausmachen, müssen so geordnet sein, dass der Sportler keine Hektik merkt. Nur so ist eine volle Konzentration auf den Wettkampf möglich. Das Betreuungspersonal muss Ruhe ausstrahlen, alles muss im »Griff« sein. Nur so kann der Sportler sich konzentrieren und sich auf die Stunde »fit« den Aufgaben stellen.

Das Prinzip der Superkompensation

Trainingsbelastungen bewirken im Organismus einen Ermüdungsreiz. Dieser wird vom Trainingsumfang und von der -intensität sowie vom aktuellen Leistungsstand wesentlich in seiner zeitlichen Dauer begrenzt.

Nach Trainingsbelastungen ist also eine gewisse Zeit der Erholung notwendig. Danach erreicht der Sportler die Phase der erhöhten Leistungsbereitschaft: die Superkompensationsphase (siehe Abb. 16, Seite 45).

Wenn das Prinzip der Superkompensation wirksam werden soll, müssen die Erholungsphase effektiv gestaltet und der folgende Belastungsreiz richtig gesetzt werden. Die Erholungsphase hat das Ziel der Regeneration. Ihr Inhalt reicht von physiotherapeutischen Maßnahmen, einer richtigen Ernährung und ausreichendem Schlaf bis hin zu einer »aktiven« Pause. Die aktive Pause kann, z. B. nach hochintensiven Belastungen, aus einer kleinen Radausfahrt bestehen, um den Laktatabbau aktiv zu unterstützen. Das Prinzip der Superkompensation, das nach allen Trainingseinheiten wirkt, soll zur Leistungssteigerung richtig genutzt werden. Das Setzen des nachfolgenden Trainingsreizes hat also eine entscheidende Bedeutung. Folgende Grundregeln sind praxiserprobt:

Auf die Stunde fit sein

- Bei mehrstündigen Ausdauerbelastungen sollte nur einmal täglich trainiert werden, die nächste Trainingseinheit also am darauf folgenden Tag erfolgen.
- Belastungen sollten im Block erfolgen, d. h., an 2 bis 5 aufeinander folgenden Tagen ist Ausdauertraining angesetzt (GA). Bei intensiveren Trainingsmitteln (EB/SB/K) ist dagegen nur ein Zweier-Block ratsam.
- Nach allen Blockbildungen erfolgt grundsätzlich ein Erholungstag.
- Krafttraining oder Training im EB sollte grundsätzlich nach dem Erholungstag beginnen.

Superkompensationseffekte haben auch eine Langzeitwirkung, wie z. B. nach Etappenrennen, nach denen ca. 6 bis 10 Tage später eine erhöhte Leistungsfähigkeit erreicht werden kann.

Ein Superkompensationstraining spielt vor Hauptwettkämpfen eine entscheidende Rolle. Es sollte 3 Tage vor dem Hauptwettkampf abgeschlossen sein (siehe Abb. 35, Seite 111).

Wichtig ist, dass der Sportler diesen Rhythmus auslotet. Bei der Mehrzahl der Sportler ist der 3-Tage-Rhythmus ausreichend. Wer damit nicht zurecht kommt, sollte das Superkompensationstraining 1 oder 2 Tage vorziehen.

Durch gezielte Ernährung ist der Effekt noch zu verstärken. In den ersten Tagen, also bis zum Ende der Superkompensationsbelastung, wird eine stark eiweißreiche Ernährung bevorzugt und die Kohlenhydrate werden stark eingeschränkt. Damit wird das Ziel verfolgt, die Glykogendepots richtig zu leeren. Nach der Superkompensation setzt bis zum Wettkampftag eine kohlenhydratreiche Ernährung ein. Die Depots werden optimal »gefüllt«. Die Muskeln treffen verstärkt Vorsorge für die nächste intensive Leistung und nehmen mehr als 20% der ursprünglichen Glykogenmenge auf. Dadurch stehen dem Sportler am Hauptwettkampftag außerordentlich große Energiemengen zur Verfügung. In Tabelle 11 (Seite 47/48) befindet sich ein Vorschlag für eine Superkompensationsdiät. Auch hier die Empfehlung: vorher erproben, dann einsetzen.

Lance Armstrong demonstrierte bei der Tour de France 1999–2004 Fitness auf die Stunde und feierte 6 Gesamtsiege

Die Belastung im Grundlagentraining

Im Interesse eines systematischen und langfristigen Leistungsaufbaus wird der Bereich des Nachwuchstrainings im Alter von 10 bis 18 Jahre in drei wichtige Ausbildungsetappen, ohne Differenzierung des Geschlechts, untergliedert:

- **Erste Etappe:**
  Das Grundlagentraining umfasst die Altersstufen 10 bis 14 Jahre.
- **Zweite Etappe:**
  Das Aufbautraining beinhaltet die Altersstufen 15 und 16 Jahre.
- **Dritte Etappe:**
  Das Anschlusstraining beinhaltet die Altersstufen 17 und 18 Jahre.

Wann mit dem Radsport beginnen?

Diese Frage, mit aktuellen Beispielen untermauert, wird immer wieder gestellt. Statistisch betrachtet gibt es die Aussage, dass die Mehrzahl der leistungsstarken Rennfahrer im Alter zwischen 10 und 16 Jahren die ersten Kontakte zum Radsport hatten, den Radrennsport aber unterschiedlich stark in Umfang und Intensität betrieben. Eine kleinere Gruppe tat dies zum Teil wesentlich später und vollzog nicht nur einen guten Einstieg, sondern entwickelte sich relativ schnell zur Spitzenklasse.

Von einzelnen Beispielen, ja selbst von Statistiken und den daraus abgeleiteten Tendenzen, gibt es keine eindeutigen Aussagen oder Empfehlungen.

Die Pubertät verläuft bekanntlich individuell zeitlich recht unterschiedlich, gekoppelt mit Wachstumsschub, Körpergewichtsentwicklung bis zur Geschlechtsreife. Demzufolge verzeichnen wir sowohl bei Jungen wie bei Mädchen im jugendlichen Alter »Früh-, Spät- und Normalentwickler«.

Der biologisch unterschiedliche Stand in einer Altersstufe ist zum Teil erheblich, demzufolge auch die aktuell mögliche Leistungsfähigkeit. Der »Frühentwickler« ist im physischen Bereich dominant und den gleichaltrigen, biologisch zurückgebliebenen Sportfreundinnen und Sportfreunden überlegen. Besonders deutlich wird dies bei der Entwicklung der Kraftvoraussetzungen. Diese »biologische« Überlegenheit schlägt sich in der Bewältigung der Trainingsaufgaben und natürlich vor allem in den Wettkampfergebnissen nieder.

Im Verlauf der weiteren Entwicklung gewinnen die »Normal- und Spätentwickler« an biologischer Reife. Sie legen körperlich zu. Die einhergehende Verbesserung der Leistungsfähigkeit wird auch durch die Wettkampfergebnisse dokumentiert.

Die Interessenlage im Kinder- oder Jugendalter ist ein weiterer Aspekt. Oft treffen wir den Tatbestand an, dass das Interesse für Sportarten wechselt. So ist es auch für

Aufgabenstellung

Die ersten Versuche sind von entscheidender Bedeutung...

Rennfahrer zweifelsohne nicht von Nachteil, wenn sie vor ihrer radsportlichen Tätigkeit andere Sportarten betrieben haben. Quereinsteiger fangen relativ spät mit dem Radsport an und haben physisch keine Probleme. Nur im technisch-taktischen Bereich gibt es Anpassungsschwierigkeiten, besonders beim Fahren in großen Starterfeldern und beim »Hinterradfahren«. Entscheidend für die Frage »Wann sollen Kinder mit dem Radsport beginnen?« ist daher Ziel und Inhalt des Trainings- und Wettkampfsystems in den einzelnen Altersstufen unter Beachtung des biologischen Alters.

Aufgabenstellung des Grundlagentrainings

1. Im Vordergrund steht die Erzeugung von Freude und Spaß am Radsport. Interessen unterliegen in diesen Altersstufen deutlichen Schwankungen. Heute noch »in«, morgen »out« ist oft die Devise, vor allem wenn Eintönigkeit und die Härte des Sports in der Anfangsphase zu sehr im Mittelpunkt stehen. Erlebnisse hin-

Die Belastung im Grundlagentraining

terlassen tiefe Eindrücke, Erfolgs- oder Negativerlebnisse bestimmen die Entscheidungen der Kinder. Stabile Entwicklungen sind für die Gesamtentwicklung des Kindes von Vorteil. Sie herzustellen ist eine mit dem Grundlagentraining verbundene Aufgabe.

Ein altersgerechtes, mit Freude ausgeführtes Training, erste Wettkämpfe oder der Besuch radsportlicher Veranstaltungen sind gut geeignet, Interesse zu wecken oder zu stabilisieren. Die Kinder sollten sich Vorbilder suchen, denen sie nacheifern möchten: freiwillig und ohne Einfluss von außen. Die Erziehung zur Selbständigkeit ist besonders wichtig.

… Siege und gute Platzierungen stärken das Selbstbewusstsein und ermuntern, nach Höherem zu streben

2. Straßenradrennsport wird nahezu ausschließlich im öffentlichen Straßenverkehr bestritten. Das Sportgerät Rennrad oder auch jedes andere Fahrrad muss verkehrssicher und der Sportler der Straßenverkehrsordnung kundig sein. Theorie zur Straßenverkehrsordnung und zum Material ist ein wichtiger Bestandteil der Ausbildung im Straßenverkehr. Das Tragen der neuen Sicherheitshelme, auch beim Training, ist hier besonders zu empfehlen.

3. Radbeherrschung ist das A und O unserer Sportart. Querfeldeinfahren, Mountainbike-Fahren, Fahren auf Radrennbahnen, auf Ergometern und vor allem auf der freien ungebremsten Rolle fördern dieses Anliegen. Kontrollfahrten im Geschicklichkeitsfahrtest (siehe Abb. 36) sollten mit Regelmäßigkeit wiederholt und mit den Kindern ausgewertet werden. Videoaufnahmen zur Fehleranalyse sind für alle Übungsleiter und Trainer in diesem Altersbereich zu empfehlen.

Aufgabenstellung

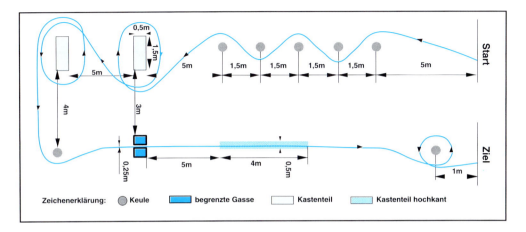

Abb. 36: Geschicklichkeitsfahrtest

4. Im Radsport geht es um eine gute, gesunde Sitzposition sowie um einen »runden Tritt«. Wenn von Anfang an auf diesen Schwerpunkt besonderer Wert gelegt wird, können später auftretende körperliche Fehlbelastungen und Leistungsgrenzen vermieden werden. Das erste Rad sollte deshalb altersgerecht sein und in seinen Maßen und der Auswahl der Komponentengruppen diesen Forderungen gerecht werden.

Die Wachstumsphase erfordert immer wieder Korrekturen der Sitzpositionen. Es wird empfohlen, dass bis zum 18. Lebensjahr vierteljährlich der Körperbau ausgemessen, die Maße aufgezeichnet und Positionen überprüft und gegebenenfalls verändert werden. Ein höherer Sattel, ein längerer Vorbau und, wenn notwendig, ein höherer Rahmen sind zwangsläufig die Folge. Gerade, gute Fußstellung im Pedal ist entscheidend für einen optimalen Tritt. Unsere Jungen und Mädchen müssen frühzeitig an eine gesunde, ökonomisch arbeitende Technik auf und mit dem Rad gewöhnt werden. Dies ist entscheidend und erfordert finanziell einige Investitionen. Der ökonomische Aspekt der ersten Rennmaschinen für dieses Alter liegt deshalb auf Altersgerechtheit, Sitz- und Tretposition. Auf luxuriöse, aufwendige Ausstattungen sollte zugunsten der aufgezeigten Schwerpunkte verzichtet werden.

Beim Pedalieren sollte von Anfang an, wie oben bereits betont, auf einen »runden Tritt« Wert gelegt werden. Die vorhandene Kraft muss im Tretzyklus in Vortriebsleistung umgesetzt werden. Dies ist nur dann optimal, wenn Druck-, Gleit-, Schub- und Zugphase sich harmonisch ergänzen. »Hackertritte« sind unrund und unökonomisch und sollten bereits im Kindesalter vermieden werden. Einmal falsch erlernte Techniken sind später kaum zu verändern. Dazu zählt auch die Aufgabe, mit beiden Beinen annähernd gleich stark zu treten. In der Regel besteht ein unterschiedlich starker Beineinsatz, den es durch Konzentration einzuschränken gilt. Gut passende Rennschuhe und richtig eingestelle Sohlenplatten sind Voraussetzung für eine gute Fußstellung im Pedal. Die neuen Pedalsysteme sind eine bedeutende Erleichterung für diese Aufgabe.

Die Belastung im Grundlagentraining

5. Die sportliche Ausbildung besteht im Grundlagentraining aus einer vielseitigen, auf den Radsport ausgerichteten Grundausbildung. Unter Vielseitigkeit ist die breite Palette der radsportlichen Disziplinen sowie Übungen aus anderen Sportarten zu verstehen.

Im Radtraining stehen Technik und Motorik vor den physischen Leistungsfaktoren Ausdauer, Kraft und Schnelligkeit. Die allgemeine athletische Ausbildung umfaßt einen sehr hohen Anteil am Gesamttraining. Auch hier geht es um das Erlernen richtiger Techniken, auf denen später hohe Belastungen, z. B. beim Krafttraining, aufgebaut werden können. Richtige Techniken und Bewegungsabläufe sind im Grundlagentraining wichtiger als Leistungsentwicklungen und Wettkampfergebnisse, für die in der weiteren Entwicklung genügend Zeit bleibt.

Tabelle 25: Empfohlene Maximal-Streckenlängen für Training und Wettkampf

	U 10 m/w AK 10	U 12 m/w AK 11/AK 12	U 14 Schüler/ Schülerinnen AK 13/AK 14
Straßenrennen	10–20 km	15–25 km	25–40 km
Kriterien/Rundstreckenrennen	10 km	15 km	25 km
Vierermannschaftsrennen	–	–	20 km
Einzelzeitfahren	–	–	10 km
Grundlagenausdauertraining	20 km	50 km	70 km
Entwicklungsbereichstraining	–	–	3 km
Spitzenbereichstraining	–	–	300 m

In der methodischen Gestaltung sollten schon sehr früh bewährte Prinzipien eingesetzt werden:
- Jährlich ansteigende Belastung.
- Kontinuierliche Belastung im Trainingsjahr, d. h. das Heranführen an regelmäßige sportliche Belastungen mit Zunahme der Häufigkeit.
- Zyklische Belastungsgestaltung und Sicherung ausreichender Erholungsphasen.
- Individuelle Belastungsdosierung vor allem unter Berücksichtigung des biologischen Alters.

Entsprechend dem biologischen Entwicklungsstand liegt beim Radtraining der Schwerpunkt auf der Motorik. Im langfristigen Leistungsaufbau sollen Voraussetzungen für hohe Tretfrequenzen geschaffen werden. Aus diesem Grund sind Übersetzungen begrenzt, da die biologischen Grundlagen für ein Krafttraining nicht gegeben sind und bei Nichtbeachtung dieser biologischen Gesetzmäßigkeiten körperliche Schäden entstehen können, die die späteren Leistungsentwicklungen auf alle Fälle verbauen.

Aufgabenstellung

Auch für Trainingsstrecken und Wettkampflängen gibt es im Grundlagentraining obere Grenzen, die in Tabelle 25 ausgewiesen sind. Sie sollten einen systematischen langfristigen Belastungsaufbau sichern.

Im Grundlagentraining, wo es noch keine leistungsdiagnostischen Untersuchungen gibt, sollten jedoch regelmäßig ärztliche Kontrolluntersuchungen erfolgen, um Fehlbelastungen des Binde- und Stützgewebes oder des Herz-Kreislauf-Systems frühzeitig zu erkennen. Gesundheitliche Probleme treten in der Regel nur dann auf, wenn im Trainingsprozess falsche Reize gesetzt werden.

Tabelle 26: Trainingskennziffernübersicht männlich für das Grundlagentraining

	AK 10	AK 11	AK 12	AK 13	AK 14
Gesamttrainingseinheiten	115	140	180	235	250
Gesamtstunden	200	270	300	400	500
Allgemeines Training (Std.)					
Gesamttrainingseinheiten	60	70	80	85	90
Gesamtstunden	80	100	120	130	150
Ausdauer	55	65	60	50	50
Schnelligkeit	–	10	20	20	20
Kraft	–	–	–	20	40
Spiele	20	20	30	30	30
Wettkämpfe	5	5	10	10	10
Radtraining (in km)					
Gesamttrainingseinheiten	55	70	100	150	160
Gesamtkilometer	1000	1500	2500	5000	8000
Grundlagenausdauerbereich	950	1400	2170	4340	6670
Entwicklungsbereich	–	–	30	60	100
Spitzenbereich	–	–	–	–	30
Wettkämpfe	50	100	300	600	1200
Theorie, Verkehrsunterricht u.a. (Stunden)	12	18	24	24	24

Die Belastung im Grundlagentraining

	AK 10	AK 11	AK 12	AK 13	AK 14
Gesamttrainingseinheiten	90	120	160	185	210
Gesamtstunden	120	210	280	330	400
Allgemeines Training (Std.)					
Gesamttrainingseinheiten	60	70	80	85	90
Gesamtstunden	80	100	120	130	150
Ausdauer	55	65	60	50	50
Schnelligkeit	–	10	20	20	20
Kraft	–	–	–	20	40
Spiele	20	20	30	30	30
Wettkämpfe	5	5	10	10	10
Radtraining (in km)					
Gesamttrainingseinheiten	30	50	80	100	120
Gesamtkilometer	500	1000	2000	4000	6000
Grundlagenausdauerbereich	450	900	1800	3350	5180
Entwicklungsbereich	–	–	30	50	100
Spitzenbereich	–	–	–	–	20
Wettkämpfe	50	100	200	400	700
Theorie, Verkehrsunterricht u.a. (Stunden)	12	18	24	24	24

Tabelle 27: Trainingskennziffernübersicht weiblich für das Grundlagentraining

Jahresprogramme im Grundlagentraining

Das Jahresprogramm der Trainingskennziffern ist in den Tabellen 26 (Seite 119) und 27 (oben) ausgewiesen. In Abb. 37 ist ein Makrozyklus aus dem Jahresplan für die Wochen 11 bis 14 aufgezeichnet, in Abb. 38 (Seite 122/123) finden Sie einen Vorschlag zur Jahresplanung der Altersklasse 13.
Beim Training mit allgemeinen Mitteln dominiert die Ausdauer. Als Trainingsmittel kommen Laufen, Skilanglauf, Inline-Skating oder Eisschnelllauf zum Einsatz. Bei der Entwicklung der Schnelligkeit sind es Kurzstreckenläufe (Leichtathletik

Jahresprogramme

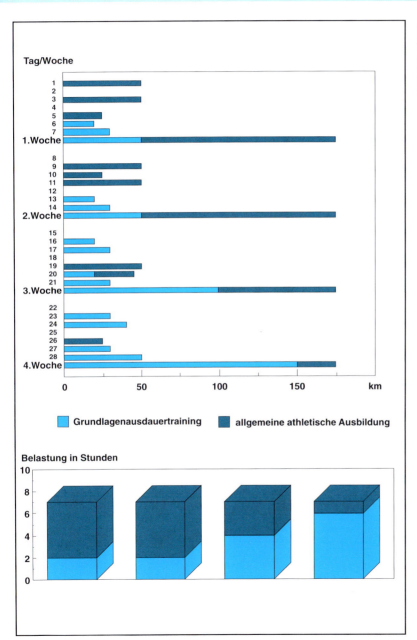

Abb. 37:
Beispiel eines Trainingsplans für das Grundlagentraining Woche 11 bis 14: Vorbereitungsperiode

Die Belastung im Grundlagentraining

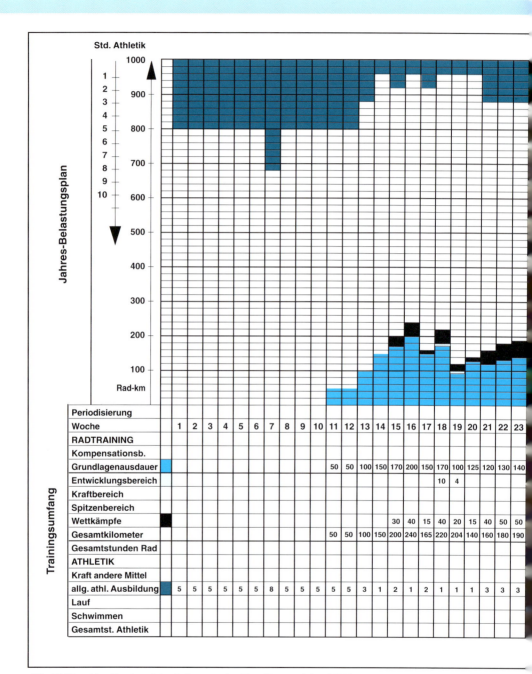

Abb. 38: Vorschlag für einen Jahresbelastungsplan Grundlagentraining AK 13

Jahresbelastungsplan

	24	25	26	27	28	29	30	31	32	33	34	35	36	37	38	39	40	41	42	43	44	45	46	47	48	49	50	51	52
										URLAUB																			
	120	190	160	120	150	200	150	200	40				100	110	150	100	100	120	100	150	150	100	120	130	140				
			10	4		10	4								10	4													
	30	50	20	20	20	60	50	30	50						20	20													
	150	240	190	144	170	260	210	234	90				100	110	180	124	100	120	100	150	150	100	120	130	140				
													1	2	2	2	1	1	1	2	3	3	1	2	2	2	1	2	1	1

Die Belastung im Grundlagentraining

oder Inline-Skating und Eisschnelllauf) über 60-m-Distanzen. Das Krafttraining ab Altersklasse 13 tendiert zur Kraftausdauer in Form von Kreis- und Stationstraining. Mit niedrigen Zusatzgewichten geht es vor allem auch um die richtige Technik bzw. Bewegungsabläufe, insbesondere bei der Tiefkniebeuge. Beim Radtraining haben die Trainingsmittel der Trainingsbereiche Gültigkeit, deren Inhalte jedoch der Spezifik der Altersklassen angepasst werden müssen.

Den Wettkämpfen mit allgemeinen Mitteln sind keine Grenzen gesetzt. Die Radwettkämpfe sind dosiert einzusetzen. Voraussetzung für eine Wettkampfteilnahme ist ein bestimmter Ausbildungsstand, insbesondere bei der Radbeherrschung und im physischen Bereich. Ist das Niveau noch sehr schwach oder gehört der Sportler der Kategorie Spätentwickler an, sollte der erste Wettkampf noch etwas auf sich warten lassen. Mit Training wird oft mehr erreicht. Den Vereinen obliegt die Talenterfassung. Das Vereinstraining unter Anleitung eines Übungsleiters oder Trainers ist bereits im Grundlagentraining anzustreben. Im Radsport ist es zu empfehlen, dass alle, die den Radsport ausüben möchten, sich dem Training anschließen, ohne dass bereits Mindestanforderungen und Normative gestellt werden. Diese sind den nächsten Entwicklungsstufen, dem Aufbau- und Anschlusstraining vorbehalten.

Die Ausbildung auf der Bahn setzt im Grundlagentraining bedeutende Akzente

Die Einheit von Schule, Beruf und Sport

Unsere sportliche Tätigkeit nimmt im Grundlagentraining bereits einen breiten zeitlichen Raum ein, der im nachfolgenden Aufbau- und Anschlusstraining noch erheblich größer wird.
Eine abgeschlossene Schul- und Berufsausbildung bildet für alle Mädchen und Jungen die Basis für das spätere Leben. Sport, insbesondere der Nachwuchsleistungssport, wirkt sich auf unser Leben außerordentlich positiv aus. Erstens stärkt er wesentlich unseren Gesundheitszustand. Zweitens entwickelt er die Persönlichkeit. Durch den Leistungssport werden Willenseigenschaften wie Zielstrebigkeit und Durchsetzungsvermögen, um nur einige zu nennen, viel deutlicher und höher ausgeprägt als bei Gleichaltrigen. Es besteht also für alle Mädchen und Jungen das Ziel, Beruf, Schule und Sport so zu koordinieren, dass diese beiden Säulen auf festem Fundament stehen.
Gute schulische oder berufliche Leistungen fördern die sportlichen Ambitionen, da sie der Schule bzw. dem Betrieb mehr »Spielraum« zur Förderung leistungssportlicher Interessen bieten. Einem schlechten Schüler oder Azubi bleibt dies nicht nur versagt, er muss in Schule oder Beruf noch mehr Zeit investieren, um diese Ziele zu erreichen, die der sportlichen Ausbildung dann verloren gehen.
Der Wirkung dieses Kreislaufs muss sich vor allem die junge Sportlerin oder der junge Sportler bewusst werden, wenn sie bzw. er vor den Entscheidungen für Schule, Beruf und Sport steht.
Die Einheit von Schule, Beruf und Sport ist aber eine Voraussetzung für leistungssportliche Orientierungen und fordert vor allem eine andere Freizeitgestaltung. Unser Hobby Radsport wird die Freizeit erheblich bestimmen. Andere, zum Teil einfachere und schönere Freizeitbereiche sind hintangestellt oder werden auf spätere Zeiten verschoben.

Vereine und Lizenz

Bereits in der Phase des Grundlagentrainings ist der Anschluss an einen Radsportverein und die Beantragung einer Lizenz zu empfehlen.
Die sportliche Ausbildung ist im Verein unter Anleitung und Kontrolle eines erfahrenen Übungsleiters oder Trainers auf relativ hohem Niveau gesichert. In der Trainingsgruppe macht es dazu noch mehr Spaß und Freude, vieles fällt leichter und ist schöner. Die Mitgliedschaft im Verein und das Training mit einer Trainingsgruppe bedeuten nicht die Aufgabe der Individualität im Training – im Gegenteil: Ein guter Verein fördert diesen Faktor.
Mitgliedschaft im Verein und die Lizenz erleichtern vieles, nicht zuletzt die Versicherungsfragen in der außerordentlich schönen, aber auch nicht ungefährlichen Sportart Radsport.
Die Vereine wiederum sind gut beraten, durch Veranstaltungen und Wettkämpfe für Anfänger etwas für die Jugend zu tun, Talente zu sichten und zu fördern.
Mädchen sollten sich nicht scheuen, mit den Jungen in einer Trainingsgruppe im Verein zu trainieren, denn gemeinsam geht's besser und schneller.

Die Belastung im Aufbautraining

Die Aufgabenstellung des Aufbautrainings besteht in der Schaffung allgemeiner und zunehmend radsportspezifischer Leistungsvoraussetzungen. Ein hoher Grad an Vielseitigkeit ist Inhalt der Ausbildung. Die Belastbarkeit der Athleten wird erhöht. Der Trainingsumfang wird mit dem Ziel gesteigert, eine spätere Spezialisierung auf hohem Niveau zu ermöglichen.

Der zweijährige Trainingsprozess, der die Altersstufen 15 und 16 Jahre umfasst, steht ganz im Zeichen dieser Ausbildungsziele. Die zunehmenden höheren Belastungen stellen an die Mädchen und Jungen hohe physische und psychische Anforderungen und sind in den Tabellen 28 und 29 ausgewiesen.

In den Abb. 39 (Seite 129) und 40 (Seite 130) sind zwei Makrozyklen (3:1) aus der Vorbereitungsperiode der Altersklasse 16 dargestellt.

Vielseitigkeit ist Trumpf

Auf dem Grundlagentraining aufbauend bleibt das Prinzip der Vielseitigkeit in Training und Wettkampf im vollen Umfang erhalten. In der allgemeinen athletischen Ausbildung wird das Training in anderen Sportarten mit gesteigertem Umfang und mehr Inhalten fortgesetzt. Neben höheren physischen Belastungen liegt der Schwerpunkt auf einer guten technischen Ausführung der Übungen. Dies trifft insbesondere auf das Krafttraining mit allgemeinen Mitteln zu. Die Belastungsverträglichkeit wird erhöht und das Binde- und Stützgewebe gekräftigt, was körperlichen Schäden durch extreme einseitige Belastungen vorgebeugt. Nach Abschluss des Aufbautrainings muss eine deutliche Erhöhung des allgemeinen athletischen Niveaus als wichtigste allgemeine Leistungsvoraussetzung erreicht werden.

Auch im spezifischen Bereich dominiert die Vielseitigkeit. Cross-Sport und Mountainbiking im Winterhalbjahr, Bahn- und Straßenwettbewerbe in der eigentlichen Saison können bei richtiger Dosierung Freude und Abwechslung bringen. Durch die Vielseitigkeit und die damit verbundenen Leistungen wird die Talentsichtung für eine spätere Spezialisierung eingeleitet und die Talentsichtung in den Vereinen und Landesverbänden wesentlich unterstützt.

Der gesamte Trainingsprozess wird auf folgende inhaltliche Schwerpunkte ausgerichtet:
- Aufbau einer soliden Basis der Grundlagenausdauer.
- Erarbeitung der Schnelligkeit und Motorik.
- Beginn eines gezielten Krafttrainings.
- Systematische Heranführung an die Wettkämpfe.

Vielseitigkeit ist Trumpf

	AK 15	AK 16
Gesamttrainingseinheiten	190	220
Gesamtstunden	600	750
Allgemeines Training (Std.)		
Gesamttrainingseinheiten	50	50
Gesamtstunden	100	100
ausdauerorientiert	40	30
Krafttraining	20	30
Spiele	40	40
Radtraining (in km)		
Gesamttrainingseinheiten	140	170
Gesamtkilometer	8 000	10 000
Kompensationsbereich	800	1 000
Grundlagenausdauerbereich	5 850	7 150
Entwicklungsbereich	150	200
Spitzenbereich	20	30
Krafttraining (K 1/K 2)	20	30
Krafttraining (K 3/K 4)	–	30
Wettkämpfe	1 100	1 500
Tests/Leistungsdiagnostik	60 (4×)	60 (4×)
Theorie, Verkehrsunterricht u.a. (Stunden)	24	24

Tabelle 28: Übersicht der Jahrestrainingskennziffern weiblich: Aufbautraining

Die Belastung im Aufbautraining

Tabelle 29: Übersicht der Jahrestrainingskennziffern männlich: Aufbautraining

	AK 15	AK 16
Gesamttrainingseinheiten	265	285
Gesamtstunden	630	700
Allgemeines Training (Std.)		
Gesamttrainingseinheiten	75	75
Gesamtstunden	150	150
ausdauerorientiert	70	60
Krafttraining	40	60
Spiele	40	30
Radtraining (in km)		
Gesamttrainingseinheiten	190	210
Gesamtkilometer	11 500	13 500
Kompensationsbereich	1 000	1 000
Grundlagenausdauerbereich	8 510	10 050
Entwicklungsbereich	300	400
Spitzenbereich	30	50
Krafttraining (K 1/K 2)	30	50
Krafttraining (K 3/K 4)	50	70
Wettkämpfe	1 500	1 800
Tests/Leistungsdiagnostik	80 (4×)	80 (4×)
Theorie, Verkehrsunterricht u.a. (Stunden)	24	14

Vielseitigkeit ist Trumpf

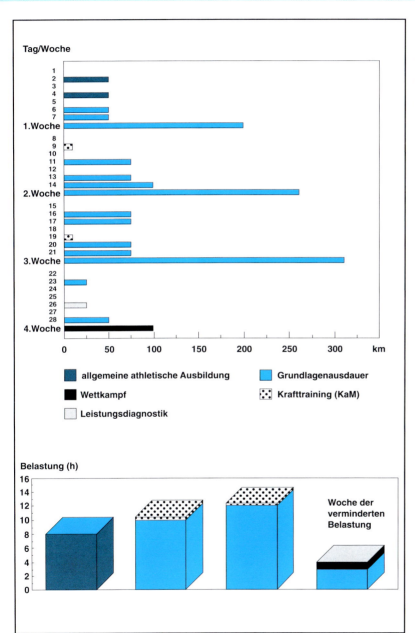

Abb. 39:
Beispiel eines Trainingsplans für das Aufbautraining, Altersklasse 16 männlich: Vorbereitungsperiode

Die Belastung im Aufbautraining

Abb. 40:
Beispiel eines Trainingsplans für das Aufbautraining, Altersklasse 16 weiblich: Vorbereitungsperiode

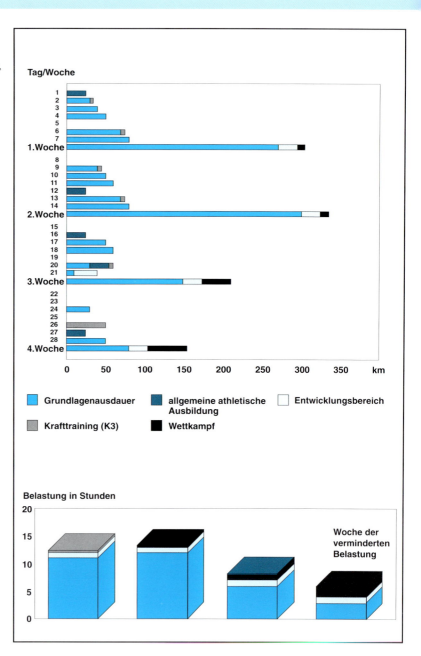

Gesteuertes Grundlagenausdauertraining

	weiblich	männlich
Übersetzungsbegrenzung	7,01 m	7,01 m
Wettkampfhöchstdistanzen:		
– Straßenrennen	50 km	80 km
– Einzelzeitfahren	20 km	20 km
– Mannschaftszeitfahren	30 km	50 km
Maximale Trainingsstrecken:		
– Kompensationsbereich	30 km	30 km
– Grundlagenausdauerbereich	100 km	150 km
– Entwicklungsbereich	5 km	5 km
– Spitzenbereich	300 m	bis 500 m
– Kraftausdauerbereich (K 3/K 4)	5 km	8 km

Tabelle 30:
Begrenzung von Übersetzungen und Streckenlängen im Aufbautraining

Gesteuertes Grundlagenausdauertraining

Das Grundlagenausdauertraining kommt ganzjährig zur Anwendung und nimmt bei Jungen und Mädchen dieser Altersklassen mit ca. 75% am Gesamttrainingsumfang einen breiten Raum ein. Die Mädchen und Jungen müssen in dieser Phase die Steuerung des Grundlagenausdauertrainings mittels Herzfrequenz, Tretfrequenz und Übersetzungsgestaltung erlernen. Mit einem gut gesteuerten Training erreicht bereits der junge Sportler eine notwendige, hohe aerobe Leistungsfähigkeit. Ein stabiles hohes Grundlagenausdauervermögen bildet die Plattform des langfristigen Leistungsaufbaus.
Diese Aufgabe ist vor allem ein bewusster Lernprozess. Die Überzeugung von der Notwendigkeit der Trainingssteuerung ist wesentlich für eine erfolgreiche Gestaltung.
Der Einsatz technischer Hilfsmittel, vor allem zur Steuerung des Trainings mit Pulsuhr, Tretfrequenzmesser, Geschwindigkeits- und Kilometeranzeige mit den handelsüblichen Messgeräten, sollte im Aufbautraining vorrangig betrieben werden. Selbstständigkeit in diesem Bereich ist eine Grundforderung. Als weiterer wesentlicher Punkt der richtigen Gestaltung des Trainings ist die Dimensionierung der Trainingsstreckenlänge im Jahresverlauf zu nennen. Der Einsatz im Jahr erfolgt von der kleinen zur längeren Strecke. Die Streckenlängen bleiben jedoch in dieser Altersstufe nach oben begrenzt, um späteren Entwicklungen nicht vorzugreifen (siehe Tabelle 30).
Durch die Limitierung der Wettkampfdistanzen soll das Ziel des systematisch langfristigen Leistungsaufbaus gesichert werden. Auf dieser Entwicklungsstufe werden

die Übersetzungen erhöht, bleiben aber noch begrenzt. Die Höchstübersetzungen sind auch als solche anzusehen. Im gesamten Radsportbereich sind normale Übersetzungen und hohe Tretfrequenzen zu bevorzugen. Die Höchstübersetzungen sollten äußerst selten benutzt werden.

Im Grundlagentraining wurden die Fragen der Position auf dem Rad und der Trettechnik bereits umfassend angesprochen. In diesem Komplex setzt das Aufbautraining die kontinuierliche Entwicklung fort.

Das Körperwachstum setzt bei Mädchen und Jungen neue Akzente, und es ist mit Positionsveränderungen zu reagieren. Vierteljährlich sind die im Grundlagentraining begonnenen Körperbaumessungen fortzusetzen und die Position gegebenenfalls zu verändern. Längere Vorbauten, breitere Lenker und höhere Rahmen sind, wenn notwendig, zum richtigen Zeitpunkt zu montieren. Pedalsysteme und Schuhe sollten von der bisher benutzten Firma beibehalten werden. Ein Produktwechsel erfolgt, wenn überhaupt, nach Saisonende, um Gewöhnungsfreiräume zu erhalten. Kurbellängen sollten auch bei fortgeschrittenem Wachstum in dieser Altersstufe nicht verändert werden, d. h., 170 mm lange Kurbeln werden während des gesamten Aufbautrainings benutzt.

Orientierung auf Motorik und Schnelligkeit

Abgeleitet von den Leistungsstrukturen der Spitzenleistungen haben Motorik und Schnelligkeit in dieser Phase der biologischen Reife einen besonderen Stellenwert. Wir sprechen auch von einem entscheidenden Lernalter für die Ausprägung dieser Leistungsvoraussetzungen.

Für die Praxis bedeutet dies, dass sowohl in der allgemeinen als auch in der speziellen Ausbildung Trainingsmittel und -methoden Anwendung finden, die auf diese Voraussetzungen positiv wirken.

Das gesamte Radtraining ist deshalb auf Frequenzen um 110 U/min auszurichten. Auf einem stabilen Grundlagenausdauer-Niveau aufbauend erfolgt der Einsatz von Trainingsmitteln, die die Schnelligkeitsvoraussetzungen entwickeln.

Beginn des Krafttrainings

Im Aufbautraining beginnt auch das erste Krafttraining. Mit allgemeinen Trainingsmitteln wird ein Stationstraining im Fitness-Center oder Kraftraum empfohlen. Die Übungen sind so zusammenzustellen, dass kleine Zusatzgewichte gewählt werden. Das Training dient dann in erster Linie der Entwicklung der Kraftausdauer. Besonders ist vor einer Überbelastung durch zu hohe Gewichte zu warnen, die Wirbelsäule und Bandscheiben schädigen können.

Auf die Bedeutung der Technik und der richtigen Bewegungsabläufe wurde schon mehrfach hingewiesen. Beim Krafttraining mit dem Rad liegt der Schwerpunkt auf dem Schnellkraftbereich mit dem Einsatz der Programme K1 und K2, wobei die Übersetzungen beim K1-Programm maximal der Höchstübersetzungen dieser Altersstufe entsprechen.

Wettkampfgestaltung · Allgemeines Krafttraining

Im Kraftausdauerbereich, wo K3 und K4 eingesetzt werden, sollte auf dem Ergometer das Belastungsziel vom Ausbildungsstand individuell abgeleitet werden. Beim K3- und K4-Training am Berg erfolgt der Einsatz dieser Trainingsmittel auch nur unter Berücksichtigung des biologischen Alters und des Ausbildungsstands. Die Standardprogramme aus den Tabellen 8 und 9 (Seiten 37–39) sind auf diese beiden Säulen anzupassen. – Zur Entlastung der Wirbelsäule wird empfohlen, nach dem Krafttraining mit allgemeinen Mitteln ein kurzes Schwimmprogramm im Entspannungsbecken oder in der Schwimmhalle anzusetzen.

Interessante Wettkampfgestaltung

In dieser Altersstufe ist die emotionale Komponente von entscheidender Bedeutung für die weitere Motivation zum Radsport. Wettkämpfe und das Erleben von Gemeinschaft oder Erfolg und Misserfolg sind richtig einzuordnen. Die Auswahl der Wettkämpfe muss deshalb sehr überlegt erfolgen und sollte vom aktuellen Leistungs- und Entwicklungsstand abgeleitet werden. Hat ein Sportler das Grundlagentraining absolviert und dort mit Erfolg bereits Wettkämpfe bestritten, so ist der Wettkampfeinsatz im Aufbautraining relativ einfach. 25 bis 35 Wettkampftage stehen auf dem Jahresprogramm. Bevorzugt sollten Straßenrennen werden, vor allem mit Streckenlängen bis zu 50 km weiblich und 80 km männlich. Kriterien, Einzel- sowie Mannschaftszeitfahren und im Winterhalbjahr Cross- oder Bike-Wettbewerbe ergänzen das Wettkampfprogramm. Ist eine Radrennbahn in der Nähe, sind Bahnwettbewerbe für die vielseitige Ausbildung sehr zu empfehlen.
Im Aufbautraining greift das Talentauswahlsystem der Landesverbände. Erste Sichtungen und Kaderkreisbildungen werden vorgenommen. Maßstab dafür sind Wettkampfergebnisse. Besonders der Frühentwickler ist im Aufbautraining im Leistungsvermögen noch bevorteilt. Für den Normal- und Spätentwickler heißt die Devise: »Fleißig weitertrainieren«. Spätestens in der nächsten Etappe, dem Anschlusstraining, gleichen sich die biologischen Vorteile aus.
Für Mädchen, wo es bekanntlich weniger Wettkampfangebote gibt, ist die Sportordnung auszuschöpfen. Sie sollten Wettbewerbe in der dazu festgelegten Altersklasse der Jungen mitbestreiten. Dadurch wird vor allem auch der Lernprozess, speziell im Bereich der Technik, positiv beeinflusst.
Wichtiger als Wettkampfergebnisse ist im Aufbautraining die technisch-taktische Ausbildung. Zur Vorbereitung der Wettkämpfe sollte im Training die Beherrschung des Rennrades in allen möglichen Situationen geschult werden. Schwerpunkte dazu sind im Kapitel 15 aufgeführt.

Hinweise zur Durchführung des allgemeinen Krafttrainings

Die in allen Radsportdisziplinen dynamisch fortschreitende Leistungsentwicklung – gekennzeichnet durch neue Rekorde und höhere Geschwindigkeiten – basiert eindeutig auf einem sich ständig erweiternden trainingsmethodischen Wissensstand

Die Belastung im Aufbautraining

und seiner Umsetzung in der praktischen Trainingsarbeit. Analysiert man die einzelnen Leistungen, so kann festgestellt werden, dass höhere Geschwindigkeiten nur möglich sind, wenn entweder die Tretfrequenz oder die Übersetzung oder beides erhöht wird. Wer diese Entwicklung, deren Ende nicht absehbar ist, mitvollziehen will, muss sein Basisleistungsvermögen erhöhen und vor allem sein Kraftpotential vergrößern.

Das Kraftpotential lässt sich aber nur durch ein gezieltes Krafttraining vergrößern, entsprechende Schwerpunkte sind auch in der Ernährung zuzuschalten. Im Komplex der Trainingsbereiche mit dem Rad wurde dem bereits Rechnung getragen und Mittel und Methoden zum Krafttraining mit dem Rad dargestellt (siehe Tabellen 8 und 9, Seiten 37–39). Krafttraining im Radrennsport hatte bis vor kurzem einen geringen Stellenwert, ja es wurde von vielen Experten abgelehnt. Wie in vielen anderen Ausdauersportarten zu beobachten, spielt das Krafttraining und die Komponente Kraft in der Wettkampfleistung auch im Radsport eine immer größere Rolle. Zur Erhöhung des Kraftpotentials benötigen wir eine gut ausgebildete Muskulatur, speziell der Muskelgruppen, die beim Pedalieren die Hauptarbeit verrichten müssen (siehe auch Abb. 34, Seite 108). Unsere Muskulatur muss demzufolge gut austrainiert werden. Der Stoffwechsel muss so ausgeprägt sein, dass die Versorgung der Muskelzelle mit den für die auf hohem Niveau basierenden Stoffwechselprozessen – insbesondere mit Sauerstoff – gewährleistet ist. Dazu gehört weiterhin eine optimale muskuläre Entwicklung aller aktiv und passiv an der Leistung beteiligten Muskelgruppen, ihre nervale Ansteuerung inbegriffen.

Die Hauptarbeit beim Pedalieren ist von folgenden Muskelgruppen zu verrichten:
- Gesäßmuskel,
- Muskelgruppen des Oberschenkels,
- Zwillingswadenmuskel.

Im Krafttraining mit allgemeinen Mitteln erfolgt die Konzentration auf diese Muskelgruppen. Bei ihnen soll langfristig der Muskelquerschnitt und die Muskelkontraktion ein Optimum zu Erzielung höchster Geschwindigkeiten auf der Ebene und am Berg erreichen. So spielt das Krafttraining im langfristigen Leistungsaufbau eine ganz entscheidende Rolle. In den Kapiteln 10–13 werden altersspezifische Probleme und Ausbildungsschritte nochmals gesondert dargestellt.

Das Krafttraining mit allgemeinen Mitteln kommt im Straßenradsport nur in den wettkampffreien Monaten zur Anwendung. Inhaltlich sollte es so gestaltet werden, dass es über einen Zeitraum von z. B. zwölf Wochen absolviert wird. Die ersten vier Wochen steht die Ausprägung der Maximalkraft, die zweiten vier Wochen das Schnellkrafttraining und in der dritten vierwöchigen Periode das Kraftausdauertraining als Zielstellung auf dem Plan. So ein Zyklus lässt sich beispielsweise von Oktober bis Dezember realisieren. Danach erfolgt vielleicht eine vierzehntägige Pause mit Wintersport und ohne Krafttraining, bevor ein zweiter, zeitlich verkürzter neuer »Kraftblock« angesetzt wird. Ab März kann dann Krafttraining schon mit spezifischen Trainingsmitteln fortgesetzt werden. Die Intensitätsgestaltung innerhalb der »Kraftblöcke« erfolgt durch eine systematische Vergrößerung der Zusatzgewichte oder eine Erhöhung der Wiederholungszahlen pro Station.

Allgemeines Krafttraining

Da jeder Kraftraum gerätetechnisch anders eingerichtet ist, wird die Erstellung eines individuellen Krafttrainingskreises von 6 bis 8 Stationen empfohlen. Dabei sollten die Belastungen auf bestimmte Muskelgruppen abwechselnd erfolgen und von Dehnungs- und Lockerungsübungen unterbrochen werden.

Krafttraining erfolgt nur im »aufgewärmten« körperlichen Zustand und in geheizten Räumen, um Verletzungen auszuschließen.

Von großer Bedeutung ist fernerhin, dass die Technik an den Kraftgeräten sicher ist und die notwendigen Körperhaltungen exakt beachtet werden.

Von den folgenden sechs Übungen sind für den Radsportler insbesonders diese drei zu empfehlen:
- die 70°-Tiefkniebeuge unter der Hantelschwinge (Abb. 41),
- der Armzug liegend (Abb. 42) und
- das Anreißen des Gewichts mit dem Bein (Abb. 43).

Dazu sind folgende Erläuterungen wichtig:

70°-Tiefkniebeuge

Die Übungen an der Hantelschwinge (siehe Abb. 41) erhalten durch ihre kräftigende Wirkung der Hauptmuskelgruppen, d.h. der an der Radsportbewegung beteiligten Muskulatur, besonderes Gewicht. Deshalb ist die Übung mit großer Sorgfalt auszuführen.

Die Hantelschwingen weisen recht unterschiedliche physikalische Verhältnisse (Hebellängen, Winkelstellungen, Höhe der Drehpunkte) auf, daher lässt sich diese Station an unterschiedlichen Geräten auch individuell nicht vergleichen. Ist ein Gerätewechsel (Lehrgangstraining, organisatorische Notwendigkeit) erforderlich, so ist die Wiederholungszahl laut Programm an dieser Station zugunsten eines außerplanmäßigen Maximaltests zu verringern. Dieser Maximaltest wird zu Beginn der Trainingseinheit an der vorhandenen Hantelschwinge absolviert. Im weiteren

Abb. 41: Die Hantelschwinge

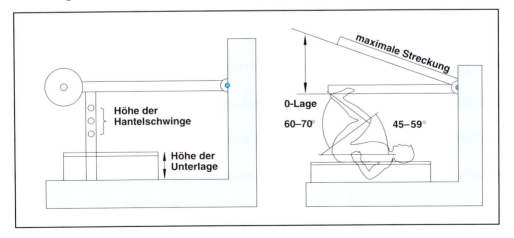

Die Belastung im Aufbautraining

Verlauf der Trainingseinheit ist die ermittelte Übungslast mit der entsprechenden Wiederholungszahl zu bewältigen.

Es kommt darauf an, zum Trainingsbeginn für jeden einzelnen Sportler Arbeitsbedingungen festzulegen, die immer wieder herzustellen sind, wenn eine hohe Qualität an dieser Station erreicht werden soll:

- Der Winkel Oberschenkel–Unterschenkel muss 60–70° und der Winkel Bank–Oberschenkel muss 45–59° betragen.
- Danach richtet sich die Höhe der Unterlage bzw. die Einstellung der Höhe der Hantelschwinge (Höhe der Unterlage kann sein: Kastenteil, Gewichtsscheiben, Matten).
- Es ist bei jeder Wiederholung die volle Streck- bzw. Einbeugebewegung durchzuführen (kleinste Winkelstellung – maximale Streckung).
- Alle Wiederholungen sind mit einem explosiven Krafteinsatz zu bewältigen.

Armzug liegend

Diese Übung wird auf einem Liegebrett, unter Vermeidung einer Hohlkreuzbildung, mit fixierten Füßen durchgeführt (siehe Abb. 42). Dabei ist insbesondere auf die vollständige Streckung der Arme bei jeder Wiederholung zu achten.

Rumpfaufrichten aus der Bauchlage

Es bestehen mehrere Möglichkeiten, diese Übung durchzuführen:
- an der Sprossenwand (mit Gewicht/ohne Gewicht), Füße fixiert,
- auf dem Kastenteil (mit Gewicht/ohne Gewicht).

70°-Kniebeuge (Kniewinkel 70°)

Diese Übung ist für alle Sportler an der Hantelschwinge mit Gewichthebergürtel durchzuführen.

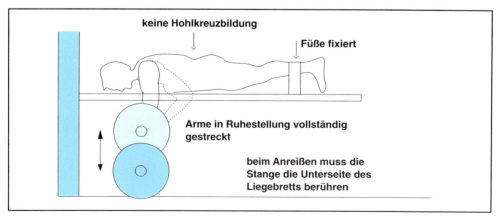

Abb. 42: Der Armzug liegend

Allgemeines Krafttraining

Bewegungsgeschwindigkeit: langsames Beugen bis zum Umkehrpunkt (Kniewinkel 70°), schnelles explosives Strecken (Kniewinkel 180°).
Zu Beginn des Trainingsjahres ist individuell der 70°-Kniewinkel festzulegen, und im gesamten Jahr ist nach dieser Vorgabe zu trainieren.

Rumpfaufrichten aus der Rückenlage

Es bestehen wiederum mehrere Möglichkeiten, diese Station durchzuführen:
- Aufrichten an der Sprossenwand (mit Gewicht/ohne Gewicht), Füße fixiert,
- Aufrichten auf dem Schrägbrett (mit Gewicht/ohne Gewicht).

Gewicht mit dem rechten und dem linken Bein anreißen

Diese Übung ist in ihrer Wirkung effektiver als bisher angenommen. Um die volle Effektivität zu erreichen, müssen die in Abb. 43 aufgeführten Hinweise berücksichtigt werden.
Die Durchführung des Maximalkrafttests erfolgt für jedes Bein mit Hilfe von verschiedenen Zusatzgewichten.

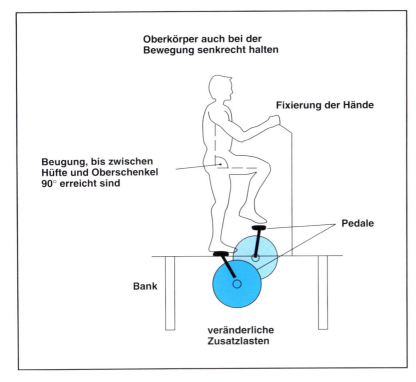

Abb. 43: Gewicht mit dem rechten und dem linken Bein anreißen

Ausbildungsziel	Sportart, Mittel und Methoden
Kompensation/ Regeneration	freudbetontes Training, psychische Entspannung: Volleyball, Basketball, Tennis, Schwimmen, Gymnastik, Stretching
Grundlagenausdauer	Dauerleistungsmethode: Skilanglauf, Rollschuhlauf, Inline-Skating, Schwimmen, Eisschnelllauf, Kreistraining
Krafttraining	Im Kraftraum oder Fitness-Studio werden nach gründlicher Erwärmung Übungen für die Muskelgruppen zusammengestellt, die beim Radfahren vorrangig benötigt werden. Wir stellen uns auf der Basis der Geräte »unseres« Studios ein Programm selbst zusammen. Nachstehend ein Vorschlag und einige Hinweise.

Allgemeines Kraft- und Schnelligkeitstraining (KaM)
In regelmäßigen Abständen (3 Wochen) wird im Winterhalbjahr (Oktober–März) ein Maximalkrafttest durchgeführt.

Maximalkrafttest:
(Bestimmung der individuellen Belastungsgrößen im allgemeinen Krafttraining)
An den Stationen 1, 2 und 4 werden 3–4 Wiederholungen bis zum Erreichen der Maximallast absolviert. Die Stationen 3, 5 und 6 werden im Sinne der Kompensation zwischen den einzelnen Maximalkraftstationen durchgeführt. Die Trainingseinheit zur Bestimmung der Maximallast umfasst weiterhin 2 Serien mit schnellkraftorientierten Gewichten.

Variante 1 maximalkraftorientiert	Variante 2 schnellkraftorientiert	Variante 3 schnellkraftorientiert
1. Hantelschwinge 2×5 mit 90% von der absolvierten Last Maximalkrafttest Pause: 3 min Stationspause: 5 min	3×7 mit 70% 3 min 5 min	3×15 mit 60% 3 min 5 min
2. Armzug liegend 2×5 mit 85% von der absolvierten Last im Maximalkrafttest Pause: 3 min Stationspause: 5 min	3×7 mit 65% 3 min 5 min	3×15 mit 55% 3 min 5 min
3. Rumpfaufrichten aus der Bauchlage Wiederholungszahl: 15 Serienzahl: 5 Pause: 1 min Stationspause: 5 min	15 5 1 min 5 min	15 5 1 min 5 min
4. 70°-Kniebeuge unter der Hantelschwinge 2×5 mit 90% von der absolvierten Last im Maximalkrafttest Pause: 3 min Stationspause: 5 min	3×7 mit 70% 3 min 5 min	3×15 mit 60% 3 min 5 min
5. Rumpfaufrichten aus der Rückenlage Wiederholungszahl: 15 Serienzahl: 5 Pause: 1 min Stationszahl: 5 min	15 5 1 min 5 min	15 5 1 min 5 min
6. Gewicht mit dem rechten und dem linken Bein anreißen Zusatzgewicht je nach Maximalkrafttest festlegen Wiederholungszahl: 15×80 mit 90% Serienzahl: 3 Serienpause: 5 min	10–50 mit 70% 5 1 min	10×50 mit 70% 5 1 min

Tabelle 31: Athletik für den Straßenradsportler

Krafttests

Für den Krafttrainingskreis werden für jede Übungsstation exakte Angaben für die Größenordung der Zusatzgewichte benötigt. Sie sind für eine richtige Dosierung der Belastungen im Krafttraining von sehr großer Bedeutung. Die Zusatzgewichte sollten in jeder Trainingsphase dem individuellen Trainingszustand angepasst sein. Zu ihrer Ermittlung werden in regelmäßigen Abständen, z. B. vierwöchig, Krafttests durchgeführt. Die durch das Training erzielte Leistungsentwicklung wird im Test erfasst, und im nachfolgenden Training kann eine optimale, individuelle Belastungsdosierung realisiert werden.

Der Sportler startet zunächst sein Aufwärmprogramm und absolviert einen Umlauf seines Kraftkreises. Liegt der Test am Neubeginn eines Kraftblocks und der Sportler hat noch keine Erfahrungswerte bezüglich der Höhe der Zusatzgewichte, kommt er um ein gewisses Maß an Probeversuchen mit unterschiedlich hohen Zusatzgewichten nicht herum, bevor er die maximal mögliche Zusatzbelastung ermittelt hat. Liegt der Test inmitten der Krafttrainingsphase, verfügt der Sportler selbst über genügend Erfahrungswerte und wird das Zusatzgewicht um eine mögliche höhere Belastungsstufe steigern. So hat er einen guten Anhaltspunkt und kann vom Testergebnis ausgehend nun die Zusatzgewichte für jede Station bestimmen.

Soll die Kraftausdauer als Hauptziel trainiert werden, wählt man 60% der im Test erzielten Maximalwerte. Die Zahl der Übungswiederholungen pro Übungsstation mit Zusatzgewichten muss individuell von z. B. 6 bis 20 festgelegt werden.

Steht dagegen Maximal- oder Schnellkraftausbildung als Ziel auf dem Programm, wird bei relativ großen Pausen eine geringe Wiederholungszahl angestrebt (1 bis 3 Wiederholungen). Die Zusatzgewichte entsprechen denen der Maximalwerte. Beim Schnellkrafttraining ist ein weiterer Übungsschwerpunkt die schnelle und exakte Übungsausführung.

Eine optimale Technik im Krafttraining verhindert Verletzungen

Die Belastung im Anschlusstraining

Den Etappen des Grundlagen- und Aufbautrainings schließt sich lückenlos das bereits leistungsorientierte Anschlusstraining an. Damit wird das Nachwuchstraining abgeschlossen. Das Anschlusstraining baut auf die vorangegangenen Phasen auf. Bei Mädchen und Jungen wird die Belastung weiter kontinuierlich gesteigert. Die empfohlenen Richtwerte sind in den Tabellen 32 und 33 enthalten.
Trainingsempfehlungen als Beispiele sind in den Abb. 44 und 45 (Seite 144/145) aufgeführt.
Wie in den vorhergehenden Empfehlungen sind auch im Anschlusstraining diese Kennziffern unter Berücksichtigung des biologischen Alters und des aktuellen Ausbildungs- und Leistungsstands zu individualisieren und umzusetzen.
Für alle Mädchen und Jungen sind alle Umfangskennziffern der einzelnen Trainingsbereiche sowie ihr Verhältnis zueinander von großer Bedeutung. Nur so können die Ziele der nächsten Etappe, des Hochleistungstrainings, erreicht werden. Im Alter von 17 und 18 Jahren sollten die speziellen Leistungsvoraussetzungen stärker ausgeprägt und die spezifischen Leistungen zielgerichteter entwickelt werden. Ausgenommen bleibt das Training der Pyramidenquereinsteiger. Im Kapitel 8 werden Hinweise für diese Sportler gegeben.

Beginn für die Spezialisierung

In diesen Altersklassen beginnt die Spezialisierung, die im Hochleistungstraining letztendlich abgeschlossen wird. Unter Spezialisierung ist die Konzentration auf eine Disziplin oder Disziplingruppe im Radsport zu verstehen. Die Disziplinen wurden im Kapitel 1 umfassend dargestellt. Die drei Disziplingruppen, für die sich Mädchen und Jungen in dieser Altersgruppe entscheiden sollten, wären:
- Straßenradsport oder
- Bahnradsport mit den Untergruppen Kurzzeit, Verfolger oder
- Cross-Sport/Mountainbike.

Bei allen drei Disziplingruppen ist das »oder« doppelt zu unterstreichen. Ein ständiger Wechsel zwischen Bahn, Straße, Cross/Bike behindert die erforderliche Konzentration, durch die hohe Leistungen bzw. Spitzenleistungen nicht möglich sind. Die Mädchen und Jungen, die die Kategorie »Straßen-Bahn-Fahrer« oder »Straßen-Cross/Biker« ansteuern, müssen zum Teil deutliche Abstriche an der speziellen Trainingsarbeit in Kauf nehmen. Ein Straßenfahrer, der glaubt, im Winter zahlreiche Crossrennen bestreiten zu müssen, vernachlässigt sein Wintertraining, insbesondere im Bereich der Grundlagenausdauer-Entwicklung. Auf Dauer gesehen

Beginn für die Spezialisierung

	AK 17	AK 18
Gesamttrainingseinheiten	280	310
Gesamtstunden	800	1000
Allgemeines Training (Std.)		
Gesamttrainingseinheiten	50	50
Gesamtstunden	100	100
ausdauerorientiert	20	20
Krafttraining	60	60
Spiele	20	20
Radtraining (in km)		
Gesamttrainingseinheiten	230	260
Gesamtkilometer	17 000	20 000
Kompensationsbereich	1 000	1 000
Grundlagenausdauerbereich	12 710	15 070
Entwicklungsbereich	500	600
Spitzenbereich	60	80
Krafttraining (K 1/K 2)	60	70
Krafttraining (K 3/K 4)	90	100
Wettkämpfe	2 500	3 000
Tests/Leistungsdiagnostik (je 4 ×)	80	80
Theorie, Verkehrsunterricht u.a. (Stunden)	12	12

Tabelle 32: Übersicht der Jahrestrainingskennziffern männlich: Anschlusstraining

Die Belastung im Anschlusstraining

Tabelle 33:
Übersicht der Jahrestrainingskennziffern weiblich: Anschlusstraining

	AK 17	AK 18
Gesamttrainingseinheiten	250	270
Gesamtstunden	800	900
Allgemeines Training (Std.)		
Gesamttrainingseinheiten	50	50
Gesamtstunden	100	100
ausdauerorientiert	40	30
Krafttraining	40	50
Spiele	20	20
Radtraining (in km)		
Gesamttrainingseinheiten	200	220
Gesamtkilometer	13 000	16 000
Kompensationsbereich	1 000	1 000
Grundlagenausdauerbereich	9 670	12 340
Entwicklungsbereich	300	400
Spitzenbereich	30	30
Krafttraining (K 1/K 2)	40	50
Krafttraining (K 3/K 4)	80	100
Wettkämpfe	1 800	2 000
Tests/Leistungsdiagnostik (je 4 ×)	80	80
Theorie, Verkehrsunterricht u.a. (Stunden)	12	12

Beginn für die Spezialisierung

	weiblich	männlich
Übersetzungsbegrenzung	7,40 m	7,93 m
Wettkampfhöchstdistanzen:		
– Straßenrennen	80 km	120 km
– Einzelzeitfahren	30 km	30 km
– Mannschaftszeitfahren	30 km	70 km
Maximale Trainingsstrecken:		
– Kompensationsbereich	40 km	40 km
– Grundlagenausdauerbereich	130 km	200 km
– Entwicklungsbereich	10 km	10 km
– Spitzenbereich	bis 500 m	bis 1 km
– Kraftbereiche (K 3/K 4)	bis 8 km	bis 10 km

Tabelle 34:
Begrenzung von Übersetzungen und Streckenlängen im Anschlusstraining

führt dies zu unbeständigen bzw. mittelmäßigen Leistungen. Die Dynamik der Leistungsentwicklung steht derartigen Tendenzen entgegen.
Spezialisierung bedeutet aber nicht, dass alle Formen der Vielseitigkeit aufgegeben werden. Im Gegenteil: Teile der allgemeinen athletischen Ausbildung werden forciert. »Ausflüge« der Straßenradsportler auf die Bahn bzw. zum Cross/Bike sind eine willkommene Abwechslung – jedoch ohne spezielle Vorbereitung. Für den Straßenradsport setzt im männlichen wie im weiblichen Bereich die internationale Wettkampftätigkeit ein. Juniorenweltmeisterschaften krönen jährlich die besten Leistungen von Jungen und Mädchen dieser Alterskategorie.
Damit ist in den Vereinen und Verbänden die Phase der Spezialisierung und Talentauswahl eingeleitet. Auswahlkriterien, Bestenlisten und Kaderkreisbildungen sind Bestandteil des Anschlusstrainings. Spezielle Förderungsmaßnahmen beginnen zu greifen. Die leistungsstärksten Juniorinnen und Junioren werden einbezogen. Dieser Prozess ist unaufhaltsam und, wie die Praxis gezeigt hat, richtig und wichtig.
In der langfristigen Leistungsentwicklung wird aber auch deutlich, dass die Spezialisierung zur hohen Leistung mit dem Juniorenalter nicht abgeschlossen wird, sondern erst beginnt. Insbesondere die Gruppe der Normal- bzw. Spätentwickler verzeichnet »Leistungssprünge« nach dem Anschlusstraining. Es ist außerordentlich wichtig, auf diesen Fakt hinzuweisen und Mädchen wie Jungen, die im Anschlusstraining noch keine Spitzenleistungen haben, zu ermutigen, weiter beharrlich und zielstrebig zu trainieren. Ohne Fleiß kein Preis – eine Weisheit, die sich besonders in einer Langzeitausdauer-Sportart immer wieder bewahrheitet.
Die veränderte Richtung zur Spezialisierung erfordert neue Inhalte, Orientierungen und Schwerpunkte:

Die Belastung im Anschlusstraining

Abb. 44:
Beispiel eines Trainingsplans: Anschlusstraining, Altersklasse 17 weiblich: Wettkampfperiode

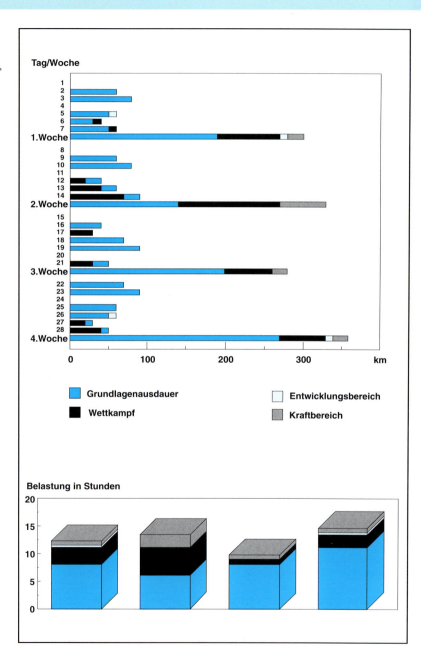

Trainingsplanung Anschlusstraining

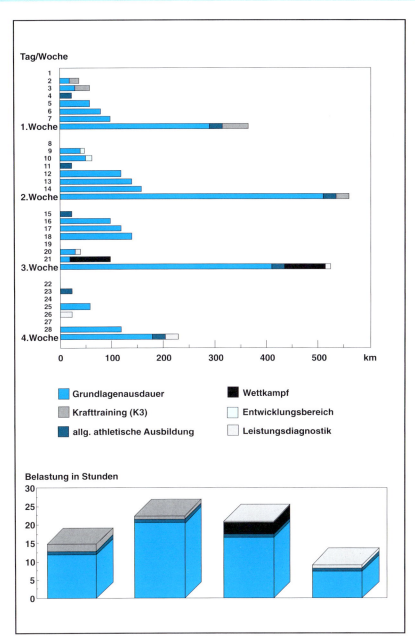

Abb. 45:
Beispiel eines Trainingsplans: Anschlusstraining, Altersklasse 18 männlich: Vorbereitungsperiode

145

Die Belastung im Anschlusstraining

- Ausrichtung der Jahresplanung auf die Hauptwettkämpfe des Jahres – Periodisierung des Trainings- und Wettkampfjahres.
- Wettkämpfe bekommen zunehmend einen höheren Stellenwert.
- Konzentration des Trainings auf die Leistungsstrukturen der Spezialdisziplin.

Jahresplanung und Periodisierung

Die ersten wichtigen Wettkämpfe im Leben der jungen Sportlerinnen und Sportler stehen an wie Hauptwettkämpfe, Landesverbandsmeisterschaften, nationale Meisterschaften oder die Juniorenweltmeisterschaften.

Entsprechend ihrer terminlichen Lage sollte eine Jahresplanung erstellt werden. Die Periodisierung sowie die zyklische Gestaltung sichern einen Belastungsanstieg im Jahresverlauf und koordinieren den Einsatz der Trainingsmittel, den Umfang und Inhalt. Stehen Hauptwettkämpfe noch nicht an, lassen sich andere Wettkämpfe, wie oben genannt, ersatzweise bestimmen. Entscheidend für die Ernsthaftigkeit, mit dem im Anschlusstraining die Jahresplanung betrieben wird, ist die aktuelle Ausgangsposition im Leistungsstand und der biologischen Entwicklung. Auf dieser Basis können und müssen, wenn die Entwicklung noch nicht, wie erwartet, eingetreten ist, Reduzierungen der Kennziffern vorgenommen werden.

Wettkämpfe prägen das Jahr

Mit zunehmender Spezialisierung gewinnen die Wettkämpfe an Bedeutung. Die Anzahl der Wettkampftage erhöht sich, die Wettkampfstrecken werden länger. Reisezeiten zu den Wettkämpfen verdoppeln sich oft. Erste Etappenrennen stehen an, wo an 2 bis 4 aufeinander folgenden Tagen Wettkämpfe zu bestreiten sind. Für den Jugendlichen ist dies eine völlig neue Situation, auf die er sich psychisch und physisch vorbereiten muss. Die Wettkämpfe haben dazu ein wesentlich höheres Niveau. Dies drückt sich auch in höheren Geschwindigkeiten aus. Größere Fahrerfelder sind am Start. Durchsetzungsvermögen ist gefragt. Viele neue Situationen entstehen im Wettkampf, neue unbekannte Rennfahrer bestimmen das Geschehen. Technik und Taktik, über Jahre erarbeitet, entscheiden wesentlich mit beim Kampf um Sieg oder Platz. Je sicherer das Rad in all den zum Teil neuen Situationen beherrscht wird, desto leichter ist es, ins Ziel zu kommen.

Die Wettkämpfe setzen neue Maßstäbe, ob im Einzel- oder Mannschaftszeitfahren, im Straßeneinzelrennen oder Kriterium. Oftmals lernt die Juniorin bzw. der Junior in diesem Alter die ersten richtigen Berge kennen. Diese verändern und bestimmen den Rennverlauf. Bergfahren ist eine Spezialität – sie muss erlernt werden. Vor allem ist es ein psychisches Problem.

Neben der richtigen Technik wie Atemtechnik, Übersetzung und Tretfrequenz ist vor allem die Einstellung zum Bergfahren mit entscheidend. Wer von Haus aus diesen Aufgaben ängstlich gegenübersteht, kann kein guter Bergfahrer werden. Die Trainingsprogramme K3 und vor allem K4 bereiten unter anderem das Bergfahren mit vor.

Spezialtraining

Wettkämpfe erfordern neben der physischen Leistungsfähigkeit vor allem auch Konzentration und hohe psychische Qualitäten, von denen der Wille, den Wettkampf zu beenden, ein entscheidender ist. Er sollte eigentlich bereits im Grundlagen- und Anschlusstraining anerzogen sein. Wettkampfaufgabe ist zu vermeiden, es sei denn, ein besonderer Grund wie Sturz oder Defekt liegt vor. Gibt man erst einmal auf, kann man eine Serie einleiten. In schwierigen Situationen aufzugeben blockiert in der Regel eine leistungssportliche Entwicklung.

Juniorinnen ist weiterhin der Start bei der Jugend, wie in der Sportordnung ermöglicht, zu raten: Einmal, um die geplanten Wettkampfkilometer überhaupt zu erreichen, zum anderen sind größere Startfelder und die dort zu beherrschenden Situationen für die weitere Entwicklung der jungen Damen sehr wichtig.

Die Forderung nach einer offensiveren Wettkampfgestaltung muss spätestens im Anschlusstraining verwirklicht werden. In den Wettkämpfen zeigen sich Stärken und Schwächen. Daraus wird vorzeitig eine Typisierung vorgenommen: »Er kann nicht Zeitfahren«, »er ist kein Sprinter oder Bergfahrer« usw. Damit werden oft vorzeitig aus Erscheinungsbildern falsche Schlussfolgerungen gezogen. Grundsätzlich müssen die Schwächen verbessert werden, z. B. durch Spezialtraining. Die Stärken sind weiter auszubauen.

Spezialtraining

Spezialtraining ist immer ein Training in hohen Intensitätsbereichen. Bevor es eingesetzt werden kann, ist ein guter Entwicklungsstand der Ausdauer, Kraft und Schnelligkeit im Verlauf des Trainingsjahres erst zu erarbeiten. Der Einsatz des Spezialtrainings im Jahresverlauf erfolgt deshalb erst am Ende der Vorbereitungs- bzw. in der Wettkampfperiode.

Einzelzeitfahrtraining

Das Einzelzeitfahren, auch Prüfung der Wahrheit genannt, ist eine Fähigkeit, die sehr unterschiedlich ausgeprägt ist, dementsprechend unterschiedlich sind die Wettkampfresultate. Einzelzeitfahrtraining erfolgt im Entwicklungsbereich. Hier einige Tipps, die zur Zeitfahrleistungssteigerung beitragen können:
- Kräfte gut einteilen, keinen »Blitzstart«, sondern Kontinuität anstreben. Im Training dazu Aufgaben stellen, z.B. 10 km in 43 km/h fahren. Mit dem Pacer die Geschwindigkeit von 43 km/h anpeilen und diese konsequent fahren.
- Tretfrequenz immer hoch halten und auf 100–105 U/min orientieren. Die Orientierung auf die 100–105 U/min entspricht den Erkenntnissen, die aus den Untersuchungen der Leistungsstrukturen beruhen. Siegleistungen beruhen immer auf hohen Tretfrequenzen, gekoppelt mit den entsprechenden Übersetzungen. Beim Zeitfahrtraining ist diese Orientierung ganz entscheidend. Dementsprechend die Übersetzungen wählen. Zum Zeitfahren ist immer ein »runder Tritt« notwendig. Wer auf dem »Gang« rumsteht, verliert wertvolle Zeit. Der Organismus muss gerade beim Zeitfahren, wo der Sportler keine Pausen hat oder mitrollen kann, ökonomisch arbeiten.

Die Belastung im Anschlusstraining

Zeitfahren ist in erster Linie Konzentration auf eine hohe kontinuierliche Leistung, auf die Wahl der Übersetzungen, weniges Schalten und optimale Tretfrequenzen, auf optimale Fahrlinien auf der Straße, d. h. die kürzeste erlaubte Fahrlinie suchen. Im Laufe der Zeit hat sich der Sportler, wenn er das Zeitfahrtraining und die Zeitfahrwettbewerbe konzentriert angeht, ein Gefühl für die Geschwindigkeit und die Einteilung seiner Kräfte erarbeitet, auf dem sich gute bis sehr gute Zeitfahrleistungen aufbauen lassen.

Mannschaftszeitfahrtraining

Das Mannschaftszeitfahren ist als Wettkampf gegenwärtig in den Hintergrund verdrängt worden. Aus den Programmen der Weltmeisterschaften und Olympischen Spiele wurde es gestrichen. In der Ausbildung junger Fahrer erweist es sich aber als eine ausgezeichnete Methode, um die Fahrtechnik und die Intensität (EB und SB) auf höchstem Niveau zu trainieren. Im Anschlusstraining sollte es in jedem Fall Bestandteil der Ausbildung bleiben.

Folgende Besonderheiten sind zu beachten:

- Die Mannschaft sollte so zusammengestellt werden, dass bereits von der Sitzposition eine Harmonie gegeben ist. Die niedrigere fährt hinter der höheren Sitzposition. In der Mannschaftsformation sollten gute aerodynamische Voraussetzungen herrschen, was ein sehr gutes Hinterradfahren aller vier Rennfahrer einschließt. Das muss im Training geübt werden. Nach Möglichkeit sollte immer in der gleichen Reihenfolge gefahren werden. Kommt ein neuer Fahrer in die Mannschaft, nicht alle Positionen ändern. Der Neue wird unter den beschriebenen Bedingungen eingegliedert.
- Die Mannschaft wird als »Staffel« gefahren. Diese formiert sich unter Beachtung des Windes so, dass der in Führung befindliche Fahrer »im Wind« fährt und den anderen »Windschatten« gegeben werden kann.
- Die Ablösung des führenden Fahrers ist optimal zwischen 20 und 25 Sekunden vorzunehmen. Jeder Fahrer führt 20 bis 25 Sekunden, löst ab und fährt auf den Positionen 4, 3 und 2 jeweils 20 bis 25 Sekunden, bis er nach 1:00 bis 1:15 Minuten wieder in der führenden Position fährt. Die Ablösung erfolgt durch Zurückfallenlassen, eng an der Mannschaft (siehe Abb. 46).
- Eine Mannschaft fährt dann besonders gut, wenn Harmonie im technischen Ablauf (Ablösung, optimale Fahrlinie) herrscht und die Geschwindigkeit gleichmäßig hoch gehalten wird. Kommt es zum Tempoabfall innerhalb der Mannschaft, muss die Geschwindigkeit wieder kontinuierlich gesteigert werden. Überzogene Tempobeschleunigung führt dazu, dass der aus der Führung kommende Fahrer Mühe hat, Position 4 einzunehmen und sich auf Position 3 und 2 nicht, wie erforderlich, erholen kann, um seine volle Führungsarbeit wieder bringen zu können. Mit der Zeit läuft dann die Mannschaft immer »unrunder«, und der schwächste Fahrer fällt ab. Zu dritt kann dann nicht mehr die volle Leistung erbracht werden.
- Im Einzel- und Mannschaftszeitfahrtraining wird Teilstreckentraining und die Wiederholungsmethode angewandt. Im Jahresverlauf geht die Streckenlänge von kurz zu lang.

Spezialtraining

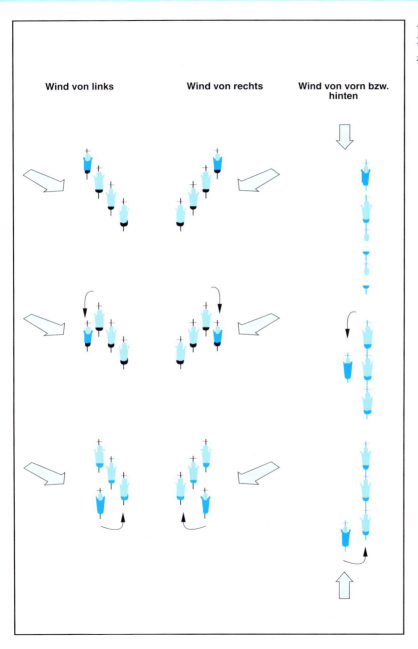

Abb. 46:
Ablösetechnik im Vierermannschafts-zeitfahren

Die Belastung im Hochleistungstraining

Dem in drei Etappen gegliederten Nachwuchstraining schließt sich das Hochleistungstraining an. Mit dem 18. Lebensjahr vollzieht sich am Ende des Kalenderjahres der Wechsel von der Juniorinnen/Junioren-Klasse zu den Frauen/U23.
Das Hochleistungstraining schließt bei den Geschlechtern die Phase des Hochleistungsalters ein. Parallel beginnt die Senioren/Masters-Zeit. Diese Einteilung ist international festgeschrieben. Ausnahmen sind mit medizinischen Gutachten möglich.
Das Hochleistungstraining ist durch folgende Schwerpunkte gekennzeichnet:
- Zur Entwicklung der Leistungsfaktoren für Weltspitzenleistungen erfolgt eine von Jahr zu Jahr steigende Belastung in Einheit von Umfang und Intensität.
- Um die Wettkampfanforderungen zu bewältigen, nimmt die spezielle Ausbildung ständig zu.
- Die Wettkämpfe spielen eine immer dominierendere Rolle. Die Etappenrennen schaffen eine erhebliche Steigerung des Wettkampfumfanges. Die schwierigeren Profile, längeren Wettkampfstrecken, eine Vielzahl der sportlichen Kontrahenten und vor allem die Berge verändern den Wettkampfinhalt. Belastungsverträglichkeit und Wettkampfstärke werden zu entscheidenden Kriterien des stabilen Leistungszuwachses.
- Die biologischen Nachteile, die Spät- und Normalentwickler gegenüber den Frühentwicklern im Jugendalter hatten, gleichen sich aus und kehren sich ins Gegenteil um. Die Spät- und Normalentwickler vollziehen oft unerwartet die größten Leistungssprünge.
- Die Selektion wird im Hochleistungstraining abgeschlossen. Auf der Grundlage der erreichten Wettkampfergebnisse qualifizieren sich die Sportlerinnen und Sportler im Verein, Landesverband oder nationalen Verband für Leistungsklassen, Auswahlmannschaften und Kaderkreise. In diesem Prozess ist es mehr als wünschenswert, wenn die nicht Auserwählten dem Radsport als Hobbyradler erhalten bleiben. Nur die Elite der U23 hat die Chance, das Hobby zum Beruf werden zu lassen und als Profiradrennfahrer zu starten. Das ist den Frauen – noch – vorenthalten.

Höchste Belastungen führen zur Weltspitze

Nur Belastungssteigerungen in notwendigen Dimensionen und Proportionen bewirken Leistungssteigerungen und Leistungssprünge. Sie sollten immer in Einheit von Umfang und Inhalt erfolgen. Einseitige Belastungssteigerungen bewirken oft das Gegenteil.

Höchste Belastungen führen zur Weltspitze

Amateurjahr	1.	2.	3.	4.	5.
Gesamttrainingseinheiten	340	340	350	350	365
Allgemeines Training					
Gesamtstunden	1 100	1 200	1 300	1 400	1 500
Gesamttrainingseinheiten	60	50	50	50	45
Gesamtstunden	150	130	120	110	100
ausdauerorientiert (Std.)	70	50	40	30	20
Kraft (Std.)	60	60	60	60	60
Spiel (Std.)	20	20	20	20	20
Radtraining (in km)					
Gesamttrainingseinheiten	280	290	300	300	330
Gesamtkilometer	23 000	26 000	29 000	32 000	35 000
Kompensationsbereich	1 500	1 500	2 000	2 000	2 000
Grundlagenausdauerbereich	15 180	16 080	15 600	16 610	17 520
Entwicklungsbereich	800	800	700	700	700
Spitzenbereich	100	100	80	70	60
Krafttraining (K 1/K 2)	70	70	70	70	70
Krafttraining (K 3/K 4)	200	300	400	400	500
Wettkämpfe	5 000	7 000	10 000	12 000	14 000
Tests/Leistungsdiagnostik (je 5 ×)	150	150	150	150	150

Vorschläge zur Gestaltung der Belastungssteigerungen von Frauen und U23 sind in den Tabellen 35 und 36 enthalten. Sie umfassen die ersten fünf Jahre des Hochleistungstrainings. Die Kennziffern sind Empfehlungen und sollten entsprechend dem aktuellen Leistungs- und Entwicklungsstand angepasst werden. Sie setzen die langfristige Belastungs- und Leistungsentwicklung auf der Basis des Nachwuchstrainings fort. Entscheidend ist unter anderem, dass die jährlichen Steigerungsraten nicht wesentlich höher als 12 bis 15% betragen und das Training inhaltlich so gestaltet bleibt, dass eine optimale Reizwirksamkeit erzielt wird.

Tabelle 35: Übersicht der Jahrestrainingskennziffern: U23

Die Belastung im Hochleistungstraining

Jahr	1.	2.	3.	4.	5.
Gesamttrainingseinheiten	305	320	335	350	370
Gesamtstunden	950	1 000	1 050	1 100	1 150
Allgemeines Training					
Gesamttrainingseinheiten	65	60	55	50	50
Gesamtstunden	130	120	110	100	100
ausdauerorientiert (Std.)	40	30	30	20	20
Kraft (Std.)	60	60	60	60	60
Spiel (Std.)	30	30	20	20	20
Radtraining (in km)					
Gesamttrainingseinheiten	240	260	280	300	370
Gesamtkilometer	19 000	21 000	23 000	25 000	27 000
Kompensationsbereich	1 500	1 500	2 000	2 000	2 000
Grundlagenausdauerbereich	13 600	14 430	14 810	16 710	18 600
Entwicklungsbereich	500	600	650	700	750
Spitzenbereich	40	50	60	60	70
Krafttraining (K 1/K 2)	60	70	80	80	80
Krafttraining (K 3/K 4)	150	200	250	300	350
Wettkämpfe	3 000	4 000	5 000	5 000	5 000
Tests/Leistungsdiagnostik (je 5×)	150	150	150	150	150

Tabelle 36: Übersicht der Jahrestrainingskennziffern: Frauen

Nach dem fünften Jahr des Hochleistungstrainings kann, wenn der zeitliche Rahmen vorhanden ist, auch der Gesamtumfang noch weiter gesteigert werden. Vor allem ist es aber ratsam, durch Steigerungen einzelner Trainingsbereiche reizwirksame Belastungssteigerungen zu vollziehen, um in neue Leistungsdimensionen vorzustoßen. Der Einsatz neuer Trainingsmethoden, z. B. das Intervalltraining und das Sinustraining, ist mit einzubeziehen, auch dann, wenn es zu notwendigen Umfangsreduzierungen führt.

In den Abb. 47–49 sind Beispiele der Trainingsplanung für die erste und zweite Vorbereitungsperiode sowie für die Wettkampfperiode dargestellt.

Höchste Belastungen führen zur Weltspitze

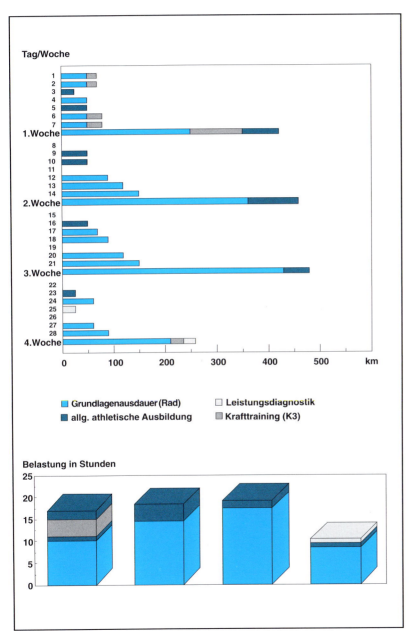

Abb. 47:
Beispiel eines Trainingsplans: Hochleistungstraining U23, erste Vorbereitungsperiode (November)

153

Die Belastung im Hochleistungstraining

Abb. 48:
Beispiel eines Trainingsplans: Hochleistungstraining U23, zweite Vorbereitungsperiode (März)

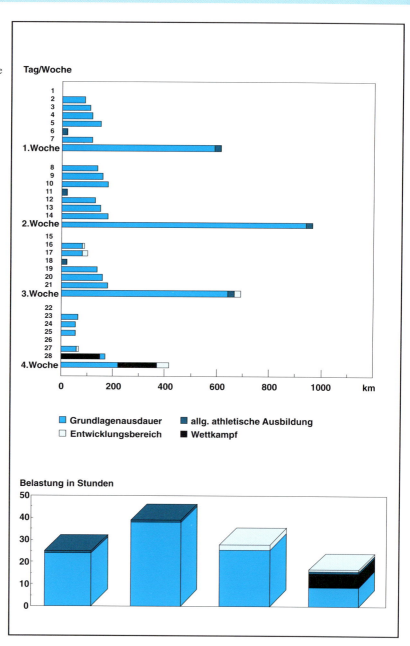

Trainingsplan Hochleistungstraining

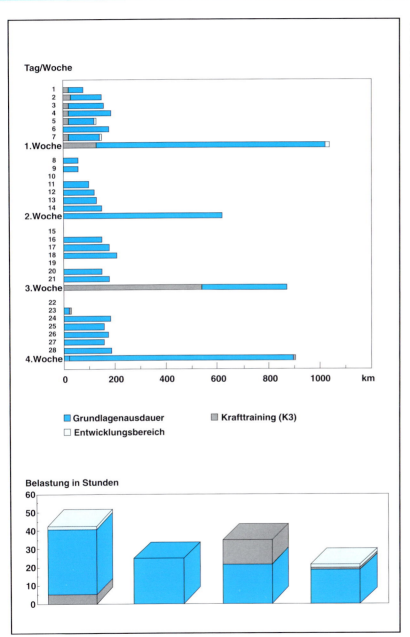

Abb. 49: Beispiel eines Trainingsplans: Hochleistungstraining U23, Wettkampfperiode

Die Belastung im Hochleistungstraining

Frauenradrennsport mit progressivem Trend

Das Hochleistungstraining der Frauen hat prinzipiell keine anderen Aufgaben als bei den U23. Der internationale Trend im Frauenrennsport ist ausgesprochen positiv. Immer mehr Frauen finden zum Radrennsport, und fast parallel dazu verläuft die Leistungsentwicklung. Bei wesentlich kürzeren Wettkampfstrecken ist der Geschwindigkeitsverlauf nur 2 bis 3 km/h langsamer.

Im Wettkampfbereich gibt es ein eigenständiges Wettkampfprogramm, Etappenfahrten inbegriffen. Wenn dies nicht ausreicht, ermöglicht die Sportordnung Starts im männlichen Bereich.

Die Trainingsumfänge sind, bedingt durch die geringen Streckenlängen der Wettkämpfe, im Vergleich zu den Amateuren reduziert.

Das Grundlagenausdauertraining hat eine dominierende Stellung. Der Umfang pro Trainingseinheit sollte jedoch begrenzt bleiben. Die Wirksamkeit des GA-Trainings kann durch eine exakte Trainingssteuerung erheblich gesteigert werden. In Verbindung mit einer zielgerichteten Ernährung bewirkt gerade bei Frauen richtig gesteuertes Training eine positive Tendenz, auch bei der Begrenzung des prozentualen Fettgewebeanteils.

Entwickelt sich ständig weiter: der Frauenradrennsport

Frauenradrennsport mit progressivem Trend

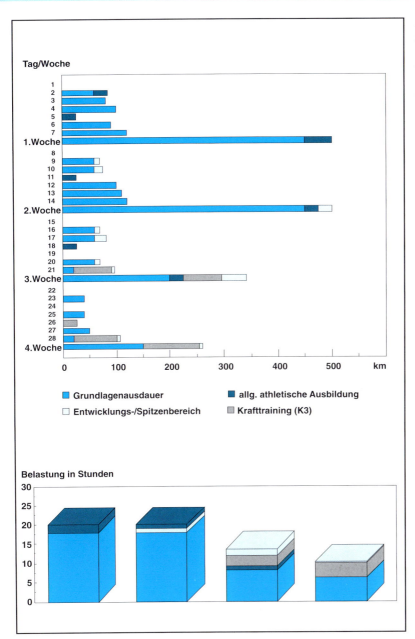

Abb. 50:
Beispiel eines Trainingsplans: Hochleistungstraining Frauen, Vorbereitungsperiode

Die Belastung im Hochleistungstraining

Abb. 51:
Beispiel eines Trainingsplans: Hochleistungstraining Frauen, Wettkampfperiode

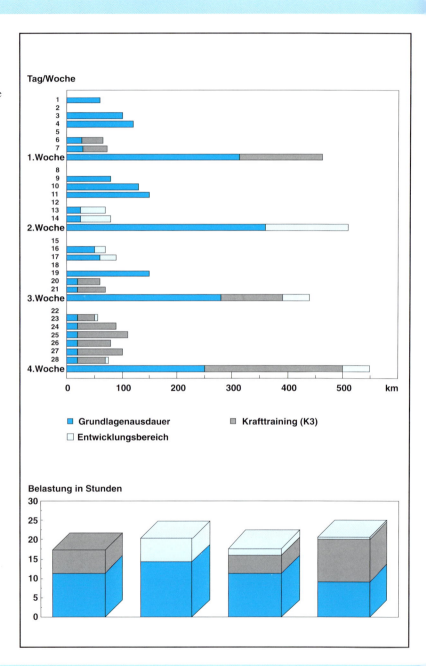

Spezialisierung bestimmt das Training

Im Krafttraining, wo die Frauen auf Grund ihrer körperlichen Konstitution von Haus aus Nachteile gegenüber den Männern haben, ist ein frauenspezifisches Kraftprogramm ratsam. Im Training »Kraft mit Rad« gibt es bei den Programmen K1 und K2 keine Abstriche. Beim Programm K3–K5 sind vor allem kleinere Übersetzungen anzuwenden als bei den Männern. Das Kraftprogramm hat aber für den Frauenbereich eine prinzipiell höhere Bedeutung, als bisher von vielen anerkannt wird. Ohne ein Optimum an Kraft kann sich die Leistungsentwicklung im Frauenbereich nicht verbessern. Im Krafttraining mit allgemeinen Mitteln sind die Zusatzgewichte der aufgeführten Maximalkraft-Tests regelmäßig zu bestimmen. In der gesamten Ausbildung mit dem Rad ist auf dem Fahrtechnik-Komplex verstärkt zu achten. In der Technik zeigen sich große Reserven. Auch im Positionsbau auf dem Rad kann ein Optimum die Leistung erhöhen.
Für die Damen sind Beispiele der Trainingsgestaltung in den Abb. 50 und 51 (Seite 157/158) vorgeschlagen.

Die Spezialisierung bestimmt das Training

Das Hochleistungstraining ist immer auf Höchstleistungen in den verschiedenen Leistungsebenen ausgerichtet. Das Ziel ist natürlich, die Weltklasse in den einzelnen Disziplinen zu erreichen.
Ein hoher Grad an Spezialisierung ist daran geknüpft. Dementsprechend liegt der Schwerpunkt der Trainingsarbeit in der speziellen Ausbildung. Die allgemeinen Trainingsmittel bleiben mit geringerem Anteil erhalten. Bei richtigem Einsatz kann jedoch mit speziellem Training eine größere Reizwirksamkeit erzielt werden.
Ein Hauptanteil des Radtrainings wird zur Erarbeitung bzw. zur Stabilisierung der Grundlagenausdauer verwendet. Ist die Grundlagenausdauer nicht auf dem erforderlichen Niveau, kommt es zur Rückentwicklung der Leistung, wenn die wettkampfspezifischen Trainingsmittel eingesetzt werden.
Auf dem Grundlagenausdauervermögen aufbauend werden die anderen Leistungsfaktoren ausgeprägt. Die Kraftfähigkeiten gewinnen zunehmend an Bedeutung. Dies drückt sich auch in einem gesteigerten Umfang und Inhalt des Krafttrainings aus. Grund hierfür sind die höheren Übersetzungen sowie die veränderten Leistungsstrukturen im Vergleich zum Nachwuchstraining.
Im Entwicklungs- und Spitzenbereich sind Trainingsmittel angesiedelt, die das Spezialtraining für das Einzel- und Bergzeitfahren beinhalten bzw. die Schnelligkeitsvoraussetzungen auf ein hohes Niveau bringen sollen. Mit Zunahme der Wettkampfhäufigkeit und -umfänge nimmt das Spitzenbereichstraining im U23-Bereich ab. Ausgesuchte Wettkämpfe, wie Kriterien und Rundstreckenrennen, bieten umfassende Möglichkeiten zur Schulung der Schnelligkeit. Voraussetzung ist jedoch eine offensive Wettkampfgestaltung und das Spurten bei Wertungen und Prämien. Wer nur mitrollt, tut nichts für die Schnelligkeit.
Auf die Entwicklung der Einzel- und Bergzeitfahrleistungen wurde bereits im Anschlusstraining eingegangen. Die dargestellten Prinzipien haben weiterhin Gültigkeit und sind mit den Gegebenheiten (z. B. keine Übersetzungsbegrenzungen) des Hochleistungstrainings weiter auszubauen.

Die Belastung im Hochleistungstraining

Bergspezialisten im Vorteil

Im Hochleistungstraining gewinnt das Bergfahren zunehmend an Bedeutung. Viele Rennen werden in den Bergen entschieden. Im Wesentlichen entscheiden vier Faktoren über die Bergfahrqualitäten:
- Stoffwechselprozesse,
- Körperbaumerkmale,
- Trettechnik,
- psychische Voraussetzungen.

Die Berge kann man entsprechend ihrer Länge und Steigung kategorisieren. Demzufolge unterscheiden wir zwischen kurzen, langen und sehr langen Bergen sowie den Pässen.

Entscheidend für die **Stoffwechselprozesse** ist die Sauerstoffaufnahmefähigkeit pro Kilogramm Körpergewicht und die aerobe-anaerob Schwelle.

Die Sauerstoffaufnahmefähigkeit ist eng an die Atemtechnik und an die Atemfrequenz gekoppelt. Die Position auf dem Rad muss am Berg nicht aerodynamisch günstig sein, sondern sie muss die Atmung unterstützen. Das bedeutet, möglichst aufrecht, durch eine breite Arm- und Handhaltung am Lenkerquerrohr oder am Bremsgriff, »entspannt« zu sitzen.

Relativ langsames, tiefes Atmen begünstigt die Sauerstoffaufnahmefähigkeit. Jeder Fahrer muss am Berg seinen Tritt finden, wo eine hohe Sauerstoffaufnahme und der Abbau der Milchsäure so lange wie möglich gewährleistet ist. Letzteres setzt zum einen eine sehr gute Grundlagenausdauer und zum anderen einen gut trainierten anaeroben Übergangsbereich voraus. Die Trainingsbereiche K3, K4 und K5 unterstützen die Trainierbarkeit dieser Fähigkeiten des Bergfahrens. In dieses Anforderungsbild schließt sich die richtige Wahl der Übersetzung für die Berge mit an.

Beim Bergfahren wirken, physikalisch betrachtet, einmal die Hangabtriebskraft, also Steigung und Länge des Berges, und zum anderen das Körpergewicht. Das Körpergewicht ist eine repräsentative Größe für die **Körperbaumerkmale**. Je schwerer also ein Fahrer ist, desto ungünstiger wird seine Chance auf eine gute Leistung am Berg. Kurze Berge lassen sich auch von schwereren Fahrern mit hohem Krafteinsatz noch gut bezwingen, selbst wenn die Steigung relativ groß ist. Allerdings schwinden bei Pässen mit kilometerlangen steilen Bergauffahrten die Chancen der Fahrer mit hohem Körpergewicht. Sie müssen nicht nur mit mehr Masse den Berg bezwingen, sondern das Fettgewebe stoffwechselmäßig versorgen, wodurch eine schnellere Übersäuerung entsteht. Auffällig ist dazu, dass nahezu alle guten Bergfahrer einen sehr geringen Anteil am Fettgewebe haben. Er beträgt zwischen 3 und 5% bei Bergfahrern der Extraklasse.

Die Körpergröße ist eine weitere Komponente. Sie steht aber im direkten Zusammenhang mit Körpergewicht und Anteil des Fettgewebes. So ist es zu erklären, dass relativ große Fahrer mit günstigem Körpergewicht und sehr wenig Fettgewebe gute Voraussetzungen haben, die Berge erfolgreich zu bezwingen.

Für alle U23 und Frauen ist es deshalb sehr wichtig, ein optimales Körpergewicht mit geringem Fettgewebeanteil anzustreben. Dies ist nur durch einen eisernen Willen bei der Durchsetzung einer gesunden Ernährung zu sichern.

Ein dritter Faktor ist die **Trettechnik,** das Pedalieren. Ideal wäre ein auf die vollen 360° des Tretzyklus gleichmäßig wirkender Krafteinatz. Am längeren Berg muss sich der Fahrer beim Treten deshalb auf die langen Druck- und Zugphasen konzentrieren. Dies erklärt auch den Einsatz von relativ großen Übersetzungen am Berg. So entsteht bei richtiger Trettechnik ein hoher Wirkungsgrad, sprich Vortriebsleistung, und eine relative Ökonomie, die wiederum den Laktatabbau aktiviert.
Oft weichen die Fahrer auch auf den »Wiegetritt« aus, indem sie aus dem Sattel gehen. Biomechanisch gesehen ergeben sich durch den größeren Knie- und Hüftwinkel günstigere Voraussetzungen, mit denen größere mechanische Kräfte erzeugt werden können. Dadurch werden z. T. auch andere Muskelgruppen als in sitzender Position beansprucht. Die damit verbundene größere Aktivierung führt zu einer Mehrbelastung von Herz-Kreislauf- und Atemsystem. Es gibt also Vor- und Nachteile; eindeutige Aussagen zur Verallgemeinerung und zur Optimierung lassen sich nicht treffen. Jeder muss einfach seinen »Stil« selbst suchen und finden.
Die **psychischen Voraussetzungen** bestehen einfach ausgedrückt darin, dass die Berge nur mit Selbstvertrauen in die eigene Leistung und nicht mit Angst bezwungen werden können.
Das Bergfahren ist vor allem für die Sportler wichtig, die als Amateure in den großen Rundfahrten bestehen wollen und sich auf eine Laufbahn als Berufsfahrer orientieren.
Für die Frauen spielen die Berge zwar vom Umfang her eine etwas geringere Rolle, die Härte der Anforderungen steht denen der U23 jedoch nicht nach. Die Frau ist von Haus aus mit mehr Fettgewebe ausgestattet als der Mann. Wenig Fettgewebe zu haben ist auch für sie die Basis für erfolgreiches Bergfahren. Deshalb müssen sich Frauen oft noch konsequenter gesund und leistungssportorientiert ernähren.

Etappenfahrten: Krone der Straßenwettkämpfe

Bis zu 80 Tage im Jahr könnten im U23-Bereich Wettkämpfe bestritten werden. Die Weltspitze hat dies in der Vergangenheit erreicht. Einen nicht unwesentlichen Beitrag zu derartigen Umfängen liefern die Etappenrennen.
Etappenrennen sind die extreme Form einer radsportspezifischen Gipfelbelastung und beinhalten alle radsportlichen Anforderungen.
Im langfristigen Aufbau sollte gezielt der Rundfahrteinsatz vorgenommen werden und der aktuelle Leistungs- und Ausbildungsstand Berücksichtigung finden. Eine Empfehlung ist in Tabelle 37 für U23 ausgewiesen (Seite 162).
Bei der Wahl, an welchen Wettkämpfen und Etappenrennen teilgenommen wird, spielen inhaltliche Fragen die entscheidende Rolle. Der systematische Aufbau des Sportlers steht dabei an erster Stelle. Überforderungen im Wettkampfbereich haben schon vielen »Talenten« die Laufbahn zum erfolgreichen Athleten verbaut.
In den weiteren Jahren ist vor allem längeren Straßeneinzelrennen und Etappenfahrten der Vorrang zu geben. Kriterien oder Rundstreckenrennen sollten nur dann gefahren werden, wenn sie trainingsmethodisch »passen«. Wochenlange Kriteriumsphasen zehren erheblich an der Grundlagenausdauer sowie an der Kraft und sollten selbst am Saisonende nicht vorwiegend gefahren werden.

Die Belastung im Hochleistungstraining

	Anzahl der Rundfahrten	km/Rundfahrt	Besonderheiten
2. Jahr Anschlusstraining	2 – 5	200 – 400	kurze Rundfahrten, 3 – 5 Etappen, leichte bis mittelschwere Streckenprofile
1. Jahr U23	1 – 2	600 – 900	kurze Rundfahrten, 4 – 5 Etappen, leichte bis mittelschwere Streckenprofile
2. Jahr U23	3 – 5	600 – 1 500	Einsatz längerer Rundfahrten mit leichten und schweren Streckenprofilen
3. Jahr U23	3 – 7	600 – 2 000	weitere Steigerung der Anforderungen durch lange Etappenfahrten (bis zu 12 Etappen) und schwere Streckenprofile
4. Jahr U23	3 – 10	600 – 2 000	ohne Einschränkungen, Teilnahme Rundfahrten der Kategorie »open«

Tabelle 37: Einsatzplanung Etappenrennen U23

Rennen werden mit Köpfchen entschieden

Die in den Nachwuchsentwicklungs-Etappen erlernten taktischen Grundkenntnisse müssen im Hochleistungstraining ständig angewandt, erweitert und vervollkommnet werden.

Grundsätzlich gilt die Orientierung an einer offensiven, aber taktisch klugen Wettkampfführung. Längere Wettkampfdistanzen verlangen eine neue Renneinteilung. Die Konkurrenz muss studiert werden. Ihre Stärken und Schwächen bestimmen die eigene Taktik mit. In Rundfahrten oder Wettkampfserien kommt die Mannschaftstaktik hinzu. Sich ein- und unterzuordnen muss frühzeitig gelernt werden.

Bei Zunahme des Fahrerpotentials mit hoher Leistungsfähigkeit werden die Rennen immer mehr mit dem Kopf entschieden.

Die Belastungen der Elitefahrer

Der Berufsradsport ist die Krone des Straßenradsports. Hier werden die Könige der Sportart gekrönt. Die Krönungszeremonien sind die Tour de France, Giro d'Italia, Vuelta España, die Tour de Suisse oder die Klassiker der Eintagesrennen von Mailand–San Remo bis Paris–Tours.

Der den Berufsradsport umgebende Mythos ist aus der Belastung und der Leistung entstanden, die oft in ihrer Dimension nicht vorstellbar ist. Erst ein Blick in die Gesichter der Rennfahrer auf einer Bergetappe lässt ahnen, welcher Leistung es bedarf, um das Ziel zu erreichen. Ursachen dieser Belastungsanforderungen sind:

- Die überlangen Wettkampfdistanzen einzelner Rennen einschließlich der Etappen der Rundfahrten, deren Gesamtumfang und die Etappenzahl.
- Der Schwierigkeitsgrad der Streckenprofile. Die Mehrzahl der Wettkämpfe findet, vor allem bei den klassischen Rundfahrten, im profilierten Gelände statt.

Belastungen der Elitefahrer · Profi-Träume

Die Pässe der Alpen, Dolomiten, Pyrenäen in Europa oder der Anden Südamerikas verändern die Leistungsstruktur im Vergleich zu den normalen Streckenprofilen wesentlich. Die Bergfahrleistung hat den entscheidenden Stellenwert in den großen Etappenrennen.

- Die Leistungsdichte der Berufsradsportler ist um ein Mehrfaches größer als im U23-Bereich. Dafür gibt es zwei Erklärungen: Erstens wechseln nur die allerbesten jungen Fahrer in die Berufsfahrerszene. Sie fahren relativ lange, mitunter zehn und mehr Jahre, mit hoher Leistungsfähigkeit. Zweitens ist in einer Langzeitausdauer-Sportart das individuelle Höchstleistungsalter in der Phase zwischen 23 und 35 Jahren, also im richtigen Alter eines Berufsfahrers.
- Die Wettkampfhärte, die aus der beschriebenen Leistungsdichte und den überlangen Rennen und schwierigen Streckenprofilen resultiert. Hinzu kommt das Geschwindigkeitsniveau, das sich insbesondere mit der Einführung des FICP-Klassements, der Weltrangliste, im Durchschnitt erheblich erhöht hat. Die Durchschnittsgeschwindigkeit der Tour de France 1999 lag erstmals über 40 km/h und bedeutete neuen Rekord. In rennentscheidenden Situationen und im Endspurt einer Etappe werden Höchstgeschwindigkeiten bis zu 70 km/h erzielt. Dies zu bestehen erfordert nicht nur eine enorme physische Leistung, sondern auch eine perfekte Fahrtechnik, Radbeherrschung und Reaktionsschnelligkeit.

Profi-Träume

Wohl fast alle Rennfahrer haben ihn vor Augen, den Traum vom Berufsrennfahrer, vom Start bei der Tour de France oder einem anderen Klassiker, den Traum vom Sieg und vom großen Geld. Die zielstrebigsten Profis fahren nach dem Motto »Nichts ist erfolgreicher als der Erfolg«. Darin liegt die Motivation für außergewöhnliche physische Gewalt- und Energieleistungen, wie sie der Profisport verlangt.

Eine wesentliche Voraussetzung ist der langfristige Leistungsaufbau, d.h. die Vorbereitung des Organismus für Belastungen, wie sie in diesem Metier verlangt werden. Dazu gehört eine hohe Belastungsverträglichkeit, erarbeitet auf der Basis eines systematisch aufgebauten Trainings- und Wettkampfumfangs und der dazugehörige Inhalt.

Auch die Persönlichkeitsentwicklung spielt eine wesentliche Rolle. Selbständigkeit und ein enormer Kampfgeist, Ein- und Unterordnung in die mannschaftliche Aufgabenstellung der Sportgruppen stehen ganz oben an. Es ist ein Beruf, der täglich 100% verlangt. In ihm zahlen sich Halbheiten bitter aus. Viele beginnen diese Laufbahn und nach kurzer Zeit ist sie zu Ende. Der richtige Zeitpunkt, eine Berufsfahrerlaufbahn zu beginnen, liegt wohl nach dem 23. Lebensjahr. Ausnahmen bestätigen die Regel.

Voraussetzungen neben dem entsprechenden Trainingsbelastungsaufbau sind internationale Wettkampfergebnisse und die Fähigkeit, sich unter den beschriebenen Anforderungskriterien sprunghaft steigern zu können.

Die besten Chancen, sich in dieser Sportart durchzusetzen, haben die Sportler, die ausgezeichnete Bergfahrerqualitäten besitzen und dazu mindestens noch gute Zeit-

Die Belastung im Hochleistungstraining

fahrer sind. Nur sie bestimmen die großen Etappenrennen. Die Erfolgreichsten sind Ausnahmeerscheinungen; von ihnen gibt es in jedem Jahrzehnt nur eine kleine Anzahl.

An zweiter Stelle kommen die schnellen Fahrer, die nach 200 bis 250 schweren Rennkilometern noch phantastisch spurten können und Klassiker oder Etappen mit leichteren Bergprofilen für sich entscheiden. Auch die Zahl derer, die diese Leistungskomponente perfekt beherrscht, ist klein.

Drittens sind die Fahrer zu nennen, die in allen drei Komponenten (Bergfahren, Zeitfahren und Spurten) nahezu perfekt sind. Von ihnen spricht man nach Jahrzehnten noch mit Hochachtung. Der letzte von diesen ganz großen Ausnahmen war Eddy Merckx.

Zwischen diesen drei Gruppen reihen sich alle anderen Rennfahrer entsprechend ihrer Fähigkeiten ein. Jeder sollte, bevor er den Entschluss fasst, Berufsfahrer zu werden, sich selbst richtig einschätzen, und wenn es vollzogen ist, sich tagtäglich voll und ganz auf seinen Beruf konzentrieren.

Dominanz der Wettkämpfe

In den Wettkämpfen erfolgt, getragen auf der Welle der Popularität der Sportart, die Werbung für die Produkte der Sponsoren. Diese finanzieren de facto die 50 bis 60 Sportgruppen, die es zur Zeit mit knapp 1000 Berufsradrennfahrern weltweit gibt. Der Zuschauerzuspruch in den klassischen Radsportländern und die Werbewirksamkeit in stundenlangen Fernsehoriginalübertragungen rechtfertigt diesen Einsatz. Das Interesse von Millionen von Zuschauern allein bei einer einzigen Bergetappe der Tour de France basiert aber letztendlich auf der Leistung der Fahrer und der Faszination, die den Radsport weltweit umgibt.

Die Wettkämpfe, bedingt durch ihre Werbewirksamkeit, bestimmen den Inhalt dieser Hochleistungsphase. Der Umfang der Wettkämpfe ist individuell sehr unterschiedlich, liegt aber erheblich über dem der U23 und kann mit 18.000 bis 22.000 Wettkampfkilometern angegeben werden. Der Wettkampfkalender der Berufsradsportler umfasste 1999 weltweit 119 Etappenrennen und 178 Einzelrennen.

Die Saison beginnt bereits Anfang Februar mit kleineren Etappen- und Einzelrennen, die noch aufbauenden Charakter haben. Danach schließt sich Mitte März die Serie der klassischen Einzelrennen an, beginnend mit Mailand–San Remo, bevor die Phase der großen Rundfahrten beginnt:

1. Giro d'Italia
2. Tour de France
3. Spanien-Rundfahrt

Im Anschluss werden viele Einzelrennen, darunter die Radweltmeisterschaften, weitere Klassiker, Kriterien und Rundfahrten bestritten, bevor die Saison in der zweiten Oktoberhälfte ausklingt.

Betrachtet man die Häufigkeit und Intensität der fast neunmonatigen Wettkampfsaison, erklärt sich daraus, dass die Regeneration einen ganz anderen Stellenwert erhalten muss, als dies im langfristigen Aufbau vom Kind bis zur Kategorie U23

Dominanz der Wettkämpfe

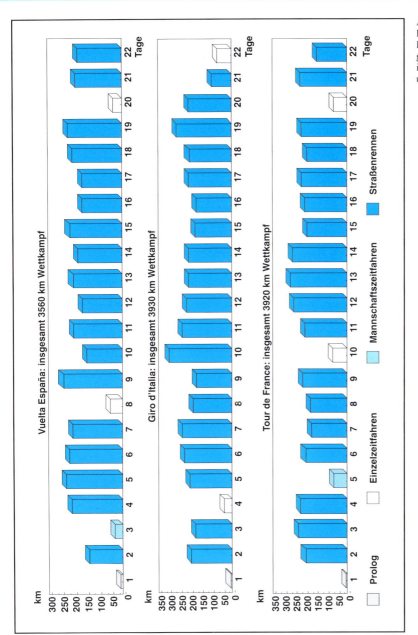

Abb. 52:
Die Belastungen der Elitefahrer bei den großen Rundfahrten in Spanien, Italien und Frankreich

Die Belastung im Hochleistungstraining

bisher der Fall war. Die Regeneration schon in der Wettkampfsaison spielt deshalb eine entscheidende Rolle, weil die Phase ohne Wettkämpfe nur drei Monate lang ist. Aus der Leistungsstruktur des Profiradsports im Komplex betrachtet leitet sich ihre Trainingsstruktur ab. Sie ist im Vergleich zu den U23-Fahrern wesentlich anders. Die Wettkampfhäufigkeit und die erheblichen Reisezeiten zu den Wettkämpfen ergeben ein anderes Zeitbudget, und dann ist, wie bereits erwähnt, die notwendige Zeit zur Erholung in der Wettkampfsaison erheblich größer.

Die angewandten Trainingsmittel und -methoden sind sehr unterschiedlich, und jeder schwört auf seine individuell bewährten Praktiken. Sie haben aber ein Ziel: den Organismus auf die neue Saison gut vorzubereiten. Im langfristigen Leistungsaufbau geht es vor allem immer wieder um neue Belastungsreize. Trainingsmethoden und -mittel verschleißen sich mit der Zeit und bringen nicht den erforderlichen Leistungszuwachs. Deshalb ist es ratsam, auch beim Berufsradsport immer wieder neue Ideen und Akzente einfließen zu lassen.

In den leistungsstrukturellen Anforderungen der Profirennen finden wir die drei Leistungsfaktoren **Ausdauer, Kraft** und **Schnelligkeit** und deren Kombinationen **Kraftausdauer** und **Schnelligkeit** wieder. Sie erfahren durch die veränderte Leistungsstruktur eine erhebliche Steigerung. So wird im Winterhalbjahr Praktisches mit Nützlichem verbunden. Beispielsweise wird die allgemeine athletische Ausbildung mit Wintersportarten und unter Nutzung des Höheneffektes gestaltet. Radtraining wird zum Aufbau der Grundlagenausdauer in warme Gefilde verlegt. Krafttraining, unterstützt mit Stretching, hat einen zentralen Stellenwert. In den ersten Wochen und Monaten der jungen Saison, wenn die Wettkämpfe noch nicht überladen sind, wird täglich vor und nach den Etappen zusätzliches Ausdauertraining angehängt. So wird der Trainingsreiz erhöht und die Anpassung auf die langen Wettkampfdistanzen erreicht.

Zwischen den Wettkämpfen wird unter anderem Training mit Motorführung eingelegt, um die motorischen Fähigkeiten in das erforderliche Gleichgewicht zu bringen und um Kraft zu tanken und die Regeneration zu unterstützen. Regeneration wiederum ist die Basis für die neue Leistung.

Die erhöhten Umfänge an Reisezeiten und der Faktor, dass nicht mehr trainingsmethodische Prinzipien den Wettkampfkalender allein bestimmen, sondern der Wettkampfkalender die Trainingsmethodik wesentlich bestimmt, ist im Vergleich zu den Amateuren das wohl größte Umstellungsproblem. Dies zu meistern, ist für jeden Berufsradsportler von existenzieller Bedeutung und eine lohnende Herausforderung.

Die Belastung im Freizeit- und Breitensport

Radfahren ist eine der beliebtesten und am weitesten verbreiteten Sportarten in der Bevölkerung. Millionen von Menschen sind tagtäglich mit dem Rad unterwegs. Es ist für sie ein Verkehrsmittel und eine Sportart, die sich besonders im Freizeit- und Breitensport großer Popularität erfreut. Das »Radeln« lässt sich in zwei große Gruppen unterteilen:
1. Radfahren ohne Teilnahme an Veranstaltungen. Die Hobbyfahrer haben Spaß und Freude und verfolgen damit Ziele der Fitness, der Gesundheit und der Erlebnisse.
2. Die Teilnahme an Veranstaltungen rückt den Gedanken der Herausforderung und der Leistungsbestätigung mehr oder weniger in den Mittelpunkt. Er sollte aber richtig eingeordnet werden und die Ziele Fitness und Gesundheit auf der »Polposition« belassen.

Gesund Rad fahren

Im Spitzensport dominiert der Leistungsgedanke, und die dort gewählten Belastungsumfänge, Intensitäten, Mittel und Methoden sind so aneinandergereiht und aufeinander abgestimmt, dass Höchstleistungen erbracht werden können. Im Spitzensport steht aber auch das Ziel, dass nach der Beendigung der Laufbahn die Athleten gesund sind und dies bis ins hohe Alter bleiben. Das richtig dosierte »Abtrainieren« mit sportlichen Belastungen kann zu dieser Aufgabenstellung einen wesentlichen Beitrag leisten. Athleten, die über viele Jahre Spitzensport betrieben haben, unterschätzen oft diese Phase. Sie trainieren zu wenig ab und halten sich zu wenig fit. Sie leben in der Folgezeit nach dem Spitzensport ungesund. Viele erkennen aber auch die Bedeutung der Fitness und betätigen sich sportlich recht aktiv. Die Mehrheit der Bevölkerung, die heute Rad fährt, hat aber keinen Spitzensport betrieben. Viele möchten im fortgeschrittenen Alter mit sportlichen Betätigungen einiges »nachholen«. Ungeachtet der Motivationslage der Freizeitsportler steht eine Forderung für alle: »Gesund Rad fahren«. Der angestrebte Effekt von Fitness bis ins hohe Alter kann erreicht werden, wenn Praktiken, Erfahrungen, Mittel und Methoden aus dem Hochleistungstraining im Breitensport richtig und sinnvoll eingesetzt werden. Dazu können folgende, in der Praxis erprobte Schwerpunkte zur Nachahmung empfohlen werden.

Die optimale Ausrüstung

Die Philosophie vom gesunden Radfahren beginnt mit der Ausrüstung in Form des Rades, der Schuhe und der Bekleidung. Das Rad muss vor allem in der Rahmen-

Die Belastung im Freizeit- und Breitensport

Schutzkleidung für Regen und Kälte

größe, der Länge des Lenkervorbaus und der Lenkerbreite eine gute Sitzposition auf dem Rad ermöglichen. Es folgt das Schuh- und Pedalsystem sowie die richtige Montage der Schuhplatten. Wenn diese Eckpunkte individuell richtig eingestellt sind, können an den Gelenken, dem Binde- und Stützgewebe sowie der Muskulatur keine Beschwerden entstehen. Eine Satteltasche mit Reserveschlauch, Kombi-Faltschlüssel und einer Radlerapotheke gehört an jedes Rad. So sind notwendige Reparaturen und »Erste Hilfe« gewährleistet. Allen Freizeitsportlern kann aus praktischen Erwägungen das dreifache Kettenblatt (z. B. 30–42–51 Zähne) empfohlen werden. Es unterstützt die Möglichkeiten, in den Bergen Erfolgserlebnisse zu sammeln, ohne dass Berge und Pässe im »roten Bereich« bezwungen werden müssen. Zwei Bidonhalter gehören auch an jedes Rennrad der Hobbyfahrer, um den Wasserpegel im Organismus stabil hoch halten zu können.

Die Ausrüstung wird aber erst mit der Bekleidung vollkommen. Falsche oder unzweckmäßige Kleidung provoziert Erkältungen, Infekte bzw. Sitzbeschwerden. Zum Radfahren gehören Radhosen, die auf der Haut getragen werden. Das »Sitzleder« darf keine Falten und Löcher haben und sollte mit einer Sitzcreme gepflegt werden, die immer aufgetragen wird. Oft wird der Fehler begangen, dass diese Creme erst dann zum Einsatz kommt, wenn die Sitzbeschwerden schon da sind. Im Rennschuh sollten kurze Radsocken getragen werden, die schon wegen des »Radsport-Images« die Grundfarbe Weiß haben dürfen.

Gesund Rad fahren

Die Außentemperaturen sowie Wind und Wetter bestimmen die Anzahl und Art der übrigen Radbekleidung. Die Wahl bei den Hosen reicht von der langen Hose über die knielange Radhose bis zur kurzen Trägerhose, die bei kühlen Temperaturen mit den »Beinstulpen« kombiniert werden kann. Ein spezielles Radunterhemd, Kurzarmtrikot mit Armstulpen oder ein Langarmtrikot gehören zur Grundausstattung. Das Langarmtrikot lässt sich bei kühler Witterung auch über dem Kurzarmtrikot tragen, wenn eine Wind- und Regenjacke oder auch ein Gilet (Weste) noch nicht zweckmäßig erscheinen. Die Gewebe, aus denen die Bekleidung hergestellt wird, sind heute so zusammengesetzt, dass die Hautatmung in vollem Umfang gewährleistet ist. Der Schweiß wird aufgenommen und nach außen abgegeben. Die Prozesse der Transparenz verlaufen optimal und schaffen den Temperaturausgleich, der eine Unterkühlung bzw. einen Wärmestau ausschließt. So hat eine gute Bekleidung einen unersetzlichen, die Gesundheit unterstützenden Effekt. Investitionen in eine gute Bekleidung haben Sinn und lohnen sich deshalb.

Radhandschuhe (Sommer- und Winterausführung) werden zum Schutz getragen. Das Halten des Lenkers kann Hautverletzungen, Blasen usw. verursachen und bei möglichen Stürzen schützen sie auch vor unangenehmen Hautabschürfungen. Der Helm schützt den Kopf, ein Faktor, der (leider) noch von vielen Freizeitsportlern unterschätzt wird. Zur Sicherheit gehört auch, dass die Räder den Bestimmungen der Straßenverkehrsordnung in jeder Beziehung entsprechen müssen.

Im Windschatten fahren und richtig ablösen – das spart auch bei den Hobbyfahrern Kraft

Die Belastung im Freizeit- und Breitensport

Erfolgstipp Nr. 1: Regelmäßigkeit

Sportliche Betätigungen sind vor allem dann gesund und wirkungsvoll, wenn sie regelmäßig betrieben werden. Zum Radfahren ist insbesondere das Winterhalbjahr, witterungsmäßig bedingt, nicht immer geeignet. Kombinationen mit anderen Sportarten wie Inline-Skating, Skilaufen, Ergometertraining, Krafttraining im Fitnessstudio usw. eignen sich ausgezeichnet zum Erhalt oder zur Steigerung der Fitness. Sie in regelmäßige sportliche Betätigungen einzubeziehen ist sinnvoll und ratsam. Wenn die Zeit gekommen ist, wo mehr Rad gefahren werden kann, hat Regelmäßigkeit auch beim Radfahren noch einen Vorteil: Die Gewöhnung an das Rad ist eine angenehme Begleiterscheinung. Die Sitzbeschwerden werden durch regelmäßiges Radeln eingegrenzt.

Erfolgstipp Nr. 2: Belastungen dosieren

Die Dosierung der Belastungsumfänge und das Verhältnis von Belastung und Erholung kann aus dem Hochleistungstraining übernommen werden. Im Spitzensport ist die Aneinanderreihung der Aufgaben eindeutig: Es wird mit einem umfangreichen Ausdauertraining begonnen, das Krafttraining wird in dieser Phase integriert. Ist ein bestimmtes Niveau erreicht, folgen höhere Intensitäten und Wettkämpfe. Das Ausdauertraining wird immer wieder einbezogen. Zwischen den Trainingseinheiten bzw. Wettkämpfen wird Wert auf Erholung und Regeneration (Verhältnis von Belastung und Erholung, zyklische Trainingsgestaltung) gelegt.
Auf den Freizeitbereich kann das System wie folgt angewandt werden: Im Winter erfolgt die Ausdauerbelastung mit anderen Ausdauersportarten (Eislaufen, Skifahren usw.) und, wenn die Witterung es zulässt, mit dem Rad. Auch Ergometertraining ist mit der Zielstellung der Verbesserung von Ausdauer und Kraft ratsam. Spinning eignet sich nur, wenn die Belastungsdosierung (GA/Kraft) gewahrt wird. Parallel dazu wird das Krafttraining im Fitnessstudio integriert. Im Frühjahr erfolgt zuerst ein umfangreiches Grundlagenausdauertraining mit dem Rad, bevor höhere Intensitäten und Passfahrten anberaumt werden. Erst dann kann, wenn geplant, an Wettbewerben teilgenommen werden. Die Praxis sieht oft anders aus und es werden schon die ersten Jahreskilometer im »roten Bereich« gefahren. Aus der Praxis des Spitzensportlers muss aber empfohlen werden, dass die ersten 30% der Jahreskilometer im »grünen Bereich« (Grundlagenausdauertraining = Fettstoffwechsel = aerobes Training) absolviert werden. Erst danach stehen intensivere Belastungen auf dem Programm.

Erfolgstipp Nr. 3: Belastungen steuern

Im Hochleistungssport wird jede Belastung gesteuert. Zufälligkeiten werden weitestgehend ausgeschlossen. Tagtägliche Steuerparameter sind die Herzfrequenz. Die Tretfrequenz und die Übersetzungsgestaltung wird in die Belastungssteuerung einbezogen.
Der Freizeitsportler ist gut beraten, seine Touren mit der Herzfrequenz zu überwachen. So hat er die Möglichkeit, in dem Bereich zu fahren, der momentan

richtig und vor allem gesund ist. Mit der Wahl der Tretfrequenz und der Übersetzung kann in allen Profilen der Strecke so gefahren werden, dass die vorgesehene biologische Bandbreite immer gewahrt bleibt. Dazu sollte in Abständen ein Test (Stufentest; Conconi- oder Sinustest) zur Bestimmung der aktuellen Herzfrequenzvorgaben einbezogen werden. Für Freizeitsportler, die Rad fahren, um abzunehmen, ist die Belastung im Fettstoffwechsel besonders wichtig. Die Belastung muss so gewählt werden, dass viele Fette abgebaut werden. Für die Praxis bedeutet dies: viele Kilometer mit niedrigen Intensitäten (also lange Touren, niedrige Geschwindigkeiten). Bei hohen Intensitäten werden wenig Fette, aber viele Kohlenhydrate verbrannt – eine Wirkung, die der Gewichtsreduzierung entgegensteht. Der Effekt des Abnehmens vollzieht sich in kleinen Schritten und erfordert Geduld und Disziplin. Mit dem Herzfrequenzmesser mit integrierter Kalorienverbrauchsanzeige lässt sich der Prozess gut überwachen. Radfahren zu diesem Zweck ist sinnvoller und gesünder als jede Diät. Wenn es richtig praktiziert wird, ist es auch – langzeitlich betrachtet – erfolgreicher als Diäten. Voraussetzung ist jedoch, dass auch die Ernährung sehr vielseitig und fettarm zusammengestellt wird. Die Kalorien müssen nicht gezählt werden, wenn beim Essen die richtigen Proportionen (Mengen) gewahrt werden.

Erfolgstipp Nr. 4: Viel trinken, bewusst essen

Analog zum Spitzensport verhält sich der Organismus durch die sportliche Belastung in vorgegebenen Bahnen. Sportliche Belastung bedeutet in erster Linie Wasserverlust durch Fahrwind und Schweiß. Ein Beispiel beim Extremwettbewerb »Race across America« (4800 km Nonstop mit Geschwindigkeiten von 20–30 km/h) soll belegen, dass der Verlust an Wasser viel höher ist, als geglaubt wird. Bei diesem Rennen wurden von einem von mir betreuten Fahrer im Durchschnitt täglich 28 Liter Flüssigkeit getrunken. Nur 2 Liter konnten täglich als Urin festgestellt werden. Die Differenz, nämlich 26 Liter, wurde pro Tag durch Schweiß und Fahrtwind »verloren«. Deshalb gilt die Empfehlung, pro Stunde Radfahren 1 Bidon ($^1/_2$ Liter) im Minimum zu trinken.

Mehrstündiges Radfahren erfordert aber auch die Zuführung von Nahrung. Hier eignen sich besonders gut Obst (Bananen) und die verschiedensten Arten von Energieriegeln. Die Mengen richten sich nach den Umfängen der Ausfahrten. Wie im Spitzensport kann die Nahrung in den Trikottaschen mitgeführt werden.

Master

Die verschiedenen (altersbedingten) Kategorien der Mastersrennen sind eindeutig auf den Leistungsgedanken ausgerichtet. Die Wettkämpfe haben in der Regel ein hohes Niveau und erfordern ein regelmäßiges Training. Die Teilnehmer sind gut beraten, wenn sie in ihre sportliche Ausbildung bewährte Methoden und Mittel des Leistungssports einbeziehen. Aus der Praxis abgeleitet können folgende Bereiche empfohlen werden: Leistungsdiagnostik, Gesundheitscheck, Trainingsplanung, Belastungssteuerung, Ernährung und Regeneration.

Die Belastung im Freizeit- und Breitensport

Erst das Hinterradfahren bringt den kraftsparenden Windschatten

Radmarathon

Zu den beliebtesten Wettbewerben im Freizeitbereich zählt zweifelsohne der Radmarathon. Er ist im sportlichen Bereich eine Herausforderung und bietet die Gelegenheit, Länder und Landschaften kennen zu lernen. Marathons sind für alle Kategorien von Freizeitsportlern ein wirksamer und interessanter Wettbewerb, wenn sie seriös vorbereitet werden. Einsteiger sollten zuerst mit Kurzmarathon-Veranstaltungen beginnen. Erst wenn ein gewisses Niveau erreicht ist, können längere Distanzen gefahren werden.

Grundsätzlich sollte die Teilnahme am Marathon solide vorbereitet sein, d. h. es bedarf ausreichender Trainingskilometer vor allem im Grundlagenausdauer-Bereich. Bei der Auswahl der Veranstaltungen sollte neben der Streckenlänge auch das Streckenprofil beachtet werden. Marathon-Veranstaltungen mit 2000 und mehr Höhenmetern sind schon etwas Besonderes und nicht für alle geeignet und gesund. Vernunft und eine realistische Selbsteinschätzung sollten den Ehrgeiz beherrschen – und nicht umgekehrt. Zu den unmittelbaren Vorbereitungen gehört neben der Fitness für eine solche Veranstaltung ein intaktes Rad mit Ersatzmaterialien, eine zweckmäßige Kleidung und die Vorsorge für Essen und Trinken. Die Benutzung des Herzfrequenzmessers zur Kontrolle der physischen Anforderungen ist mehr als eine Empfehlung. Lange Radmarathon-Veranstaltungen, z. B. Trondheim–Oslo oder ein 24-h-Race, bedürfen einer speziellen, langfristigen Vorbereitung und einer guten Logistik und Infrastruktur.

Radsportferien

Aktivferien mit dem Rad stehen hoch im Kurs und sind eine gute Kombination zwischen sportlicher Betätigung und der Möglichkeit, fremde Länder mit dem Rad kennen zu lernen. Außerdem lassen sich die Jahreszeiten, in denen in Mitteleuropa das Radfahren aus Gründen des Wetters wenig Freude bereitet, überbrücken. Radsportferien sind allen Kategorien, vom Hobbyfahrer mit wenigen Jahreskilometern über den Marathonfahrer bis zum Master, zu empfehlen. Für die Wahl und Vorbereitung der Radsportferien im Folgenden einige Tipps:

1. Die Angebote der Veranstalter rechtzeitig studieren. Programme suchen, in denen mehr als nur Flug, Hotel mit Verpflegung und Radtouren geboten werden. Wenn der Aspekt vom gesunden Radfahren im Angebot erscheint, suchen Sie die Details dazu. Tests, Seminare und differenzierte Leistungsgruppen mit entsprechenden Streckenlängen, Profilen und zyklischer Belastungsgestaltung haben einen Lerneffekt, auch für die Zeit nach den Radsportferien. Ist dies alles gegeben, bieten Radsportferien die optimale Kombination: Urlaub mit gesunden Aktivitäten.
2. Das Ergebnis der Radsportferien hängt weitestgehend von einer guten Vorbereitung ab. Diese ist nicht mit vielen Trainingskilometern, sondern mit der Entscheidung für die richtige Gruppe identisch. Realistische Selbsteinschätzung, ein leistungsdiagnostischer Test und Beratung vor Ort können die Gruppenwahl optimieren. Im Zweifelsfall ist der Einstieg in eine untere Leistungsgruppe immer richtig. Nach dem ersten Tag kann bei Unterforderung in eine höhere Leistungsgruppe gewechselt werden. Umgekehrt ist der Wechsel natürlich auch möglich. Wenn allerdings der Ehrgeiz die eigenen Möglichkeiten übertrifft, ist der physische Effekt der Fitness am Ende der Radsportferien nicht überzeugend und vor allem nicht gesund.
3. Wenn ein Mietrad benutzt wird, sollten das Maß der Sitzhöhe und andere Maße der Position mitgenommen werden. Vor Ort lässt sich dann ohne großen Aufwand die Position wie auf dem eigenen Rad zu Hause einstellen. Eigene Pedale und der Sattel sind Baugruppen, deren Mitnahme und Montage auf dem Mietrad sich lohnen.

Trainingsvorschläge

In den Abb. 53–60 (Seiten 174–181) sind einige Beispiele für Trainingsvorschläge aufgezeichnet. Die Beispiele sind praktikable Lösungen im Bereich der zyklischen Trainingsgestaltung sowie der Integration anderer Sportarten im Winterhalbjahr. Es wurden vier Gruppen gebildet, die jeweils in drei Leistungsgruppen untergliedert sind. Die Gruppen können wie folgt charakterisiert werden:

Gruppe 1: Unregelmäßig Trainierende, die das Rad nur ab und an benutzen und sich vor allem an einer polysportiven Betätigung orientieren.
Gruppe 2: Radfahren ist ein Ausgleichssport. Der Schwerpunkt liegt bei anderen Sportarten.
Gruppe 3: Hobbyfahrer ohne Wettbewerbe.
Gruppe 4: Es werden Wettbewerbe bestritten.

Die Belastung im Freizeit- und Breitensport

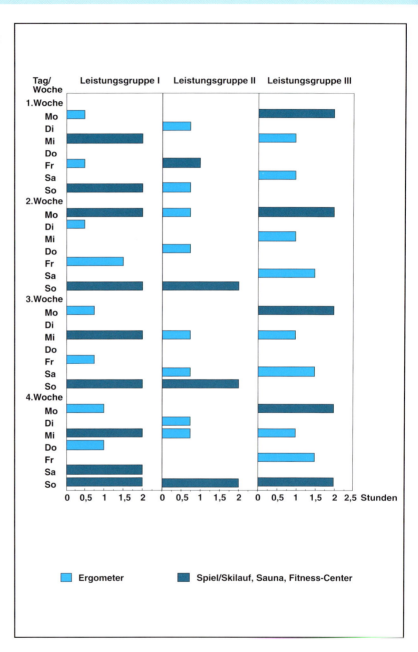

Abb. 53:
Trainingsvorschlag Winterperiode Gruppe 1: »Unregelmäßig« Trainierende

Trainingsvorschläge

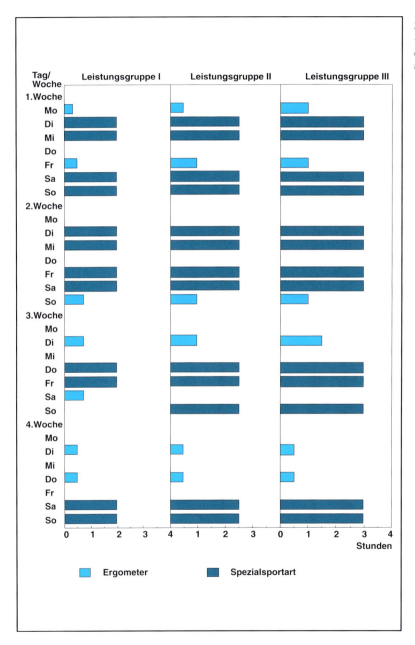

Abb. 54:
Trainingsvorschlag Winterperiode Gruppe 2: Radeln als Ausgleich

Die Belastung im Freizeit- und Breitensport

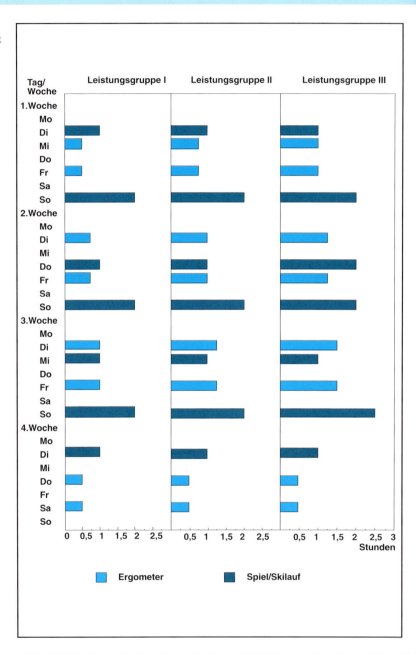

Abb. 55:
Trainingsvorschlag Winterperiode Gruppe 3: Hobbyradler ohne Wettkämpfe

Trainingsvorschläge

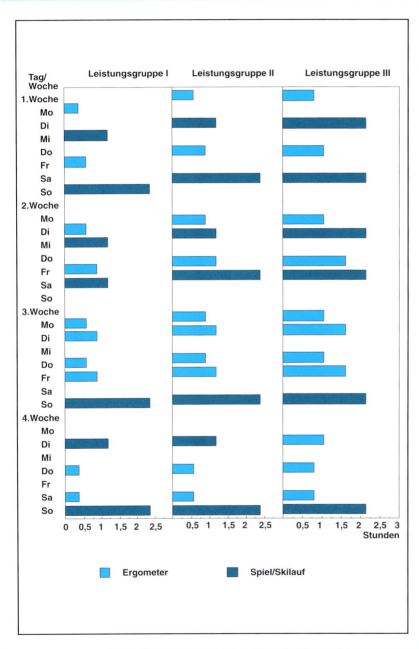

Abb. 56:
Trainingsvorschlag Winterperiode Gruppe 4: Hobbyradler mit Wettkampfteilnahme

Die Belastung im Freizeit- und Breitensport

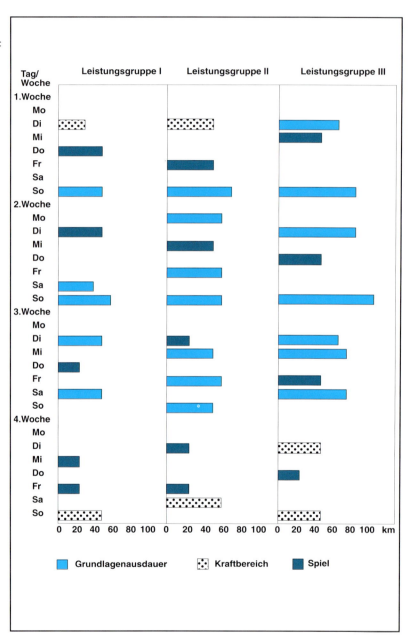

Abb. 57:
Trainingsvorschlag Radsaison Gruppe 1: »Unregelmäßig« Trainierende

Trainingsvorschläge

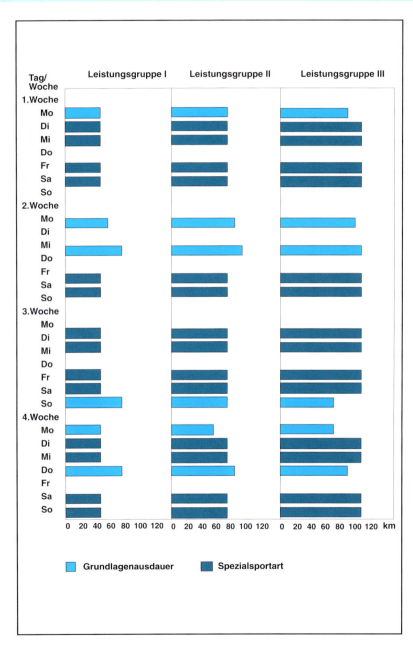

Abb. 58:
Trainingsvorschlag Radsaison Gruppe 2: Radeln als Ausgleich

Die Belastung im Freizeit- und Breitensport

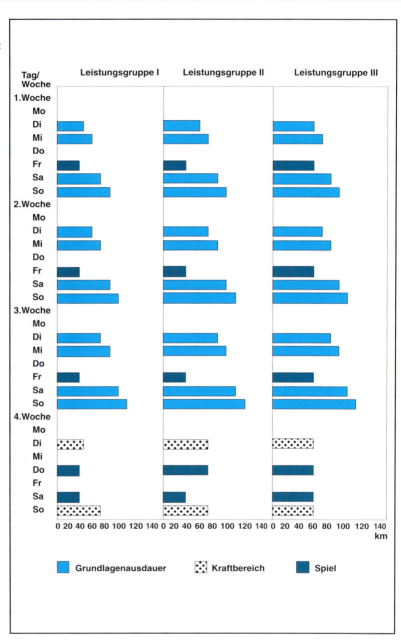

Abb. 59: Trainingsvorschlag Radsaison Gruppe 3: Hobbyradler ohne Wettkämpfe

Trainingsvorschläge

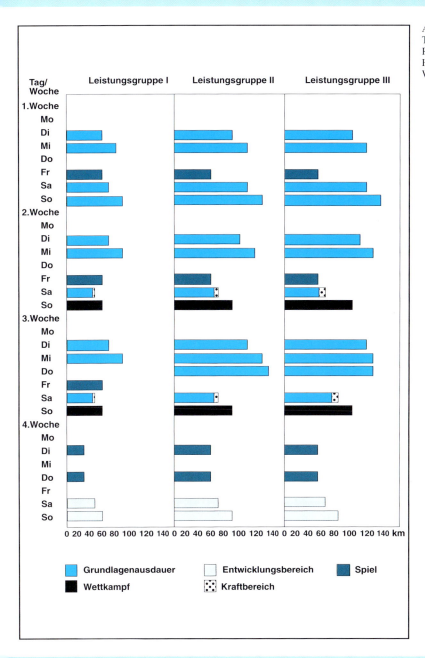

Abb. 60:
Trainingsvorschlag
Radsaison Gruppe 4:
Hobbyradler mit
Wettkampfteilnahme

Die Technik des Straßenradsports

Dieser Komplex umfasst drei Hauptaufgaben:
1. Die Verkehrserziehung als eine sehr bedeutungsvolle Voraussetzung für die Durchführung von Training und Wettkampf unter den Bedingungen des öffentlichen Straßenverkehrs.
2. Die Vermittlung und Ausprägung der sportlichen Technik als Voraussetzung und Bestandteil der konditionellen Fähigkeiten Ausdauer, Kraft und Schnelligkeit.
3. Das Erlernen technisch-taktischer Verhaltensweisen als Grundlage der Umsetzung konditioneller Fähigkeiten und technischer Fertigkeiten in adäquate Wettkampfergebnisse.

Verkehrssicheres Training

Die Kenntnis der Straßenverkehrsordnung (StVO) ist für alle Rennfahrer und Radler eine Grundvoraussetzung, um alle Trainingsaufgaben sicher in Angriff nehmen zu können. Im Verein sollte sie vor allem den Schülerinnen und Schülern vermittelt und später immer wieder aufgefrischt werden. Die Praxis entscheidet dann, wie das Wissen umgesetzt wird.
- An erster Stelle steht dabei die Disziplin aller Radler und Rennfahrer. Nur mit gegenseitiger Achtung, Rücksichtnahme und der Einhaltung der Paragraphen der StVO kann das Training unfallfrei gestaltet werden.
- Zweitens ist die Verkehrssicherheit des Rads vom Sportler zu garantieren. Dazu gehört neben funktionierenden Bremsen und gut aufgeklebten Schlauchreifen auch die Pflege des Sportgeräts.
- Drittens sollte – und das ist besonders allen Anfängern zu empfehlen – ein Sturzhelm oder eine Kappe getragen werden, auch wenn es vom Gesetzgeber noch nicht zur Pflicht erklärt wurde.
- Viertens braucht der Radler den »Blick«, um Gefahren ausweichen zu können. Der »Fluchtweg« muss bei kritischen Situationen immer erfasst werden.

Das gesamte Training findet unter den Bedingungen des öffentlichen Straßenverkehrs statt. Verkehrsarme Straßen sollten bevorzugt werden.

Während bei Kriterien oder Rundstreckenrennen der Autoverkehr ausgegrenzt bleibt – hier droht Gefahr nur von undisziplinierten Fußgängern –, wird der Verkehr bei Straßenrennen mehr oder weniger eingeschränkt. Die Konzentration des Sportlers ist also nicht nur auf das Rennen gerichtet, sondern auch auf den Straßenverkehr. Dadurch ist der Radrennsport eine Ausnahmesportart bezüglich zusätzlicher Belastungen und Gefahren.

Die richtige Position auf dem Rennrad

Vom frühen Schüleralter an ist es wichtig, die richtige Position zu bestimmen. Dazu legt sich jeder Athlet eine Körpermaßtabelle an (siehe Tabelle 38, Seite 184), die vierteljährlich bis zum Ende der Wachstumsphase geführt wird. Darin sollten enthalten sein:
- Die Körpergröße (G), gemessen vom oberen Punkt des Kopfes bis zum Fußboden. Dazu am besten ohne Schuhe mit dem Rücken an die Wand stellen und den oberen Kopfpunkt markieren und abmessen.
- Die Schrittlänge (SL); gemessen wird die Innenseite des Beines vom »Schritt« bis zum Fußboden. Am besten, indem im Schritt ein Buchrücken angelegt wird, als wäre es der Sattel. An der Wand stehend setzt man eine Markierung, und diese wird dann ausgemessen.
- Die Fuß-/Schuhgröße (FS) wird zur Vervollständigung immer mit registriert.
- Die Beinlänge (BL) wird vom obersten Punkt des Oberschenkelknochens bis zum Fußboden (ohne Schuhe) gemessen.
- Die Armlänge (AL) wird vom obersten Punkt des Schulterknochens bis zum Handgelenk gemessen.
- Das Oberkörpermaß (OM) wird vom höchsten Punkt des Brustbeins bis zum oberen Punkt des Oberschenkelknochens gemessen.

Außerdem wird eine Reihe von Maßdaten des Rennrads festgehalten:
- Benutzte Rahmenhöhe (R),
- benutzte Kurbelgröße (K),
- Länge des oberen Rahmenrohrs (ORL),
- Vorbaulänge (VL),
- Lenkerbreite (L),
- Maß, Sattelspitze zur Tretlagermitte (ST).

Abb. 61: Darstellung der Abmessungen von Körperbau und Rahmen

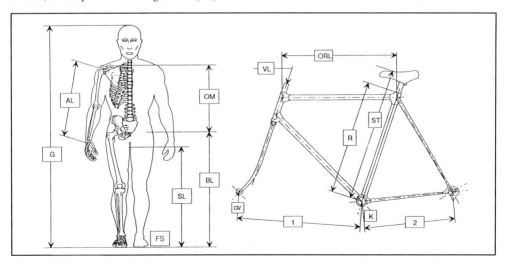

Tabelle 38: Vorschlag für die Erfassung von Körperbau- und Radpositionsbaudaten

Jahr/Quartal	G	SL	FS	BL	AL	OM	R	K	ORL	VL	ST	L
20.. I.												
II.												
III.												
IV.												
20.. I.												
II.												
III.												
IV.												
20.. I.												
II.												
III.												
IV.												
20.. I.												
II.												
III.												
IV.												
20.. I.												
II.												
III.												
IV.												
20.. I.												
II.												
III.												
IV.												

Die richtige Position auf dem Rennrad

Beim Kauf eines Rennrads ist die richtige Rahmenhöhe sehr entscheidend. Nach der Hüggi-Methode wird die optimale Rahmenhöhe bestimmt, indem die Schrittlänge mit 0,65 multipliziert wird. Dieses Maß muss dann den handelsüblichen Rahmenhöhen zugeordnet werden. Übliche Rennrahmen werden in der Regel mit 50 bis 63 cm Rahmenhöhe produziert.

Neben dieser Methode nach Hüggi gibt es weitere Methoden. Am häufigsten wird nach der Umrechnungstabelle verfahren, wie sie auch Eddy Merckx empfiehlt (siehe Tabelle 39). Die Position auf dem Rad muss optimal sein, ganz gleich, nach welcher Methode gemessen und verfahren wird. Für eine optimale Position ist Folgendes zu beachten:

- Die Körperhaltung auf dem Rad muss den effektivsten Einsatz aller Muskelgruppen der Muskelschlinge garantieren. Die gesamte Leistungsfähigkeit muss vortriebswirksam sein. Der Organismus soll einen hohen Wirkungsgrad erreichen.
- Die Körperhaltung sollte aerodynamisch günstig sein. Je kleiner die Fläche des Fahrers auf dem Rad für den Luftwiderstand ist, desto günstiger ist die Aerodynamik. Hat ein Sportler eine schlechte aerodynamische Position, muss er erheblich mehr Kraft für die gleiche Leistung aufbringen. Die Unterschiede

Tabelle 39: Berechnung der Rahmenmaße aus den Körpermaßen

Beinlänge	Rahmenhöhe*	Arm- und Oberkörperlänge	Rahmenlänge
BL	R	AL+ OM	ORL
80	51,0	100	53,0
81	51,7	101	53,4
82	52,4	102	53,8
83	53,1	103	54,1
84	53,7	104	54,4
85	54,3	105	54,7
86	54,9	106	55,0
87	55,5	107	55,3
88	56,1	108	55,6
89	56,7	109	55,9
90	57,3	110	56,2
91	57,9	111	56,5
92	58,5	112	56,8
93	59,0	113	57,1
94	59,5	114	57,4
95	60,0	115	57,7
96	60,5	116	58,0
97	60,9	117	58,3
98	61,3	118	58,6
99	61,7	119	58,8
100	62,1	120	59,0
		121	59,2
		122	59,4
		123	59,6
		124	59,8
		125	60,0

*) die angegebenen Maße beziehen sich auf die traditionelle Rahmengeometrie. Bei der neuen Geometrie »Sloping« bitte die Angaben im Vergleich zur traditionellen Geometrie der Herstellerfirmen beachten.

Die Technik des Straßenradsports

in der Position auf dem Rad unter aerodynamischen Gesichtspunkten sind in Abb. 62 dargestellt.
- Die Position muss alle biologisch notwendigen Prozesse, insbesondere Atmungstechnik und Atmungsfrequenz, gestatten.
- Der Sportler muss sich letztendlich auf dem Rad sicher und wohl fühlen, um die volle Leistungsfähigkeit bringen und alle Baugruppen bedienen zu können.

Wichtig für die Wahl des Rahmens, insbesondere für den Hochleistungsbereich, ist auch der Radstand, also die Maße vom Tretlager zur Vorder- und Hinterradachse der Laufräder, die Neigung des Sattelrohrs, die Höhe des Tretlagers und der Vorlauf der Gabel. Ist die richtige Rahmengröße gefunden, wird die Sattelhöhe eingestellt, indem das Maß der Schrittlänge mit 0,893 multipliziert wird (Hüggi-Methode). Bei den Berechnungen liegen 12 mm für die Stärke der Sohlenplatte und der Rennschuhe zugrunde. Wenn das Sattelmaß eingestellt wird, muss die Abweichung der Schuhsohle/Sohlenplatten addiert bzw. subtrahiert werden. Von der Tretlagermitte bis zur Satteloberkante wird das Maß eingestellt. Das Rad sollte dabei eben stehen (mit der Wasserwaage den Fußboden kontrollieren, auf dem das Rad steht).

Die **Sitzhöhe** wird also mit der Sattelstütze fixiert und ist, ganz gleich nach welcher Methode eingestellt, leicht zu kontrollieren. Auf dem Rad sitzend ist die linke Kurbelstellung so zu wählen, dass sie in Verlängerung der Achse Sattelstütze–Sattelrohr steht. Das Knie muss in dieser Stellung leicht gebeugt sein. Ein geringfügig tieferer Sitz erleichtert vor allem die Bewältigung langer Distanzen, während eine geringfügig höhere Position größere Krafteinsätze begünstigt, auf kürzere Distanzen also von Vorteil ist.

Der **Sattel** ist auf der Sattelstütze verschiebbar. Er sollte immer waagerecht stehen (am besten mit der Wasserwaage kontrollieren). Voraussetzung ist, dass auch der Fußboden, auf dem das Rad steht, waagerecht ist. Die Kurbeln werden nun, auf dem Rad sitzend, in die Waagerechte bewegt. Geht das Lot, am Vorderpunkt des Knies angesetzt, durch die Pedalachse, hat der Sattel die richtige Stellung. Zeigt es eine andere Lage, so sollte der Sattelstand auf der Sattelstütze korrigiert werden. Ist der Sattel jetzt fixiert, kann auch die Neigung des Sattelrohrs kontrolliert werden. Führt die gedachte Gerade zwischen Sattelrohr und Sattelstütze durch das »Sattelzentrum«, so hat der Rahmen einen optimalen Neigungswinkel.

Nun stellen wir die **Sitzlänge** ein und legen die Vorbaulänge fest. Die Sitzlänge ist dann optimal, wenn der Ellenbogen fast das Knie berührt. Dabei muss die Kurbel parallel zum unteren Rahmenrohr stehen, und die Hände umfassen den Lenker im Bogen.

Die **Lenkerhöhe,** also das Maß, wie weit der Lenker aus dem Steuerrohr herausragt, sollte zwischen 6 und 8 cm liegen. Das richtige Maß muss durch die Praxis gefunden werden. Die **Lenkerbreite** kann zwischen 38 und 46 cm gewählt werden. Sie richtet sich nach der Schulterbreite.

Über den Positionsbau und die Vorstellung eines Optimums gehen die Ansichten der Fachwelt derzeit weit auseinander. Oft ist es so, dass, je mehr Fachleute konsultiert werden, desto mehr gebaut wird. Wer viel an der Position bastelt, vergrößert höchstens die Probleme. Jeder muss seine eigene Linie finden und die vier Hauptpunkte müssen individuell zugeschnitten erfüllt werden:

Die richtige Position auf dem Rennrad

Abb. 62:
Vergleich verschiedener Positionen unter aerodynamischem Aspekt

Individuelle Position
Widerstand: 3,320 p

Endkampfhaltung, negativ
Widerstand: 3,270 p

Endkampfhaltung, Arme eng
Widerstand: 3,040 p

Widerstandseinsparung:
▷ **Endkampfhaltung**
  Arme eng: 8,6%
  Arme breit: 1,5%
▷ **Optimale Haltung: 10,5%**
  Widerstand: 2,640 p

Die Technik des Straßenradsports

- Wirksamkeit der Muskelschlinge zum Vortrieb,
- Aerodynamik,
- biologische Funktionsgarantie,
- sich auf dem Rad wohl fühlen.

Fotos, besonders die Seitenansicht, oder auch Videoaufnahmen zeigen, wie man auf dem Rad sitzt. Am besten werden sie vom Wettkampf »geschossen«, da die Position unter extremen physischen Belastungen am deutlichsten die Reserven zeigt.

Die traditionelle Position des Straßenradfahrers ist in einem langen Entwicklungsprozess gewachsen. Sie unterscheidet sich beispielsweise vom Sprinter auf der Bahn wie auch vom Cross-Spezialisten und, bedingt durch die Neuentwicklungen, auch vom Biker oder Triathleten. Andere Wettkampf- und Leistungsstrukturen bedingen zwangsläufig u. a. auch andere Positionen auf dem Rad.

Das Beherrschen des Rads

Radbeherrschung ist ein Technikbereich für den Anfänger. Mit dem Erlernen des Radfahrens sollte auf die Grundtechniken besonderer Wert gelegt werden. Sie bestehen aus:

- Sicherem Fahren,
- Kurventechnik,
- Bremsen,
- Schalten.

Radbeherrschung nicht zum Nachahmen!

Das Beherrschen des Rads

Sicheres Fahren

Beim Geradeausfahren werden Konzentrations-, Gleichgewichts- und Orientierungsfähigkeiten beansprucht. Besonders im Anfangsstadium sollte verschiedenes probiert werden: unterschiedliche Griffpositionen am Lenker, mit einer Hand und freihändig fahren, beim Fahren umschauen, nebeneinander fahren. Das Befahren von Asche- bzw. Tartanbahnen, von Radrennbahnen und auf ungebremsten Rollen sollte einbezogen werden. Unwägbarkeiten auf der Straße wie Bahnschienen, Schlaglöcher und Gegenstände erfordern, dass der Sportler diese mit dem Rad während der vollen Fahrt »überspringt«.

Kurventechnik

Alle möglichen Kurven und Serpentinen sind ohne Zeitverlust zu meistern. Dies erfordert neben Mut auch die richtige Technik. Beim Durchfahren muss der Kurvenradius beachtet werden. Die Fliehkräfte vergrößern sich mit der Zunahme der Geschwindigkeit und der Radiusbegrenzung. Vor der Kurve sollte auf eine »sichere« Geschwindigkeit abgebremst werden. Kurven, besonders für Anfänger, sollten vernünftig angesteuert werden, danach wird in der Kurve wieder beschleunigt. Für die Kurven muss sich jeder ein Gefühl für die Geschwindigkeit erhalten.
Die richtige Tretkurbelstellung ist wichtig: Rechtskurve rechte Kurbel obere Stellung, Linkskurve linke Kurbel obere Stellung. Das Rad wird in der Kurve in eine optimale Schräglage gebracht. Die Kurventechnik sollte erst mit niedrigeren, dann mit höheren Geschwindigkeiten bei Kurven, später bei Serpentinen geübt werden.
In den Kurven, ausgenommen sehr lang gezogene Serpentinen, wird der Tretrhythmus eingestellt. Die Kurbeln werden, wie beschrieben, nur in die richtige Stellung gebracht, um eine optimale Kurvenpassage zu ermöglichen.
Eine Wende, wie sie zum Beispiel beim Zeitfahren notwendig wird, ist in das Techniktraining einzubeziehen. Beim Kurventechniktraining ist besonders der Straßenverkehr zu beachten.

Anfahren, bremsen und schalten

Das **Anfahren** aus dem Stand erfolgt im Sattel sitzend, ein Fuß im Pedal. Mit dem »Anfahrbein« treten, den anderen Fuß ins Pedal einklicken bzw. in den Pedalhaken schieben und in gerader Linie starten. Der Start zum Zeitfahren, bei dem der Fahrer gehalten wird und beide Füße fest im Pedal verankert sind, ist auch in das Übungsprogramm aufzunehmen.
Beim **Bremsen** mit den Felgenbremsen soll das Abbremsen aus unterschiedlichen Geschwindigkeiten und mit verschiedenen Dosierungen geübt werden, ohne dass die Räder blockieren. Auch das Abbremsen bis zum Stand, das Ausklicken aus dem Pedal und das Zum-Stehen-Kommen, ohne umzufallen, muss geübt werden. Die Hinterradbremse hat zwar den längeren Bremsweg, kann aber kaum blockieren, vorausgesetzt, man bremst mit Gefühl. Bei langen Abfahrten nicht im Dauerbetrieb bremsen, »Bremsen antippen«, sonst erhitzt sich die Felge und der Schlauchreifen »wandert« auf der Felge.

Die Technik des Straßenradsports

Das **Schalten** wird insbesondere mit den neuen Klicksystemen bereits für Anfänger erleichtert. Es muss rechtzeitig geschaltet werden, ohne dass der Tretrhythmus verloren geht. Vor engen Kurven, Steigungen und Ampeln sollte ein bis drei Gänge heruntergeschaltet werden; dabei den Druck auf das Pedal leicht reduzieren. Man erlernt es am besten bei normalen Geschwindigkeiten, ohne auf den Schalthebel zu sehen; dabei das Treten nicht vergessen. Später kann dann bei voller Geschwindigkeit geschaltet werden. Zuerst übt man das Schalten mit der Schaltung am Hinterrad, dann mit dem Kettenwerfer am Doppelkettenblatt. Die neu entwickelten Bremsschaltgriffe vereinfachen das Schalten, da beide Hände am Lenker bleiben.

Hinterrad- und Staffelfahren

Das Hinterrad- und das Staffelfahren sind zwei Elemente, die für den Rennsport wohl die entscheidensten sind. Perfektion dabei spart viel Kraft und ermöglicht überhaupt Chancen für gute Ergebnisse.

Das **Hinterradfahren** muss sofort mit erlernt werden, wenn das Rennradfahren erlernt wird. Systematisch die Abstände verkürzen. Der Fahrer schaut dabei auf die Vorderleute; nicht ängstlich und verkrampft auf das Hinterrad der anderen schauen. Er muss das Gefühl fürs Hinterradfahren erhalten und von Tag zu Tag dabei sicherer werden. Es sollte auf unterschiedlichen Straßenbelägen und Streckenprofilen geübt werden. Perfektes Hinterradfahren ermöglicht den Windschatten zu nutzen, spart Kraft und bildet eine Grundvoraussetzung auch für das Staffelfahren.

Das **Windschatten- oder Staffelfahren** gestaltet sich nach einigen Grundregeln:
- Erkennen der Windrichtung, denn davon hängt die Formation der Staffel ab.
- Jede Windrichtungsänderung, die sich aus der Streckenführung ergibt, erfordert eine Formationsänderung.
- Die Formation wird so aufgebaut, dass auf der dem Wind abgewandten Seite, hinter oder versetzt neben dem Vordermann gefahren wird.
- Beendet der führende Fahrer seine Führungsarbeit, sprechen wir vom Ablösen, indem der Fahrer seitlich gegen die Windrichtung fährt, sich zurückfallen lässt und sich am Ende der Gruppe oder Staffel einreiht.

Wir unterscheiden verschiedene Formationen, bei denen das Hinterradfahren sehr gut geschult werden kann:
- Die **Staffel** beginnt bei einer Gruppe von drei Fahrern, aber es können so viele Sportler Staffel fahren, wie die Straßenbreite und der Wind es erlauben. Sie ist die ökonomischste Form des Fahrens.
  Ihr Ziel besteht darin, allen Sportlern optimalen Windschatten zu bieten. Eine Staffel braucht auf der Straße Platz und ist für den Folgeverkehr oft ein Hindernis. Deshalb sollte vor allem beim Training die Fahrerzahl auf maximal vier begrenzt bleiben. Physiologisch betrachtet ist das Staffelfahren für die aeroben Stoffwechselverhältnisse im Grundlagenausdauertraining optimal, vorausgesetzt, die »Führungslänge« bleibt eine Minute. Dadurch entstehen gut zu

Hinterrad- und Staffelfahren

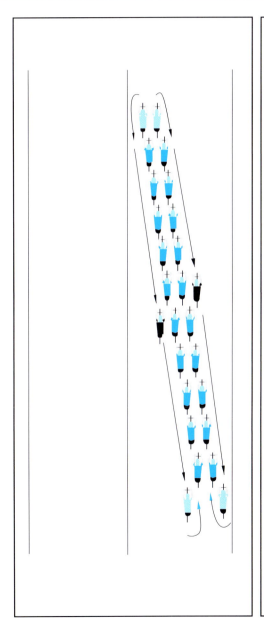

Abb. 63: Das Prinzip der Doppelreihe

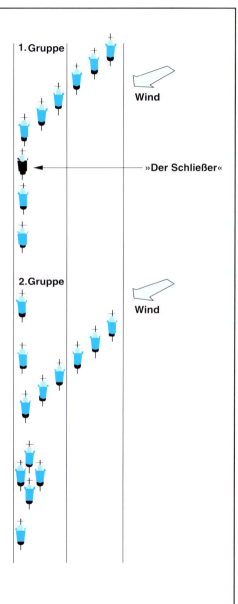

Abb. 64: Prinzipielle Darstellung der Windkante

Die Technik des Straßenradsports

steuernde aerobe Stoffwechselverhältnisse, und gemessen an der Herzfrequenz kann in einer optimalen individuellen »Bandbreite« trainiert werden. Dies ist besonders für die Grundlagenausdauer und den Entwicklungsbereich effektiv.

- Die **Doppelreihe,** wie in Abb. 63 (Seite 191) dargestellt, ist eine weit verbreitete Form des Fahrens, besonders in den Niederlanden, deshalb auch als »holländische Reihe« bezeichnet. Im Vergleich zur Staffel hat sie Vor- und Nachteile. Durch die langen Fahrzeiten am Hinterrad geht die Herzfrequenz relativ weit zurück. Das ist für Trainingsziele, wie z. B. Grundlagenausdauertraining, ein Nachteil, für intensivere Ziele, z. B. das Fahrtspiel, jedoch ein Vorteil, ebenso für das Training im Kompensationsbereich, da tiefe Herzfrequenzen angesteuert werden.
- Bleibt letztendlich die **Gruppe,** eine Form, wie wir sie häufig beim Wettkampf finden. Sie ist relativ ungeordnet. Vorne wird attackiert, im ersten Drittel der Gruppe ist demzufolge ständig Bewegung, während im hinteren Teil oft ruhiger gefahren werden kann. Dies funktioniert aber nur, wenn günstige Windverhältnisse vorgefunden werden. Weht der Wind jedoch seitlich und etwas stärker, geht es in der Gruppe auf die »Kante«.
- Die **Windkante** ist oft eine rennentscheidende Situation. Sie kann gut genutzt werden, wenn Streckenkenntnis vorherrscht. Ist sich eine kleine leistungsstarke Gruppe einig, kann das Rennen auf der Windkante entschieden werden, indem z. B. vorn sechs Fahrer auf die »Kante« gehen (siehe Abb. 64, Seite 191). Einer bildet den »Schließer«, d. h., vor ihm gehen die sechs Fahrer in die Staffel hinein. Hinter dem Schließer sind alle anderen Fahrer aufgereiht und stehen im Wind. Das Fahrerfeld zersplittert in einzelne Gruppen. Ist die Windkantenstrecke mehrere Kilometer lang und die erste Staffel sich einig, ist das Rennen entschieden. Ist man aber auf die »Kante gekommen«, gibt es nur einen Weg, um wieder nach vorne zu kommen: eine neue Staffel »organisieren«. So kann man in einem relativ kleinen Abstand zur Spitze unter annähernd gleichen Bedingungen die Verfolgung aufnehmen und bei Ortsdurchfahrten oder Richtungswechsel der Rennstrecke durch veränderte Windverhältnisse wieder Kontakt zur vorderen Gruppe finden. Wichtig: Je schneller Fehler auf diese Weise korrigiert werden, desto größer ist die Chance, im Ziel zu den Siegern zu gehören.

Die Trettechnik entscheidet über den Wirkungsgrad beim Vortrieb

Durch eine ausgereifte Trettechnik lässt sich die Leistungsfähigkeit wesentlich steigern. Erst durch sie wird die trainierte Physis wirksam umgesetzt.

Mit beiden Beinen kraftvoll zu treten und einen »runden« Tritt zu erreichen ist eines der großen Radlergeheimnisse. Untersuchungen mit dem Messpedal verdeutlichen, dass die Leistungsfähigkeit wesentlich davon abhängt. Nur wenige Fahrer treten links wie rechts gleichmäßig gut in die Pedale. Je größer die Differenz links–rechts, desto geringer die Wirksamkeit. Mit dem Erlernen des Radfahrens muss deshalb auf die Trettechnik großer Wert gelegt werden. Der Tretzyklus wird in die folgenden vier Phasen unterteilt: Druck-, Gleit-, Zug- und Schubphase. Unter

Trettechnik · Übersetzung

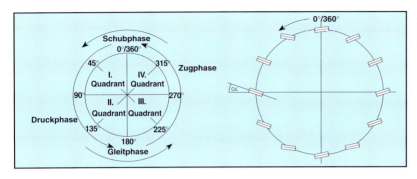

Abb. 65:
Der Tretzyklus im Straßenradsport

Tretzyklus versteht man eine volle Kurbelumdrehung um die Tretlagerachse von 360° (siehe Abb. 65).
Die **Druckphase** trägt den Hauptanteil für den Vortrieb. Es werden nur die Kräfte 100-prozentig ausgenutzt, die im Winkel von 90° auf die Tretkurbel wirken. Vergrößert oder verkleinert sich der Winkel, treten Verlustkräfte auf.
Die **Gleitphase** und die **Zug-** und **Schubphase** müssen bewusst mitgestaltet werden, um den erwünschten runden Tritt zu erreichen und bei hohem Krafteinsatz nicht in den »Hackertritt« zu verfallen.
Beim Pedalieren ist der »Wiegetritt« eine zweite Variante, die insbesondere am Berg und bei Antritten zur Tempoforcierung eingesetzt wird. Der Fahrer geht dabei aus dem Sattel, d.h. aufrecht im Rad stehend wird der Körperschwerpunkt zum Lenker verlagert. Wenn das rechte Bein gestreckt wird, muss gleichzeitig die rechte Hand am Lenker ziehen und die linke am Lenker drücken. Arm- und Schultergürtel unterstützen diesen Prozess. Zur Koordination dieser gegenläufigen Bewegungen bedarf es der geradlinigen Körperschwerpunkthaltung. Das Rad wird unterstützend gekippt und nicht der Körper nach links und rechts im Wiegetritt geführt.

Die Übersetzung

Unter »Übersetzung« ist das Verhältnis zwischen Kettenblatt und Zahnkranz zu verstehen, mit deren Hilfe die Muskelkraft über den Tretzyklus in Vortrieb umgesetzt wird. Eng daran geknüpft ist die Tretfrequenz (siehe Tabelle 40). Beide müssen sich optimal zusammenfügen, sollen hohe Geschwindigkeiten erzielt werden. Für die Angabe der Übersetzung sind zwei Maßeinheiten (Zoll und Meter) üblich (siehe Tabelle 41, Seite 194/195).

Tabelle 40:
Zeiten für Tretfrequenzen 80–120 U/min bei Basis 5 U/min

Tretfrequenz \ Zeit	80,0	85,0	90,0	95,0	100,0	105,0	110,0	115,0	120,0
5 U/min	3,7	3,5	3,3	3,1	3	2,8	2,7	2,6	2,5

Kettenblatt / Zahnkranz	12	13	14	15	16	17	18	19
38	85,50	78,90	73,30	68,40	64,10	60,40	57,00	54,00
	6,80	6,28	5,84	5,45	5,11	4,80	4,54	4,30
39	87,80	81,00	75,20	70,20	65,80	61,90	58,50	55,40
	6,99	6,45	5,98	5,59	5,11	4,93	4,66	4,41
40	90,00	83,10	77,10	72,00	67,50	63,50	60,00	56,80
	7,17	6,62	6,14	5,73	5,38	5,09	4,78	4,53
41	92,20	85,20	79,10	73,80	69,20	65,20	61,50	58,30
	7,34	6,78	6,30	5,88	5,51	5,19	4,90	4,64
42	94,50	87,20	81,00	75,60	70,80	66,70	63,00	59,60
	7,52	6,96	6,46	6,03	5,65	5,32	5,02	4,75
43	96,70	89,30	82,90	77,40	72,50	68,20	64,50	61,10
	7,70	7,12	6,61	6,17	5,78	5,44	5,14	4,87
44	99,00	91,30	84,80	79,20	74,20	69,80	66,00	62,50
	7,88	7,28	6,76	6,32	5,92	5,57	5,26	4,98
45	101,30	93,40	86,70	81,00	75,90	71,40	67,50	63,90
	8,06	7,45	6,91	6,46	6,05	5,69	5,38	5,10
46	103,50	95,50	88,70	82,80	77,60	73,00	69,00	65,30
	8,24	7,62	7,07	6,60	6,19	5,82	5,50	5,21
47	105,70	97,60	90,60	84,60	79,30	74,60	70,50	66,70
	8,42	7,78	7,23	6,75	6,32	5,95	5,62	5,32
48	108,00	99,60	92,50	86,20	81,00	76,20	72,00	68,20
	8,60	7,94	7,38	6,87	6,46	6,08	5,74	5,44
49	110,20	101,70	95,90	88,20	82,60	77,80	73,50	69,60
	8,78	8,11	7,65	7,03	6,59	6,21	5,86	5,55
50	112,50	103,80	96,40	90,00	84,30	79,40	75,00	71,00
	8,96	8,28	7,69	7,17	6,72	6,33	5,98	5,66
51	114,80	105,90	98,30	91,80	86,00	81,00	76,50	72,40
	9,14	8,45	7,84	7,32	6,86	6,46	6,10	5,77
52	117,00	108,00	100,20	93,60	87,70	82,50	78,00	73,30
	9,32	8,61	7,99	7,47	6,99	6,58	6,22	5,85
53	119,20	110,00	102,20	95,40	89,90	84,10	79,50	75,30
	9,50	8,77	8,15	7,61	7,13	6,69	9,34	6,01
54	121,50	112,10	104,10	97,20	91,10	85,70	81,00	76,70
	9,68	9,94	8,30	7,75	7,27	6,84	6,46	6,12
55	123,70	114,20	106,00	99,00	92,80	87,30	82,50	78,10
	9,85	9,11	8,45	7,90	7,40	6,96	6,58	6,23
56	126,00	116,30	108,00	100,80	94,50	88,90	84,00	79,50
	10,93	9,20	8,61	8,04	7,54	7,09	6,70	6,34
57	128,30	110,30	109,90	102,60	96,10	90,50	85,50	81,00
	10,21	9,44	8,77	8,18	7,66	7,22	6,82	6,46
58	130,50	120,40	111,80	104,40	97,80	92,10	87,00	82,50
	10,39	9,60	8,92	8,33	7,80	7,35	6,94	6,58

Tabelle 41: Übersetzungstabelle (Zoll/obere Zahlenreihe und Meter/untere Zahlenreihe) 27″

21	22	23	24	25	26	27	28	29	30
48,80	46,60	44,60	42,70	41,00	39,50	38,00	36,60	35,40	34,20
3,83	3,71	3,55	3,40	3,27	3,14	3,03	2,92	2,82	2,72
50,10	47,90	45,80	43,90	42,10	40,50	39,00	37,60	36,30	35,10
3,99	3,81	3,65	3,49	3,35	3,23	3,11	2,99	2,89	2,80
51,40	49,10	47,00	45,00	43,20	41,50	40,00	38,60	37,20	36,00
4,10	3,91	3,70	3,58	3,44	3,31	3,18	3,07	2,97	2,87
52,70	50,30	48,10	46,10	44,30	42,60	41,00	39,50	38,20	36,90
4,20	4,01	3,83	3,68	3,53	3,39	3,26	3,15	3,04	2,93
54,00	51,50	49,30	47,20	45,30	43,60	42,00	40,50	39,10	37,80
4,31	4,11	3,93	3,76	3,61	3,48	3,35	3,22	3,11	3,01
55,20	52,70	50,50	48,30	46,50	44,60	43,00	41,60	40,00	38,70
4,40	4,20	4,03	3,58	3,71	3,56	3,43	3,30	3,19	3,08
56,40	54,00	51,60	49,50	47,50	45,60	44,00	42,40	41,00	39,60
4,50	4,31	4,11	3,95	3,79	3,64	3,51	3,38	3,26	3,15
57,80	55,20	52,80	50,60	48,20	46,70	45,00	43,30	42,10	40,50
4,61	4,40	4,21	4,03	3,84	3,72	3,59	3,45	3,34	3,23
59,10	56,40	54,00	51,70	49,60	47,70	46,00	44,40	42,80	41,40
4,71	4,47	4,31	4,12	3,95	3,80	3,67	3,53	3,41	3,30
60,40	57,60	55,10	52,60	50,70	48,70	47,00	45,30	43,80	42,30
4,82	4,59	4,39	4,19	4,04	3,88	3,75	3,61	3,48	3,37
61,70	58,90	56,30	54,00	51,40	49,80	48,00	46,30	44,70	43,20
4,92	4,70	4,49	4,31	4,10	3,97	3,83	3,69	3,56	3,44
63,00	60,10	57,10	55,10	52,90	50,80	49,00	47,30	45,60	44,10
5,02	4,79	4,55	4,39	4,22	4,06	3,91	3,76	3,63	3,51
64,20	61,30	58,40	56,20	54,00	51,90	50,00	48,20	46,60	45,00
5,12	4,89	4,66	4,48	4,31	4,14	3,99	3,84	3,71	3,58
65,50	62,50	59,80	57,30	55,00	52,90	51,00	49,20	47,50	45,90
5,22	4,98	4,77	4,57	4,39	4,22	4,07	3,92	3,78	3,66
66,80	63,80	61,00	58,40	56,10	54,10	52,00	50,10	48,40	46,80
5,33	5,09	4,86	4,66	4,47	4,31	4,15	4,00	3,86	3,73
68,10	65,00	62,20	59,60	57,20	55,00	53,00	51,10	49,30	47,70
5,43	5,18	4,96	4,75	4,57	4,39	4,23	4,07	3,92	3,80
69,30	66,20	63,30	60,70	58,30	56,00	54,00	52,10	50,30	48,60
5,53	5,28	5,05	4,84	4,65	4,47	4,31	4,15	4,00	3,87
70,70	67,50	64,50	61,80	59,40	57,10	55,00	53,00	51,20	49,50
5,64	5,38	5,14	4,92	4,74	4,55	4,39	4,22	4,08	3,94
72,00	67,80	65,70	63,00	60,40	58,10	56,00	54,00	52,10	50,40
5,74	5,41	5,24	5,02	4,82	4,63	4,47	4,30	4,15	4,01
73,20	69,90	66,90	64,10	61,50	59,10	57,00	55,00	53,10	51,30
5,84	5,57	5,33	5,11	4,90	4,71	4,55	4,38	4,23	4,09
74,50	71,10	68,00	65,20	62,60	60,20	58,00	56,00	54,00	58,20
5,94	5,67	5,42	5,20	5,20	4,80	4,63	4,45	4,30	4,16

Die Technik des Straßenradsports

Die **Übersetzungsberechnung in Zoll** ergibt sich durch folgende Formel:

Die Zähnezahl des Kettenblatts (ZK) wird durch die Zähnezahl des Zahnkranzes (ZR) dividiert und mit dem Durchmesser des Hinterrads (d) multipliziert.

$$Ü\ (Zoll) = \frac{ZK}{ZR} \times d^{1}$$

Die **Übersetzungsberechnung in Metern** wird mit folgender Formel berechnet:

Die Zähnezahl des Kettenblatts (ZK) wird durch die Zähnezahl des Zahnkranzes (ZR) dividiert und mit dem Umfang des Hinterrads (U) in Meterangabe multipliziert.

$$Ü\ (Meter) = \frac{ZK}{ZR} \times U^{2}$$

Da die Hinterradumfänge durch die Vielfalt der Felgen und Reifen nicht exakt 27 Zoll entsprechen, rollt man den Radumfang pro Kurbelumdrehung am besten mit Hilfe von Markierungen ab und der Umfang wird ausgemessen. So erhält man das Maß ganz genau und kann den Kilometerzähler auch dementsprechend einstellen. Für den Pacer ist nur der Umfang des Hinterrads notwendig.

Auch die Tretfrequenz sollte als Steuergröße einbezogen werden. Im methodischen Teil wurde darauf ausführlich eingegangen. Ist ein Tretfrequenzmesser nicht parat, so sind fünf Tritte auszuzählen und die dafür benötigte Zeit zu stoppen. In Tabelle 40 (Seite 193) sind Zeiten und Tretfrequenzen ausgerechnet.

Welche Übersetzungen wählt der Rennfahrer oder Radler nun? Bis zum Juniorenalter sind von Kind an Übersetzungsbegrenzungen festgelegt, die im Interesse aller Radler und Rennfahrer dieser Altersgruppen einzuhalten sind. Sie sollen die altersgerechte biologische Belastung unterstützen. Allen anderen Rennfahrerinnen und Rennfahrern sind Übersetzungen von 42 bis 52 Zähnen am Kettenblatt und 12 bis 21 Zähne am Ritzelblock zu empfehlen.

Für Spezialaufgaben am Berg werden kleinere Gänge, auf der Ebene oder beim Zeitfahren größere Übersetzungen bevorzugt. Beim Hobbyradler reichen 40 bis 51 und 13 bis 24 Zähne aus.

---

[1] Wobei »d« mit 27 Zoll für alle Schlauchreifentypen mit ca. 27 Zoll verwendet wird.
[2] Bei 27-Zoll-Hinterrädern beträgt der Umfang U = d × Pi (3.15) = 2,15 m.

Die Taktik im Straßenradsport

Der Straßenradsport ist unter den Ausdauersportarten die Sportart, in der die Einzelleistung erst gepaart mit der Mannschaftsleistung zum wahren Erfolg führt. So ist mit Ausnahme des Einzelzeitfahrens Teamwork in allen anderen Disziplinen angesagt.
Die Rennverläufe bestätigen vier Tendenzen im Bereich der Taktik:
1. Die Vielfalt der Rennverläufe der Einzelrennen und der damit verbundenen taktischen Varianten ist sehr groß. Eindeutige Prognosen, wer, wo und wie die Entscheidung fällt, sind in Einzelrennen schwer möglich, Überraschungen können oft gelingen.
2. In den Etappenrennen bestimmt zu einem hohen Grad das Reglement mit dem Gesamtwertungsmodus den taktischen Spielraum der Teams und ihrer Fahrer. Die Lage der Bergetappen, der Zeitfahren, deren Länge und Schwierigkeitsgrad bilden Grundorientierungen unter taktischer Sicht.
3. Es gibt auch im Straßenradsport taktische Standardsituationen.
4. Zeitfahrwettbewerbe bieten Möglichkeiten der taktischen Renngestaltung.

Rennentscheidend: die Taktik

Die Variationen der Taktik sind so vielseitig und im Detail so unterschiedlich, dass allein darüber ein komplettes Buch geschrieben werden könnte. Deshalb gilt die Konzentration in diesem Buch den Grundtaktiken und Standardsituationen.

Offensives Fahren

Der Fahrer will ein gutes Ergebnis erzielen. Er fährt vom Start an im ersten Drittel des Fahrerfeldes. Er beobachtet und registriert alle Aktivitäten und geht diese mit, wenn aussichtsreiche Mitbewerber dabei sind. Offensiv heißt dabei nicht blind stürmen. Der Fahrer lernt mit der Zeit zu differenzieren. Sowohl rennentscheidende als auch unwichtige Situationen sind oft nicht leicht im Ansatz zu erkennen. Bieten sich durch die Verhältnisse auf der Strecke Rennentscheidungen an, wie z. B. durch Kantenwind oder Steigungen, heißt es, sich besonders zu konzentrieren, selbst anzugreifen oder gleich am richtigen Hinterrad zu sein.

Passives Fahren

Passives Mitfahren sollte dann praktiziert werden, wenn es sich um einen im Trainingsprogramm voll integrierten Aufbauwettkampf handelt. In diesem Fall fährt der

Die Taktik im Straßenradsport

Sportler so mit, dass er nicht im letzten Drittel des Fahrerfeldes in Gefahr kommt. Ist einmal die »Post abgefahren« und er ist vom Hauptfeld abgerissen, fehlen die Belastungen, die mit der Wettkampfteilnahme eigentlich geplant waren.

Vom Feld wegfahren

Im Folgenden sind einige Standardsituationen aufgeführt, bei denen ein Wegfahren, allein oder in der Gruppe, möglich ist:
- Nach dem Zusammenschluss von Gruppen, wenn alle erst einmal glauben, Luft holen zu müssen.
- Auf Straßen, deren Belag aus grobem Pflaster, insbesondere Kopfsteinpflaster besteht.
- Durch die Windkante, indem die anderen Fahrer »auf die Kante« genommen werden.
- Am Berg, wo sich die stärksten Bergfahrer duellieren und so relativ einfach Gruppen entstehen können.
- Bei der Abfahrt, wo exzellente Kurventechnik genutzt werden kann, der Konkurrenz ein Schnippchen zu schlagen.
- In allen Situationen ist der Überraschungseffekt oft entscheidend. Die taktische Maßnahme ist dann eher von Erfolg gekrönt, wenn sie für die Gegner überraschend kommt und mit Konsequenz vorgetragen wird.

Endkampfgestaltung

Um ein Rennen in einer Gruppe gewinnen zu können, ist die Endkampfgestaltung ausschlaggebend. Es gibt zwei Grundtaktiken: Zum einen kann versucht werden, aus der Gruppe herauszufahren. Mit einem konsequent eingeleiteten, überraschend angesetzten Vorstoß versucht ein Fahrer, das Ziel vor allen anderen zu erreichen. Überraschung heißt, aus dem hinteren Teil der Gruppe, die richtige Straßenseite benutzend, Wind und Straßenbelag einbezogen, einen Vorstoß konsequent zu fahren. Wer es halbherzig tut, sich häufig dabei umschaut oder sogar von der Spitze der Gruppe, wo es alle mitbekommen, losfährt, wird dabei wenig Erfolg haben. Zum anderen kann man den Endspurt gut vorbereiten, indem sich der stärkste Spurter eine gute Ausgangsposition sucht bzw. von seiner Mannschaft dorthin gefahren wird. Im Endspurt sind dann taktische Finten, Ortskenntnisse, die optimale Übersetzung oder die Windverhältnisse auf der Spurtstrecke Voraussetzungen, um die Spurtkraft erfolgreich zur Geltung zu bringen.

Das Rennen lesen lernen

Die physischen Anlagen in Leistung und Erfolg umzuwandeln ist unter anderem die Aufgabe der Taktik. Daraus ergibt sich eine prinzipielle Forderung: Der Sportler muss lernen, den Rennverlauf zu »lesen«. D. h., er muss lernen, die Situationen im Wettkampf richtig einzuschätzen. Seine Beobachtungen muss er nutzen, um in den Wettkampf einzugreifen und ihn mit zu prägen. Agieren statt reagieren heißt die

Das Rennen lesen lernen · Zeitfahrtaktik

Das Finale wird vorbereitet ...

Forderung einer offensiven Taktik. Die Umsetzung ist nicht immer einfach. Es gibt Sportler, die bei zehn Vorstößen neunmal mitgehen – ohne Erfolg. Der entscheidende Vorstoß wird verpasst. Andere wiederum beteiligen sich mit einer viel größeren Effektivität an den Vorstößen, fahren weniger Vorstöße mit und verpassen die Entscheidung selten.
Dieser Lernprozess muss gefordert und gefördert werden. Der Verlauf der Wettkämpfe sollte vom Sportler immer eingeschätzt, analysiert und ausgewertet werden. Anhand der Fehleranalyse vom Fahrer selbst und den Ergänzungen durch geeignete Bezugspersonen muss der Sportler lernen, selbständig seine Schlussfolgerungen aus den konkreten Rennsituationen zu ziehen und im Rennen zu agieren. Eine weitere Methode, den Lernprozess zu unterstützen, ist die Einschätzung der Konkurrenz. Fähigkeitsanalysen und die Registrierung taktisch wiederholter Reaktionen und deren Ergebnisse der Mitstreiter vervollkommnen beim Fahrer den taktischen Handlungsspielraum.

Zeitfahrtaktik

Die Taktik im Zeitfahren konzentriert sich auf folgende Schwerpunkte:
1. Erarbeitung einer groben Marschtabelle. Sie bestimmt die Einteilung der Kräfte in Abhängigkeit von Streckenverlauf, Profil und den Witterungsverhältnissen. Anfahrgeschwindigkeit (beginnend mit den Tücken der Startrampen), das Verhältnis von optimalen Tretfrequenzen und Übersetzungen, die Einteilung der Kräfte (in Steigungen und Bergen) sowie die Kontrolle, dass bei langem Zeitfahren vom Start weg nicht im »tiefen roten Bereich« gefahren wird, sind Bestandteile einer Zeitfahrtabelle.

Die Taktik im Straßenradsport

2. Zur Taktik gehört auch das Informationssystem vom Sportlichen Leiter zum Fahrer. Im Zeitfahren sind die Informationen zwischen beiden am besten durch einen im Helm integrierten »Ohrwurm« mit Empfänger möglich. Megaphone und Lautsprecher erreichen den Fahrer oft nicht in der notwendigen Qualität und lenken zudem ab. Der Fahrer konzentriert sich aufs »Hören«, nicht aufs Fahren. Genaue Information zu vorher abgestimmten Schwerpunkten sind Bestandteil der Taktik: Vorhersage von Kurven, Verkehrsinseln, schlechten Wegstrecken usw.; Fahrbahnwechsel bei Notwendigkeit; Hinweise, wenn Tretfrequenz und Übersetzung nicht dem Optimum entsprechen und der Rhythmus durch die Streckenbeschaffenheit gebrochen ist; Informationen zum Stand des Rennens; Motivationsrufe. Alle Informationen müssen kurz, präzise und eindeutig formuliert gesprochen werden.

In die taktische Konzeption gehören auch der minutiöse Ablauf der Einfahrphase mit allen Details sowie die Absprachen mit dem Sportler und dem Mechaniker zum möglichen Radwechsel bei Defekt oder extremen Streckenprofilen.

Teamtaktik

Eine taktische Konzeption für einen Wettkampf muss auf einige wenige Punkte begrenzt bleiben. Die Schwerpunkte müssen knapp, aber deutlich formuliert sein, so dass jeder sie versteht und im Rennen anwenden bzw. umsetzen kann. In der Vorbereitung sind kurze Einzelgespräche mit den Fahrern ratsam. Der Sportliche Leiter muss die Gedanken der Rennfahrer des Teams kennen, sie integrieren bzw. beeinflussen. In der Teamsitzung werden die Schwerpunkte erläutert, Aufgaben verteilt. Die Fahrer müssen nach der Beratung von »ihrer« Taktik und deren Richtigkeit überzeugt sein.

Praxisbeispiel 1: Einzelrennen Weltmeisterschaft 1999

Vor dem Team und dem Weltmeister stand die Aufgabe, ein gutes Rennen zu fahren und wenn möglich eine Medaille zu gewinnen bzw. den WM-Titel zu verteidigen. Die Taktik wurde gemeinsam erarbeitet und bestand aus den folgenden sechs Details:

1. Der Kurs begann mit einer Stadtdurchfahrt, deren Verlauf ein nervöses Rennen erwarten ließ. Dem schloss sich eine mittelschwere Steigung mit 210 Höhenmetern und einer Länge von ca. 3 km an. Es folgte eine schnelle, kurvenreiche Abfahrt, die in den Stadtkurs mündete. Der Verlauf der Strecke signalisierte, dass die Vorentscheidungen vor allem auf der Abfahrt und der Stadtpassage fallen können, wo die Konzentration der Fahrer oft geringer als am Berg ist.
Schwerpunkt 1: Konzentration, besonders bei der Stadtpassage.

Zeitfahrtaktik · Teamtaktik

Die Taktik im Straßenradsport

2. Aus der Startliste wurden die aussichtsreichsten Nationen und Fahrer markiert. Aus den Ergebnissen der Wettkämpfe der letzten Wochen zeichnete sich ein relativ großer Kreis von Fahrern ab, die Titelchancen haben könnten.
Schwerpunkt 2: Achtung auf Italiener, Belgier und Fahrer wie Ullrich, Konyschew, Brochard und Boogard.

3. Im Team wurden die Aufgaben verteilt. Es gab sechs Fahrer, die in den ersten 10 Runden agieren und helfen sollten. Sieben weitere Fahrer sollten nach der Halbzeit des Rennens agieren.
Schwerpunkt 3: Das Team ist der Leader. Die Verantwortung tragen alle und ohne Ausnahme gemeinsam.

4. Die Kommunikation innerhalb des Teams ist sehr wichtig. Alle sind einbezogen, der »Kapitän de la Route« organisiert sie und trifft Entscheidungen. Ist in Kopfgruppen der Kapitän nicht dabei, organisiert der älteste Fahrer die Kommunikation. Von außen (Sportlicher Leiter) wird nur bei Bedarf eingegriffen und nur,

Im Finale wird es oft eng ... der Mut zum Risiko ist hier gefragt

Teamtaktik

wenn es einen Anlass gibt. Auf »Ohrwürmer« mit Funkverbindung zwischen den Fahrern und dem Sportlichen Leiter wird bewusst verzichtet.
Schwerpunkt 4: Gemeinsam kommunizieren und die Generallinie durchsetzen.

5. Das Rennen kommt in die Vorentscheidung. In allen Gruppen nach vorne ist das Team vertreten. Wenn möglich soll in den Kopfgruppen eine zahlenmäßige »Übermacht« installiert werden.
Schwerpunkt 5: Agieren, nicht reagieren. Wer die Gruppe verpasst, muss nachfahren, und das ist zu verhindern.

6. Das Finale muss lanciert werden, indem jeder Einzelne selbst eine Entscheidung (Solo oder Spurt aus einer kleinen Gruppe) sucht. Ist der »Sprinter des Teams« in der Kopfgruppe, wird er aus den taktischen Plänkeleien herausgehalten und der Spurt wird für ihn lanciert.
Schwerpunkt 6: Das Finale selbst mitgestalten und lancieren.

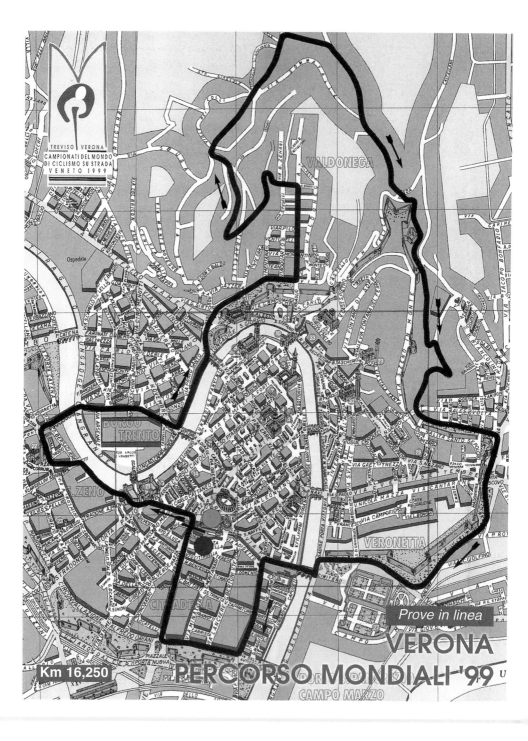

Teamtaktik

Dieses dargestellte Modell ist ein Beispiel. Es lässt sich sicher nicht so oder ähnlich wiederholen. Jedes Rennen nimmt einen anderen Verlauf, weshalb die Taktik nie zum Schema werden darf. Kreativität ist gefragt und jeder Fahrer muss sich mit ihr in das Team einbringen und unter Ausnutzung der eigenen Möglichkeiten dann die Teamstrategie umsetzen. Eigene Ambitionen, wenn notwendig, sind zurückzustellen.

Praxisbeispiel 2: Etappenrennen

In einem Etappenrennen mit vier Bergetappen und zwei Zeitfahren soll ein Gesamteinzelsieg erreicht werden. Die Taktik beginnt eigentlich schon bei der Zusammenstellung des Teams. Es wird ein Fahrer als Leader bestimmt. Ihm werden für die Bergetappen drei Bergfahrer und für die flachen oder welligen Etappen noch drei »Roller« zur Seite gestellt. Die Mannschaft wird mit zwei Sprintern ergänzt. Etappensiege verbessern das Image und die Sponsoren möchten Siege sehen. Die Grundtaktik besteht aus folgenden Schwerpunkten:

1. Das Prologzeitfahren wird von allen Fahrern ernst genommen. Ein starkes Team am Prolog beeindruckt. Der Leader soll aber nicht schon am ersten Tag ins »Leadertrikot« fahren; das kostet dem Team zu viel Kraft, die später fehlen kann.
2. Auf den ersten flachen Etappen soll ohne großen Aufwand und Krafteinsatz der eine oder andere Sieg herausspringen. Die Sprinter sollen täglich durch neue taktische Varianten im Finale für Verwirrung bei der Konkurrenz sorgen. Sie dürfen nicht »berechenbar« werden, müssen für Überraschungen selbst sorgen. Das Team wird für sie sehr variabel eingesetzt.
3. Bis zu den ersten beiden Bergetappen wird der Leader vom Team geschützt. Er darf auf die Konkurrenz keine Zeit verlieren. Die ersten beiden Bergankünfte sollen ihn »nur« in eine gute Ausgangslage bringen. Die Spitzenposition ist noch kein Thema.
4. Nach dem ersten Zeitfahren wird in der Gesamtwertung ein Podestplatz angestrebt. Der Leader bleibt auf den »Überführungsetappen« geschützt. Die Sprinter erhalten »Ausgang« in den Kopfgruppen, deren Fahrer die Gesamtwertung nicht gefährden können.
5. Auf den kommenden Bergetappen wird versucht, den Leader in das »Trikot« zu fahren. Im zweiten Zeitfahren soll die Spitzenposition »zementiert« werden. Das Team hat viel Substanz verbraucht und arbeitet bis zum Ende des Rennens ökonomisch, um den Leader in jeder Situation ausreichend unterstützen zu können. Die Sprinter werden verstärkt einbezogen.

So oder ähnlich kann das taktische Grundkonzept eines Etappenrennens aussehen. Jeder Fahrer kennt seine Position und seine Aufgaben. Die Kommunikation im Team übernimmt der wichtigste Helfer. Im Etappenrennen gibt es viele Informationen vom Sportlichen Leiter zum Team und umgekehrt. Die »Ohrwürmer« werden deshalb auch montiert und zur Kommunikation genutzt.

Die Taktik im Straßenradsport

Standardsituationen

In den Einzelrennen oder auf einzelnen Etappen gibt es aus taktischer Sicht immer wiederkehrende Situationen. Die wichtigsten können als Standards wie folgt dargestellt werden:

Angreifen

Immer so attackieren, dass ein Überraschungsmoment entsteht, mit dem sich die Erfolgschancen vergrößern. Schließen Gruppen im Rennen wieder zusammen, ist die günstigste Zeit für einen neuen Angriff gekommen.

Entscheidung am Berg

Der Berg bietet immer eine Möglichkeit, ein Rennen zu entscheiden. Tempowechsel und Tempoverschärfungen sind erfolgsträchtig. Am Berg fahren viele am Limit und können nicht mehr reagieren. Viele Fahrer lieben den Rhythmuswechsel nicht und fahren ihr Tempo. Wer den Tempowechsel am Berg als taktisches Mittel einsetzen kann, ist oft im Vorteil.

Finale

Im Finale gibt es mehrere Varianten, es erfolgreich abzuschließen. Grundsätzlich müssen der Streckenverlauf (Kurven und das Profil) sowie der Wind in alle Varianten einbezogen werden:
1. Dem Spurt ausweichen und vorher wegfahren.
2. Den Spurt wahrnehmen. Ein »sicheres« Hinterrad suchen und aus dessen Windschatten kommend den Erfolg suchen.
3. Den Spurt vom Team anfahren lassen. Am Hinterrad des Sprinters fährt ein Fahrer des eigenen Teams und sorgt dafür, dass der Windschatten des Sprinters nicht von der Konkurrenz genutzt werden kann.

Kantenwind

Beim Studium der Strecke schon beachten, wie der Wind das Rennen beeinflussen könnte. Besonders gefährlich sind die »Kantenwindsituationen«. Der Wind kommt seitwärts und hebt für viele Fahrer den »Windschatten« auf. Aus der Kantenwindsituation können Rennen vorentschieden werden.

Position fahren

In »sicheren« Positionen (z. B. erstes Drittel im Peleton) fahren ist auch eine taktische Maßnahme. Der Fahrer behält den Überblick über das Rennen und nutzt den Windschatten. Er verringert außerdem das Sturzrisiko. Statistisch betrachtet passieren die Stürze hauptsächlich im Feld im hinteren Drittel.

Material optimal auswählen

Das Sportgerät Rad erfreut sich unter technologischer Sicht weiterhin einem starken Aufwärtstrend. Neue Konstruktionen und neue Werkstoffe bestimmen den Markt, ohne dass das Rad neu erfunden worden wäre. Hoch gelobte Neuentwicklungen verschwanden bzw. wurden in kurzer Zeit ersetzt. Die prinzipielle positive Entwicklung im Materialsektor schafft natürlich beim Verbraucher auch Verwirrung. So ist die Frage nach dem richtigen Material eine aktuelle Frage und sie wird es, schaut man in die Tresore der Firmen, wohl auch bleiben. Deshalb im Folgenden einige Tipps, die die Wahl im Materialsektor vereinfachen können.

Grundanforderungen

In der technologischen Entwicklung haben sich einige Faktoren herauskristallisiert, die auch in der Zukunft bestehen werden.

1. Das Ziel und der Umfang der sportlichen Ambitionen bestimmen die Wahl des Rads. Spitzenleistungen erfordern Produkte, die einen Leistungsvorteil bringen oder ihn zumindest ermöglichen – dementsprechend ist in der Regel die Ausstattung der Elitefahrer und ihrer Sportgruppen.
Aber auch hier gibt es Einschränkungen, insbesondere wenn Neuerungen auf den Markt kommen, deren Entwicklung noch nicht voll abgeschlossen ist (siehe elektronische Schaltgruppen).
Bei Kindern und Jugendlichen, die sich noch in der Wachstumsphase befinden, ändern sich in relativ kurzen Zeiträumen die Körpermaße, was neue Rahmen und Räder erforderlich macht. Dieser Faktor sollte Priorität haben. Bei Masters und Hobbyfahrern stehen ganz andere Ziele im Vordergrund: Sie wollen gesund Rad fahren, Neuentwicklungen auskosten und das Design ihrer Idole »genießen«.

2. Die Sicherheit und die Defektunanfälligkeit sollten bei der Kaufentscheidung eines neuen Rads an erster Stelle stehen. In puncto Sicherheit spielen Bremsen, Bremsgummis und Felgen eine Hauptrolle und müssen aufeinander abgestimmt sein. Die richtige Wahl der Reifen kann die Defekte stark eingrenzen. Im Training wird der Drahtreifen, im Wettkampf der Schlauchreifen favorisiert. Im Wettkampf werden schmalere und leichtere Reifen (18–23 mm; 180–300 g) bevorzugt. Im Training können breitere und schwerere Reifen eingesetzt werden. Drahtreifen müssen richtig montiert, Schlauchreifen gut aufgeklebt werden. Der Kleber kann mit der Zeit schnell austrocknen. Deshalb sollte in regelmäßigen Abständen der Klebezustand geprüft werden. »Veredelungen« der Reifen, z. B.

Material optimal auswählen

mit Kevlar, die Protektorengestaltung sowie das Reifenprofil sind bedeutende Elemente hinsichtlich Sicherheit und Defekt. Auch der richtige Luftdruck, abhängig vom Körpergewicht des Fahrers, vom Straßenbelag und der Lufttemperatur, trägt zur Sicherheit und zur Vermeidung von Defekten bei. Die Abstimmung der Reifen mit den verwendeten Laufrädern ist ein weiteres Kapitel. Im Radmarathon, wo der Fahrer viele Stunden unterwegs ist, spielt dies eine bedeutende Rolle. Harte Laufräder mit schmalen Drahtreifen beispielsweise erzeugen schlechten Fahrkomfort und Beschwerden. Das traditionelle Speichenrad mit einer Kastenfelge und ein Schlauchreifen bewirken oft »Wunder«.

3. Alle eingesetzten Baugruppen müssen auf das Ziel von Training oder Wettkampf bzw. aufeinander abgestimmt sein. Bei den Baugruppen Bremsen, Schaltung, Werfer, Kette, Zahnkranz und Tretlager sollte nicht kombiniert, sondern die komplette Gruppe einer Firma montiert werden. Die Baugruppen eines Modells sind so aufeinander abgestimmt, dass die Funktionsfähigkeit bei richtiger Montage und Feineinstellung garantiert werden kann. Jeder Einsatz eines modellfremden Teils ruft in der Regel vermeidbare Defekte hervor. Ein 9- oder 10-facher Zahnkranz erfordert je eine spezielle Kette. Wird beim Zeitfahren z. B. vorn nur ein Kettenblatt gefahren, bedarf es einer stabilen Kettenführung oder des Kettenwerfers. Werden z. B. zwei Kettenblätter mit sehr großer Differenz (55/39) im Zeitfahren gefahren, bedarf es eines Zwischenrings, um das Verklemmen der Kette zwischen den Kettenblättern zu verhindern.

4. Die Stabilität ist ein weiterer Gesichtspunkte bei der Wahl des Materials. Die Stabilität des Rads ist für Spitzenleistungen ein wichtiger Faktor. Sie soll ein Optimum in der Übertragung von Kraft/Tretfrequenz in die Vortriebsleistung ermöglichen und die Sicherheit, z. B. beim Bergabfahren, garantieren. Stabil wirkende Räder bringen dem Athleten Selbstvertrauen zu seinem Rad. Eine notwendige, aber vertretbare Risikobereitschaft, z. B. bei schnellen Abfahrten im Wettkampf, ist eng an die Stabilität des Rads gebunden.

5. Das Gewicht des Rads bzw. seiner Baugruppen spielt insbesondere beim Berg- und Passfahren sowie beim Zeitfahren eine Rolle. Leichte Materialien mit einem geringen Risikofaktor werden den Standardgruppen vorgezogen. Die eingesetzten Grundmaterialen wie Carbon, Titan, Aluminium usw. reduzieren das Gewicht und bringen Leistungsvorteile. Das Reglement der UCI ist dabei zu beachten.

6. Die Aerodynamik hat die größte Bedeutung im Zeitfahren. Der Luftwiderstand wächst quadratisch mit der Geschwindigkeit. Um ihn zu überwinden, bedarf es enorm viel Kraft. Den Luftwiderstand gering zu halten erfordert eine aerodynamische Position auf einem aerodynamisch gestylten Rad. Eine optimale aerodynamische Körperhaltung muss auch einen optimalen Krafteinsatz im Tretzyklus und die maximal mögliche Vortriebsleistung garantieren. Erst wenn beide Faktoren zusammen und nicht gegeneinander wirken, ist eine Maximalleistung möglich.

Materialpflege · Perfekter Radwechsel

Den Fortschritt in der Wissenschaft und der Technologie mit einem neuen Design und der Tradition richtig kombinieren, so lautet die Formel der optimalen Materialzusammenstellung. In diese These ist im Wettkampfsport das technische Reglement, das Eckdaten für die Räder und ihrer Abmessungen definiert, einzubeziehen.

Gut gepflegt ist halb gewonnen

Das Rennrad muss gut gepflegt werden, soll die Funktionstüchtigkeit und die Sicherheit gewährleistet bleiben. Außerdem erlebt man die Faszination des Radsports nur mit einem gepflegten Rad erst richtig.

Neben dem »Putzen«, was in Wirklichkeit waschen und leicht ölen bedeutet, ist das Prüfen und Nachstellen aller Schrauben und Muttern notwendig. Brems- und Schaltbowdenzüge werden in Abständen überprüft. Das Innenlager des Tretlagers wird auf »Spiel« kontrolliert und die Kette dabei von den Kettenblättern entfernt. Beim Einsatz mit Hochdruckreinigungsgeräten zur Radpflege wird empfohlen, in Abständen von ca. drei Monaten Steuersatz, Sattelstütze und Innenlager zu demontieren, zu pflegen und neu zu montieren. So können »Wasserschäden« eingegrenzt werden.

Die Laufräder werden auf Rundlauf, die Schlauchreifen auf Klebezustand geprüft. Die Reifen sollen regelmäßig auf Schnitte im Protektor nachgesehen werden.

Kette und Schaltung werden nur ganz leicht geölt. Der Bremsgummiverschleiß muss kontrolliert werden und eventuell sind die Gummis auszutauschen. Sauberes, unbeschädigtes Lenkerband, Ersatzreifen und Luftpumpe sowie saubere Trinkflaschen (innen und außen) runden das Bild ab.

Perfekter Radwechsel

Ein Radwechsel nach Defekt oder Sturz muss perfekt klappen. Der Sportler soll keine Zeit verlieren und sofort den Anschluss wieder herstellen. Wo das Reglement es erlaubt, warten ein bis drei Mannschaftskameraden – gemeinsam geht's schneller.

Defekte werden durch Heben der Hand vom Fahrer angezeigt. Wenn der Schaden es zulässt, fährt er so lange weiter, bis der Materialwagen zur Stelle ist. Grundsätzlich wird der Radwechsel auf der rechten Straßenseite durchgeführt. Der Materialwagen hält hinter dem Fahrer.

Je nach Art des Defektes wird die komplette Maschine oder das Laufrad gewechselt. Ein Radwechsel, wird er von allen Beteiligten perfekt durchgeführt, dauert 10 bis 15 Sekunden, gemessen vom Halt des Fahrers bis zur Rennfortsetzung. Das Gleiche gilt auch für die Rennen, bei denen der Materialwechsel am Straßenrand vom Materialdepot aus erfolgt. Wichtig ist, dass alles mit Ruhe, also geordnet und konzentriert angegangen wird. Hektik und Übereifer schaden und erschweren den Anschluss fast immer. Beim Radwechsel sollte auch darauf geachtet werden, dass andere nicht in Gefahr gebracht werden.

Material optimal auswählen

Alles im und auf dem Begleitfahrzeug

Trainer, Sportlicher Leiter und Mechaniker können nur dann voll wirksam werden, wenn ihre Ausrüstung vollständig ist:
- Werkzeugkoffer,
- Luftpumpe,
- Kühlbox,
- Stoppuhr,
- Startlisten,
- letztes Ergebnis vom Vortag,
- Kugelschreiber,
- Ersatzreifen und Kleber,
- Ersatzmaterial,
- Ersatzlaufräder,
- Ersatzmaschinen,
- Thermophor,
- Flaschen, Beutel,
- Rennverpflegung,
- für jeden Rennfahrer eine kleine Tasche mit Wechselkleidung während des Rennens,
- Funkgerät,
- Mikro/Außenlautsprecher,
- Dachständer.

Zeitfahrmaterial

Spezialmaterial zum Zeitfahren ist insbesondere für die leistungsstärkeren Fahrer zu empfehlen. Das Zeitfahrrad sollte aerodynamisch günstig und im Gewicht besonders leicht sein. Das Reglement der UCI ist dabei zu beachten.

Zum Zeitfahren sind die verschiedensten Zeitfahrrahmen aus Stahl, Carbon und Titan im Handel. Speziallenker mit und ohne Triathlonaufbau, Speziallaufräder (Scheiben und Spokes aus Carbon oder Spezialspeichenlaufräder) vervollständigen, inklusive leichter Reifen, das Zeitfahrrad. Oft werden kleinere Vorderräder benutzt, um die Aerodynamik zu verbessern und den Schwerpunkt von Rad und Fahrer weiter nach vorne zu verlagern.

So ein Spezialzeitfahrrad mit gutem Design und den besten Baugruppen und neuesten Werkstoffen ist wohl für jeden ein Traum. Entscheidend für das Zeitfahrrad ist aber nicht nur das Material, sondern auch die Position auf ihm. Die angestrebte Haltung soll aerodynamisch gut sein, muss aber den optimalen Wirkungsgrad der »Muskelschlinge« garantieren. Zur Überprüfung sind Fotos aus der Seitenansicht vom Wettkampf zu empfehlen. So kann der Fahrer sich selbst sehen und seine Wettkampfposition begutachten.

18 Richtig trainieren statt präparieren

In den bisherigen Kapiteln wurden viele Möglichkeiten aufgezeigt, das Training effektiv zu gestalten. Leistung und Leistungssteigerung basieren auf der Komplexität der sportlichen Ausbildung des Trainings. Das Training besteht aus vielen bekannten und weniger bekannten Mosaiksteinen, die so zusammengefügt werden müssen, dass eine Leistungssteigerung entstehen kann. Zugegeben, der Prozess ist oft nicht einfach. Aber er ist einfacher als angenommen. Nur mit Konsequenz, Beharrlichkeit und Geduld lassen sich Spitzenleistungen erzielen. Diese Elemente entscheiden den Weg eines Sportlers. Wer sie in allen Lagen meistert, hat Erfolg. Wer glaubt, mit weniger Einsatz auch zum Ziel zu gelangen, wird den Erfolg auf Dauer verfehlen.

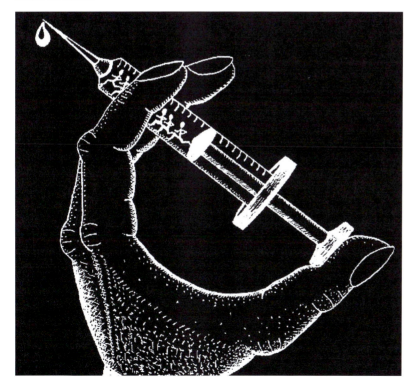

Stopp, wenn hier »nachgeholfen« werden sollte

Richtig trainieren statt präparieren

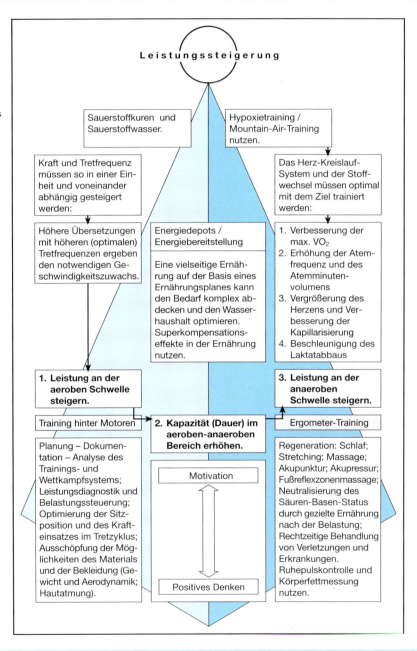

Abb. 66: Die Leistungsgrenzen lassen sich mit legalen Möglichkeiten der Trainingsmethodik und der Sportmedizin nach oben schieben, ohne dass es der Präparation oder gar des Dopings bedarf

Aufbaupräparate

Im Sport und an die Sportler selbst besteht ein sehr hohes Anspruchsniveau. Es zählt in der Regel nur der Sieg, Rang zwei wird meist schon als Niederlage eingestuft. Der Sieger und sein Erfolgsimage kann sehr gut vermarktet werden. Spitzenleistungen im Sport ermöglichen einem sehr kleinen Kreis von Sportlern und Personen ihres Umfelds außergewöhnlich hohe Verdienstmöglichkeiten. Diese liegen weit höher als in anderen Branchen der Gesellschaft. Die Mehrheit der Sportler und Betreuer aber hat bei gleichem Aufwand ein sehr geringes Einkommen. Die Unterschiede sind sehr groß. So ist der Existenzkampf im Berufssport größer als im normalen Leben, da die Messlatte der Leistung viel höher hängt.

Solange Spitzensport betrieben wird, ist die Tendenz des »Nachhelfens« (Betrug, Doping usw.) bekannt. Die Wettbewerbsverzerrung und die Gefährdung der Gesundheit der Sportler haben die verschiedenen Reglements geschaffen, die Verbote beinhalten. Die Methoden der Nachhilfe wurden unter dem Begriff des Dopings eingestuft. Dopingkontrollen sollten das Problem lösen. Die Häufigkeit der Kontrollen wurde erheblich gesteigert, aber mit der Zunahme der Kontrollen stiegen auch die positiven Fälle an. Spätestens seit der Tour de France 1998 sind der Handel mit Medikamenten und die Händler mit im Visier. Die Listen der Dopingprodukte verlängern sich jährlich. Die Konsumenten und ihre Handlanger sind gegenüber der Dopingkontrolle im Moment noch im Vorteil, da die Nachweisverfahren aufwändig und kostenintensiv sind. Hinzu kommt, dass weltweit Gesetze zum Doping fehlen; d.h. juristisch wird nicht nach einheitlichen Maßstäben gegen die Sünder bzw. die Händler vorgegangen. Die Politik hat am Beispiel der Drogen über Jahrzehnte ihre Unfähigkeit bewiesen, die Fragen der Drogen zu lösen. Wird sie in den Fragen des Dopings ihre Verantwortung wahrnehmen?

Da eine Freigabe des Dopings aus Gründen des Gesundheitsschutzes der Sportler nicht die Lösung sein kann, bleibt die Frage: Was kann für einen gesunden und sauberen Sport wirklich getan werden?

1. Der Kreis der Verantwortungsträger (Gesetzgeber und IOC) muss das Doping nicht nur verurteilen, sondern einheitlich dagegen vorgehen. Die Wirtschaft hat aufgrund ihrer Umsätze und Profite mit diesen Produkten hingegen wenig Interesse, dem Doping und Medikamentenmissbrauch konsequent entgegenzutreten.
2. Der Sport muss, ausgehend vom IOC, seine Kontrollen vervielfachen, perfektionieren und vor allem vereinheitlichen.
3. Der Sport muss über die Medien die Aufklärung der Sporttreibenden zum Thema Doping organisieren. Die Umsatzzahlen bei aktuellen Modepräparaten des Dopings lassen den Schluss zu, dass der Hauptkonsument nicht der Spitzensport, sondern der Breitensport ist. Bisher berichten die Medien profitträchtig nur über die Täter. Eine Aufklärung über die Wirkung der Dopingprodukte erfolgt aber weder über die Printmedien noch über Rundfunk und Fernsehen.

Aufbaupräparate

In unserer Gesellschaft ist es normal geworden, dass in der Herstellung und im Vertrieb der Nahrungsmittel der Profit im Mittelpunkt steht und nicht die Gesundheit der Pflanzen, Tiere und des Konsumenten Mensch. Die Skandale in der

Richtig trainieren statt präparieren

Branche nehmen zu, die Schuldigen werden halbherzig bestraft. Industrie und Handel informieren unterdessen bewusst und erfolgreich weiter in Richtung einer zu einseitigen Ernährung. Diese verursacht in breiten Teilen der Bevölkerung Defizite, vor allem im Stoffwechsel. Kreislauferkrankungen und Übergewicht sind die Folge. Der Kreis schließt sich. Die Diätschwemme ist lang anhaltend und reproduziert sich selbst immer wieder mit neuen Varianten. Die Lüge ist eingebaut, wie das Beispiel der Light-Produkte zeigt: Diese beinhalten auch Stoffe, die den Appetit anregen. Der Konsum steigt, der Profit auch. Die versprochene Körpergewichtsreduzierung bleibt langfristig gesehen auf der Strecke.

Die Liste der allgegenwärtigen Nahrungsergänzungsmittel und Aufbaupräparate ist nahezu unüberschaubar geworden. Die Menschen werden, der Werbung und den Medien Glauben schenkend, von diesem Kreislauf mit der Zeit abhängig. So hat sich in den letzten Jahrzehnten die Umsatzentwicklung langsam von der Natur zur Chemie verlagert. Ein Ende ist nicht abzusehen. Und nun soll's die Ökowelle richten...

Unbestritten bleibt, dass der Mensch sich vielseitig ernähren muss, um gesund und leistungsfähig zu bleiben bzw. zu werden. Das hat zur Folge, dass die Gesamtheit der angebotenen Produkte im Bereich Aufbaupräparate, Vitamine und Nahrungsergänzungsmittel nicht gebraucht wird, ja überflüssig ist. Derartige Produkte werden lediglich von jenen Menschen gebraucht, die erkrankt sind und ihren Bedarf nicht über die normale Nahrungskette decken können.

Der Breitensport stellt hohe Anforderungen an die Physis der Athleten und wird nochmals deutlich übertroffen von jenen des Spitzensports. Sportliche Höchstleistungen stellen Spitzenanforderungen vor allem an das Herz-Kreislauf-System und an den Stoffwechsel. Belegt ist, dass diese Anforderungen einen erhöhten Bedarf an Energie und demzufolge auch an die sieben Gruppen der Nahrungskette (Kohlenhydrate, Eiweiß, Fette, Vitamine, Mineralstoffe, Spurenelemente und Wasser) stellen. Theoretisch und auch praktisch lässt sich belegen, dass diese Anforderungen mit der Ernährung und einer kleinen Palette an Zusätzen abgedeckt werden können. Voraussetzung ist, dass die beteiligten Personen es auch wirklich wollen. Die Deckung der Bedürfnisse erfordert eine gründliche Ernährungsberatung und -planung. Der damit verbundene Aufwand ist vielen jedoch zu groß und zu umständlich. So lässt sich der Athlet »beraten« und greift schnell zur großen Kiste der überflüssigen Produkte. Diese sind natürlich nicht auf der Dopingliste – aber er kommt so in eine erste, unbewusste Abhängigkeit. Anfangs gibt es vielleicht sogar noch Sponsoring und Probepackungen, bevor später abkassiert wird. Es profitieren die »Berater« mit ihren Empfehlungen und dem Vertrieb der Produkte.

Unglaublich ist auch, dass die Hersteller in der Werbung bei Einsatz des Produkts nicht selten Leistungssteigerungen zwischen 10 und 30% versprechen. Wer ein wenig rechnen kann, erkennt die Lüge sofort: Der Stundenweltrekord liegt momentan bei ca. 56 km/h ... und nach der Einnahme von ... werden 10% Leistungssteigerung versprochen. Das würde 61 km/h bedeuten – toll. So ein Leistungssprung, ohne mehr und intensiver zu trainieren? Bei den Produkten mit bis zu 30% Leistungszuwachs könnte jeder Hobbyfahrer an der Tour de France teilnehmen und sie sogar in der Karenzzeit beenden!

Ein weiteres Hauptproblem dieser Produktpalette ist die Dosierung. Glaubt man den Herstellern und ihren Aussagen auf der Gebrauchsanweisung, kommt es mit Sicherheit zu einem Überangebot an Vitaminen, Spurenelementen und Mineralstoffen. Außerdem ist die Verträglichkeit der »Firmendosierung« in der Praxis oft nicht gegeben. Die Athleten haben Beschwerden und wechseln häufig die Hersteller. Die Unverträglichkeit liegt aber nicht beim Produkt, sondern in dessen Dosierung. Wissenschaftlich abgeklärt ist beispielsweise, dass eine Übervitaminisierung auf Dauer gesundheitliche Nachteile bringt. Die Überbestände an Vitaminen, Mineralstoffen und Spurenelementen im Körper müssen wieder ausgeschieden werden. Sie sind eine Zusatzbelastung für Darm, Leber, Nieren usw. Diese Organe sollten sich in der Regenerationsphase nach der Belastung um ihre eigentlichen Aufgaben und um den Laktatabbau »bemühen«.

Aus all diesen Gründen kann dem Spitzen-, Nachwuchs- und Hobbyfahrer nur nahegelegt werden, den Konsum dieser Präparate zu meiden bzw. stark einzuschränken. Wenn schon Produkte aus der Sparte Aufbaupräparate, Vitamine und Nahrungsergänzungen konsumiert werden, sollte wenigstens die Dosierung zurückgefahren werden.

Bei den Aufbaupräparaten handelt es sich vielfach auch um »Modeprodukte«. Die Statistik belegt, dass den Vitaminen die Spurenelemente und Mineralstoffe folgten. Dann kam die Periode von Melantonin und Karnitin. Zur Zeit wird die Kreatin-Epoche durchlebt, deren Ende jedoch schon absehbar scheint. Aber es geht mit Sicherheit weiter...

Dopingsubstanzen

Studiert man die aktuelle Liste der zum Doping erklärten Substanzen (ca. 150), so ist es für den Normalverbraucher schwer, die verbotenen Stoffe in den einzelnen Produkten (ca. 300) wiederzufinden. Es ist deshalb nicht verwunderlich, dass diesem Personenkreis peinliche Fehler passieren können. Der Tatbestand des Dopings ist aber gegeben und die »Unschuld« wird mit Ungläubigkeit geahndet und bestraft. Wenn die Pharmaindustrie zur Dopingbekämpfung tatsächlich stehen würde, ließe sich ein einfacher Weg beschreiben: Alle Erzeugnisse, die Substanzen der Dopingliste enthalten, werden auf der Verpackung mit einem Symbol gekennzeichnet. So könnte zumindest der kleine Kreis der wirklich Unwissenden vor Schaden bewahrt werden.

Der gleichzeitige Gebrauch von mehreren sog. »Aufbaupräparaten« provoziert Zufälligkeiten, die sich in einer Dopingkontrolle durchaus auch als positiver Befund wiederfinden können. Besonders betroffen ist die Gruppe von Mitteln, die den Testosteronwert beeinflussen kann. So kann der Wert auch verändert vorgefunden werden, obwohl direkt keine anabolen Steroide eingenommen wurden.

Unglaublich ist auch der Tatbestand, dass Sportler mit Beschwerden Medikamente zur Linderung erhalten, die auf der Kontrollliste stehen und eine Leistungssteigerung bewirken können. Sie erhalten dazu ein Zertifikat, das die Einnahme berechtigt. Bei Erkrankungen oder Krankheiten müssen die Ursachen gefunden und ausgeheilt werden. Medizin zur Linderung ja, aber zeitlich limitiert. Wenn eine komplette Nationalmannschaft ein derartiges Zertifikat nachweisen kann, sind den

Richtig trainieren statt präparieren

Spekulanten Tür und Tor geöffnet und es folgt die Diskussion über den Unsinn der Kontrollen und die Freigabe von Doping.

Riskant für die Gesundheit aber ist vor allem der Gebrauch der verbotenen Substanzen und Dopingprodukte. Sie haben einen hohen Grad an negativen Nebenwirkungen, die zu Gesundheitsschädigungen führen. Sie werden auch von »Beratern« dem Sportler mit dem Versprechen der Leistungssteigerung empfohlen. Die Hintermänner verschweigen die Gefahr der Nebenwirkungen und kassieren für ein Versprechen, das in der Regel nicht garantiert werden kann. Die übergroße Mehrheit der Dopingprodukte bewirkt keine direkte Leistungssteigerung. Die Leistungssteigerung vollzieht sich mehr im psychischen Bereich, im Kopf. Mit Placebo ist dieses Phänomen immer erlebbar und nachzuverfolgen.

Trotzdem ist immer wieder zu verzeichnen, dass der Einsatz von Dopingprodukten nach erfolgten Kontrollen zu positiven Ergebnissen führt. Es gehört schon eine Portion Dummheit der beteiligten Personen dazu, wenn diese Substanzen eingesetzt werden und geglaubt wird, mit Manipulation ließen sich die Kontrollergebnisse beeinflussen. Die Dopingprodukte sind mehrheitlich auch Modepräparate, was den Bestand und die Wirkung als Psychopharmaka noch unterstreicht. Man kann auch hier die Entwicklung in Epochen einteilen: Amphetamine ... Anabolika ... EPO ... Wachstumshormone – es ist hier bestimmt nicht Schluss, sondern es geht mit Sicherheit weiter. Oder geben Sie persönlich der Vernunft eine Chance und gehen mit gutem Vorbild voran?

Die Ernährung des Straßenfahrers

Eine bewusste, sportartgerechte Ernährung ist ein wesentliches Mosaiksteinchen zur gesunden Lebensweise und zu mehr Lebensqualität sowie Voraussetzung für hohe sportliche Leistungen.
Richtige Ernährung bedeutet eine vielseitige Kost, abgestimmt auf die Sportart Straßenradsport. Die Betonung liegt auf vielseitig, da unser Organismus alle und nicht etwa eingeschränkte Nährstoffe für sportliche Höchstleistungen benötigt. Sportartgerecht heißt, die Nahrung auf die Langzeitausdauer-Sportart Straßenradsport auszurichten. Gleichzeitig sind die dort verlangten hohen Krafteinsätze und Schnelligkeitseigenschaften stoffwechselmäßig durch die Ernährung zu sichern.
Weiterhin soll richtige Ernährung den Anteil an Fettgewebe begrenzen. Das ist ein Schwerpunkt, der vom Grundlagen- bis zum Hochleistungstraining für beide Geschlechter eine gleich bedeutende Stellung einnimmt. Kompliziert ist das deshalb, weil die Ernährung sehr energiereich sein muss, aber möglichst keine Körpergewichtszunahme bewirken soll.
Nährstoffgruppen einer vielseitig auszurichtenden Ernährung sind:
- Kohlenhydrate,
- Eiweiß,
- Fette,
- Vitamine,
- Mineralstoffe und Spurenelemente,
- Flüssigkeit, insbesondere Wasser.

Mit diesen Nährstoffen muss der Energiebedarf des Organismus entsprechend der geistigen und körperlichen Betätigung abgedeckt werden. Durch viel sportliche Bewegung verändern sich die Proportionen des Bedarfs an Nährstoffen zueinander.

Das Einmaleins der Nährstoffe

Die **Kohlenhydrate** bilden mengenmäßig den Hauptteil unserer Nahrung. Entsprechend ihrer molekularen Zusammensetzung unterscheiden wir:
- *Niedermolekulare Kohlenhydrate* als Zucker wie Mallose, Glucose oder Fruktose (im Haushaltszucker, Traubenzucker u. ä.).
- *Hochmolekulare Kohlenhydrate* in Form von Stärke (im Getreide, Obst, Gemüse).
- *Unverdauliche Kohlenhydrate* als Zellulose.

Grundsätzlich werden alle Kohlenhydrate in Traubenzucker verarbeitet, bevor sie vom Blut aufgenommen und in die Leber und die Muskelzellen transportiert

Die Ernährung des Straßenfahrers

werden. Dort erfolgt die Umwandlung in Glykogen und wird in den Muskeln als Reserve gelagert. Das Muskelglykogen wird bei Bedarf in Traubenzucker zurückverwandelt und liefert den Muskeln, in denen es gespeichert war, die Energie. Die Energiespeicher sind für den Radsportler von entscheidender Bedeutung, denn sie liefern die Reserven für die Langzeitausdauerleistung.

Radfahren, als Ausdauersportart betrieben, erfordert die Aufrechterhaltung einer hohen Dauerleistungsfähigkeit. Dies ist nur durch eine sinnvolle Zufuhr von niedermolekularen Kohlenhydraten mit einem geringen Eiweißanteil vor und während der Belastung gesichert. Die starke Kohlenhydratverbrennung leert die Kohlenhydrattanks im Körper. Erfolgt kein Nachschub, führt dies zum Leistungsabfall. Kohlenhydratreiche Kost sollte deshalb bereits während der Belastung, also im Training und Wettkampf, zugeführt werden.

Proviant aus dem Verpflegungsbeutel

Einmaleins der Nährstoffe

Das **Eiweiß** (auch als Protein bezeichnet) besteht aus Sauerstoff, Wasserstoff, Kohlenstoff, Stickstoff und Schwefel. Entscheidend für unseren Organismus sind die Bausteine des Eiweißes, die Aminosäuren. Sie bewirken durch ihren unterschiedlichen Gehalt einen differenzierten Nahrungswert. Eiweißmangel bewirkt Leistungsabfall. Die Widerstandsfähigkeit gegen Infektionskrankheiten sinkt. Die Aminosäuren bewirken aber auch den Aufbau und die Regeneration der Zellen, die Bildung von Hormonen, Enzymen und Immunkörpern. Der menschliche Körper kann von den 20 Aminosäuren 12 selbst aufbauen, 8 müssen von außen über die Nahrung (essentielle Aminosäuren) zugeführt werden.
Belastungen des Straßenradsports erfordern z. T. die mehrfache Menge an Eiweiß pro Kilogramm Körpergewicht im Vergleich zu normaler Belastung in Schule und Beruf. Eiweiß ist lebensnotwendig und kann nicht durch andere Nährstoffe ersetzt werden. Eiweiß steuert den gesamten Stoffwechsel einschließlich Wachstum und Gewebeerneuerung und ist am Muskelaufbau wesentlich beteiligt. Eiweiß kann nicht im Körper gespeichert werden und muss deshalb ständig in der Nahrung enthalten sein.
Die »moderne Ernährung« verstrickt sich immer wieder in Widersprüche und ist letztendlich meist einseitig orientiert. Vegetarische Kost oder »zurück zur Natur« und zur »Kost unserer Vorväter«: Derartige Slogans werden vor allem durch die Massenmedien unterstützt und durch Fleischskandale kampagneartig ausgedehnt. Unser Hochleistungsorganismus benötigt aber täglich 150 bis 250 g hochwertiges, mageres Fleisch oder Fisch, um den Bedarf an Eiweiß und vor allem an den Vitaminen A, B1, B2, B6, B12, E sowie Kalzium, Phosphor, Eisen, Natrium, Kalium, Magnesium, Kupfer, Zink, Jod zu decken.
Eiweißreiche Nahrungsmittel sind:
- Sojabohnen bzw. die daraus hergestellten Produkte (22–24 g/100 g),
- Fleisch, insbesondere Rindfleisch (18–22 g/100g),
- Eier (12,9 g/100 g),
- Quark (11,1 g/100 g),
- Haferflocken (12,5 g/100 g).

Ernährt sich der Mensch nach den gerade aktuellen Trends, geht die Tendenz von der gesunden Vielseitigkeit zur Einseitigkeit. Mit der entsprechenden Tablette oder Kapsel werden dann die Vitamine, Spuren- und Mengenelemente konsumiert. Vor allem der Sportler sollte so wenig »künstliche« Ernährung zu sich nehmen wie möglich. Höchste Leistungen erfordern mehr und mehr eine vielseitige Ernährung mit natürlichen Produkten.

Fette sind mit Vorsicht zu genießen, da sie die Anlage des Fettdepots begünstigen. In der heutigen Zeit hat das Fett seinen früheren Stellenwert als Energielieferant verloren. Die Tageszufuhr von 25 bis 35 g pflanzlichem Fett in Form von pflanzlichen Ölen als essentielle Fettsäuren sättigt den Bedarf auch bei Sportlern. Tierische Fette, die wir in der Nahrung als sichtbare oder auch als versteckte Fette finden, haben einen hohen Anteil an gesättigten Fettsäuren. Sie sind unter physiologischem Aspekt nicht so hochwertig wie pflanzliche Fette. Ballaststoffe scheiden zu viel verzehrte Fette bis zu einem bestimmten Grad auf natürliche Art wieder aus.

Die Ernährung des Straßenfahrers

Vitamine müssen ausschließlich über die Nahrung zugeführt werden, da der Körper sie nicht selbst bilden kann. Es gibt zwei Gruppen von Vitaminen: die wasserlöslichen B und C sowie die fettlöslichen A, D, E und K. Sie unterscheiden sich gleichzeitig durch ihre Speicherdauer im Körper. Fettlösliche Vitamine können längere Zeit gespeichert werden. Dagegen müssen die wasserlöslichen Vitamine immer neu aufgenommen werden

Tabelle 42:
Die Aufgabenstellung der Vitamine

Die einzelnen Vitamine haben eine sehr differenzierte Aufgabe, die in Tabelle 42 herausgearbeitet ist. Eins haben sie gemeinsam: Sie sind aus physiologischer Sicht

Vitamin	Aufgabe im Organismus	Vorrätig in folgenden Nahrungsmitteln
A	Beeinflusst positiv den Eiweißstoffwechsel und das Wachstum der Haut	Fleisch (Leber), Fisch (Aal), Butter, Eier, Käse, Früchte und Gemüse
B1	Beeinflusst positiv den Kohlenhydratstoffwechsel und die Muskelbildung	Fleisch, Hefe, Vollkornprodukte, Haferflocken, Hülsenfrüchte, Fisch (Scholle, Flunder)
B2	Beeinflusst die Zellatmung; fördert Haut- und Schleimhautbildung	Fleisch, Parmesankäse, Champignons, Fisch
B6	Aktiviert den Eiweißstoffwechsel, das Nervensystem und die Muskelbildung, wirkt Muskelkrämpfen entgegen	Fleisch, Bananen, Fisch (Lachs, Sardine), Reis
B12	Regt den Stoffwechsel an; wichtig für die Blutbildung; steigert Wachstum und Appetit	Fleisch, Fisch, Käse, Joghurt
C	Erhöht die Krankheitsabwehr; fördert die Leistungsfähigkeit, das Muskel- und das Knochenwachstum; Aufbau der Hormone; entgiftet den Organismus	Obst (Johannisbeeren), Zitrusfrüchte (Kiwi), Grüngemüse (Kohl), Tomaten, Kartoffeln, Paprika, Hagebutte
D	Am Knochenaufbau beteiligt; notwendig für die Kalziumresorption und den Ca-Phosphat-Stoffwechsel	Leber, Eigelb
E	Schutzfunktion für leicht zerstörbare Stoffe z.B. gegen den »radikalen Sauerstoff«, der durch Luftverschmutzung und Ozon auftritt	Pflanzenöle, Fisch, Eier, Butter
K	Beteiligt an der Blutgerinnung und der Bildung des Prothrombins in der Leber	Milchprodukte, Getreide, Obst, Gemüse (Brennnessel)
Biotin	Der Organismus benötigt es bei hohen körperlichen Leistungen	Fleisch (Leber), Hülsenfrüchte, Gemüse (Spinat, Champignons)
Folsäure	Verstärkt die Infektabwehr und reduziert die Gefahr von Blutarmut	Eier, Fleisch (Leber), Weizenkeime, Hülsenfrüchte
Pantothensäure	Bestandteil des Coenzyms	Fisch, Fleisch, Hülsenfrüchte
Niacin	Bestandteil von Enzymen	Fleisch, Vollkornprodukte

für den Stoffwechsel unentbehrlich. Zusätzliche Vitaminisierung sollte nur dann erfolgen, wenn eine Mangelerscheinung nachgewiesen ist. Dann sollte vor allem die Ernährung zuerst umgestellt werden. Auch alle anderen festgestellten Mangelerscheinungen, die sich z. B. aus dem Blutbild ergeben, sollten eine Nahrungsumstellung bewirken.

Mineralstoffe sind anorganische Nahrungsbestandteile, die in zwei Gruppen eingeteilt werden:
1. *Mengenelemente:* Natrium, Kalium, Kalzium, Phosphat, Magnesium, Silicium, Eisen, Kupfer.
2. *Spurenelemente:* Fluor, Jod, Zink, Selen, Kobalt, Chrom, Nickel, Chlorit, Molybdän, Vanadium.

Die Mineralstoffe haben wichtige Funktionen für den Stoffwechsel (Natrium, Kalium, Magnesium). Mangelerscheinungen führen zur Leistungsminderung. Magnesiummangel z. B. führt zu Muskelkrämpfen. Vor allem die Mengenelemente sind für die Aufrechterhaltung einer hohen sportlichen Leistungsfähigkeit wichtig und müssen als Zusätze der Nahrung zugeführt werden, da durch den Schweiß ein hohes Mineralstoffdefizit entsteht, das zum Leistungsabfall führt. Die Mineralstoffzufuhr sollte exakt erfolgen, da ein Überangebot an Mineralstoffen den Organismus belastet und auf Dauer zu Nebenwirkungen führt.

Zuletzt, aber nicht weniger wichtig, ist die **Flüssigkeit.** Unser Körper besteht ohnehin aus ca. 60% Wasser. Der Wasserhaushalt unseres Körpers hat eine große Bedeutung. Die sportliche Belastung im Training und Wettkampf führt zu einem starken Flüssigkeitsverlust, der gleichzeitig auch den Mineralstoffhaushalt stark reduziert. Deshalb ist zur Aufrechterhaltung einer hohen Leistungsfähigkeit die regelmäßige Zufuhr von Flüssigkeit unerlässlich. Bereits im Training sollte auf regelmäßiges Trinken geachtet werden.

Die Mahlzeiten

In Tabelle 43 (Seite 222) ist der durchschnittliche Energieverbrauch im Straßenradsport aufgegliedert. Diese zum Teil enorm hohen Umsätze erfordern eine relativ große Menge an Nahrungsmitteln, die auf fünf Mahlzeiten verteilt werden sollten: früh, mittags, abends und zwei Zwischenmahlzeiten. Besonders die drei Hauptmahlzeiten sollte der Sportler ausgiebig und ohne Hetzerei zu sich nehmen. Sich mehr Zeit bei der Nahrungsaufnahme lassen und gut kauen bewirkt eine gesündere Nahrungsverwertung, Magenverweilzeit und Verdauung. Die Zwischenmahlzeiten sollten in erster Linie aus Kohlenhydraten bestehen. Während längerer Trainingseinheiten oder während der Wettkämpfe ist regelmäßig Nahrung bzw. Flüssigkeit zuzuführen.
In Tabelle 44 (Seite 222) sind die Magenverweilzeiten wichtiger Speisen ausgewiesen. An warmen Tagen wird mehr getrunken, so dass der Magen mehr durch die Flüssigkeiten belastet ist. Das Hungergefühl kommt dadurch später und oft zu spät. Deshalb der Rat, auch bei hohen Temperaturen regelmäßig zu essen, auch wenn es schwer fällt.

Die Ernährung des Straßenfahrers

Alters- und Leistungsklasse	Energieverbrauch beim Training, in der Schule oder im Beruf	Energieverbrauch am Wettkampftag	Eiweiß pro kg Körpergewicht
Grundlagentraining	2 200 kcal 9 350 kJ	2 500 kcal 10 625 kJ	2,5 g
Aufbautraining	2 500 kcal 10 625 kJ	3 000 kcal 12 750 kJ	2,0 g
Anschlusstraining	3 500 kcal 14 875 kJ	4 500 kcal 19 125 kJ	2,0 g
Hochleistungstraining Amateure	4 000 kcal 17 000 kJ	6 000 kcal 25 000 kJ	1,5 g
Hochleistungstraining Berufsradsport	4 500 kcal 19 125 kJ	7 000 kcal 29 750 kJ	2,0 g
Hobbyradsportler über 18 Jahren	3 000 kcal 12 750 kJ	3 500 kcal 14 875 kJ	1,5 g

Tabelle 43: Durchschnittlicher Energieverbrauch im Straßenradsport pro Tag

Was und wie viel sollte man während des Trainings bzw. Wettkampfes essen und trinken? Grundsätzlich gilt im Training und Wettkampf immer, so viel zu essen und zu trinken, wie zur Aufrechterhaltung einer hohen Leistungsfähigkeit erforderlich ist. Dabei spielt die Dauer der Belastung bezüglich der Flüssigkeits- und Speisezufuhr eine entscheidende Rolle. Hier einige Tipps zu den Getränken für Training und Wettkampf:

Tabelle 44: Durchschnittliche Verweildauer der Speisen im Magen

Verweildauer (Stunden)	Speisen
1	Milch, Fruchtsaft, Wasser, Kaffee, Tee, fettarme Fleischbrühe
2	Joghurt, Weißbrot, weichgekochte Eier, Kartoffelpüree, Salzkartoffeln, Kochfisch, zartes Gemüse, Kompott
3	Vollkornbrot, Müsli, Haferflocken, Wurzelgemüse, Spinat, Salat, Apfel, Banane, mageres Fleisch
4	Sandwiches, Stein- und Beerenobst, Spiegel- und Rührei, Bratkartoffeln, Wurst, Schinken, gekochtes Huhn
5	Gebratenes Fleisch, Hülsenfrüchte, Gurken, gebackener Fisch, in Fett gebackenes Gebäck
6	Speck, Pilze, Thunfisch, Fischsalate, Ölsardinen, fettes Fleisch

Mahlzeiten

- Verschiedene Teesorten mit oder ohne Zucker oder Honig (leicht süßen).
- Mineralwasser ohne Kohlensäure, mit Obstsäften geschmacklich anreichern (Schorle-Effekt).
- Mineraltrunk in verschiedenen Geschmacksrichtungen.
- Haferschleim bestehend aus Hafermehl, Traubenzucker, Wasser, Eigelb, Kochsalz und Obstsäften.
- Bei besonders wichtigen und »heißen« Rennen wirkt eine Cola besonders erfrischend.

An fester Nahrung, klein portioniert, eignen sich besonders:
- Bananen,
- Apfelstücke,
- Trockenobst,
- Energieriegel,
- Eiweißriegel,
- Radlersandwiche, bestehend aus Honigbrot, mit edlem Weichkäse und Kiwi oder Ananasscheiben gefüllt; dazu eignet sich auch Weißbrot, als Füllung Konfitüre, Nutella u. a.,
- Traubenzucker in Tabletten- oder Riegelform,
- die Mini-Flasche mit Konzentratnahrung,
- Reiskuchen (das Rezept ist nachstehend aufgeführt).

Reiskuchen

Zutaten

1	Tasse Reis
3	Tassen Milch
100 g	Apfelstücke, Rosinen
100 g	Zucker
1	Prise Salz
1	Eigelb

Zubereitung

Die Milch kochen, den Reis zugeben und 5 Minuten unter umrühren kochen; zudecken und 25 Minuten an einem warmen Ort stehen lassen. Obst, Zucker und Salz zugeben und gut vermischen. Auf ein Blech schütten, erkalten lassen und in Stücke schneiden. Mit Eigelb die Stücke einstreichen und zart überbacken.

Auch bei Wettkampfverpflegung sollten immer nur die Produkte eingesetzt werden, die praxiserprobt sind. Neue Produkte oder Varianten erst im Training einsetzen. Bei langen Wettkampfdistanzen werden zusätzliche Buffets eingerichtet, wo Nahrung und Getränke von außen angenommen werden dürfen. Der Sportler muss also nicht alles vom Start an mitschleppen. Die Praxis zeigt, dass die Mengen der

Die Ernährung des Straßenfahrers

gereichten festen Nahrung weit über dem liegen, was wirklich verzehrt wird. So wird viel weggeworfen oder am Ziel wieder mitgebracht. Jeder muss von Anfang an seine Erfahrungen sammeln und nur das mitnehmen bzw. unterwegs aufnehmen, was für ihn von Inhalt und Menge her gut ist.

Ernährung und Regeneration

Nach dem Wettkampf oder Training ist mit einer zielgerichteten Ernährung die Regenerationsphase optimal zu gestalten.
Unmittelbar nach dem Wettkampf sollte der Durst vernünftig gestillt werden. Tee, Mineralwasser, Fruchtsäfte, alles ohne Kohlensäure, eignen sich besonders dazu. Der Flüssigkeitsverlust muss aufgefüllt werden. Mineralstoffe nicht vergessen! Auch erfrischende, leicht verdauliche Speisen wie Obstsalat sind zu empfehlen.
Zwei bis drei Stunden nach dem Wettkampf setzt dann der »große« Hunger ein. Unter Beachtung der Tageszeit sollte die entsprechende Hauptmahlzeit, in der Regel das Abendessen, bestehend aus mehreren Gängen, ausgewählt werden. Zu empfehlen sind fettarme Speisen wie Suppe, Salat- oder Gemüseteller, 200 g ma-

Tabelle 45: Übersicht der Nahrungsmittel mit basischer und saurer Wirkung

Basisch wirkend	Sauer wirkend
Aprikosen getrocknet	Butter
Bananen	Corn Flakes
Birnen	Eier
Biscuits	Käse
Blumenkohl	Entenfleisch
Brombeeren	Erdnüsse
Chicorée	Fisch
Erdbeeren	Haferflocken
Feigen getrocknet	Hühnerfleisch
Gurke	Kalbfleisch
Honig	Kaninchen
Kartoffeln	Lachs
Mandarinen	Linsen
Möhren	Margarine
Melone	Omelett
Milch	Paranüsse
Oliven	Quark
Pilze	Reis
Pfirsiche	Rindfleisch
Pflaumen	Schweinefleisch
Pommes frites	Spaghetti
Rosinen	Sellerie
Spinat	Vollkorn
Tomaten	Weißmehlprodukte
Weintrauben	Wurst

Ernährung und Regeneration

Armstrong setzte auch nach seiner Erkrankung in der Ernährung neue Akzente

geres Fleisch oder Fisch mit Beilagen, kalorienreiches fettarmes Dessert sowie kohlensäurefreie Getränke.

Bei Etappenrennen ist auf Frühstück und Mittagessen besonders zu achten. Das Frühstück soll reichhaltig sein. Wird Müsli gegessen, mehrere Stunden zuvor, am besten abends, mit Wasser/Milch ansetzen, damit die Quellprozesse bei Nahrungsaufnahme abgeschlossen sind. Ist der Start in den Mittagsstunden, sollte das Frühstück zwischen 6.30 und 7.30 Uhr eingenommen werden, das Mittagessen dann zwischen 10 und 11 Uhr. Hier eignen sich besonders Nudelgerichte mit fettarmen Soßen oder Beilagen, ein Dessert und kohlensäurefreie Getränke.

Finden Halbetappen statt, die ein Mittagessen zeitlich vorsehen, so ist leichtverdauliche fettarme Kost angesagt. Bei allen Zwischenmahlzeiten ist fettarmer, aber kohlenhydratreicher Kuchen besonders geeignet.

Bei besonders intensiven Belastungen, insbesondere in den Bergen, wo ein großer Kraftverschleiß verzeichnet wird, können Eiweißprodukte zusätzlich empfohlen werden.

Regeneration und Physiotherapie

Das Training und vor allem die Wettkämpfe produzieren die Ermüdung, die in der Summierung zur Leistungsminderung führt. Dem entgegenzuwirken ist die Aufgabe der Regeneration und der Physiotherapie. Beide müssen systematisch geplant und minutiös in die Trainings- und Wettkampfplanung integriert werden. In der Komplexität der einzelnen Maßnahmen sowie deren Koordination und Abstimmung auf die Gesamtbelastung von Training und Wettkampf liegt eine bedeutende Reserve der Leistungsentwicklung.

In der Trainingsplanung steht die Aufgabe, nicht nur die Belastung zu planen, sondern parallel zu ihr auch die Erholung einzubeziehen. Die Periodisierung mit Makro- und Mikrozyklen sowie die zyklische Gestaltung des Trainings ist eine bewährte Form, um die Basis für optimale Belastungen und effektive Erholungen zu legen. Dazu gehört auch die Planung der Tage ohne Training und jener mit Regenerationstraining (KB). Diese Maßnahmen sichern, bei richtiger Dosierung beider Elemente, einen Leistungszuwachs und verhindern die Erscheinungen eines »Übertrainings«. In das System der Planung werden deshalb alle Maßnahmen der Regeneration und Physiotherapie einbezogen. Sie beschränken sich nicht nur auf die Physis, sondern umfassen auch alle psychischen Faktoren. Auch für die Regeneration gilt: Es werden nur Maßnahmen, Mittel und Methoden eingesetzt, die den Reglements (speziell dem Dopingreglement des IOC/UCI) entsprechen. Folgendes gibt es zu beachten bzw. folgende Methoden, Formen und Mittel können empfohlen werden:

Aktive Erholung

Die Erholung lässt sich prinzipiell in die »passive« und die »aktive« Erholung unterteilen. Sie kennzeichnet den unterschiedlichen physischen und psychischen Aufwand und Einsatz.

Die »aktive« Erholung besteht aus den verschiedensten Formen körperlicher Betätigung mit sehr geringer Intensität und Umfang. Sie reicht vom »Ausfahren« nach intensiven Belastungen und Wettkämpfen im Kompensationsbereich über Spaziergänge bis zu polysportiven Betätigungen mit geringen Intensitäten, z. B. im Urlaub. Auch während der Vorbereitungs- und Wettkampfperioden hat die aktive Erholung die Aufgabe, durch Training mit niedrigen Intensitäten die Regenerationszeiten zu verkürzen bzw. sie positiv zu unterstützen.

Formen der »passiven« Erholung sind in erster Linie der Schlaf. Er wird oft unterschätzt. Die »Schlafkontrolle« sollte deshalb durch Eintragungen im Trainingstagebuch aktiv unterstützt werden.

Alkohol verzögert die Regeneration

Der Genuss von alkoholischen Getränken ist immer wieder ein Thema im Sport. Wissenswert ist, dass Alkohol die Regeneration negativ beeinflusst. Die biologischen Schutzsysteme signalisieren den beteiligten inneren Organen, zuerst den Alkohol abzubauen. Erst danach erfolgt der Laktatabbau. Dies ist ein entscheidender Grund, den Genuss von Alkohol in wichtigen Phasen der Regeneration stark einzuschränken, besser noch zu unterlasssen.

Autogenes, mentales und Motivationstraining

Das autogene bzw. das mentale und das Motivationstraining könnten auch als eine Trainingsmethode angesehen werden. Diese Methoden werden in den Freiräumen neben der physischen Belastung angewandt und unterstützen die Regeneration; deshalb sind sie dem Kapitel der Regeneration zugeordnet. Alle drei Formen dienen der psychischen Beeinflussung der Sportler und sind auf wichtige Teile der psychischen Leistungsfaktoren ausgerichtet:
1. Erfolgreicher Leistungssport bedingt eine gehörige Portion an Selbstvertrauen und positivem Denken. Beides ist, wie die Praxis immer wieder zeigt, eine Grundvoraussetzung. Wenn es an Selbstvertrauen mangelt, sollte es von den Bezugspersonen des Sportlers systematisch aufgebaut werden. Gibt es mehrere Bezugspersonen, ist ein gegenseitig abgestimmtes Vorgehen ratsam. Dies bezieht sich im Übrigen nicht nur auf das Motivationstraining, sondern auf die Gesamtheit der Maßnahmen und Leistungsfaktoren.
2. Die Willenseigenschaften wie z. B. Siegeswillen sind ein Betätigungsfeld im Motivationsbereich und eng an das Selbstvertrauen gebunden.
3. Taktische Disziplin, Integration in Teamstrategien und die Konzentration auf wichtige Schwerpunkte im Wettkampf sind weitere Ansatzpunkte des Motivationstrainings.

Auch der Umgang mit dem Leistungsdruck kann mental positiv beeinflusst werden. Der Sportler ist ehrgeizig und setzt sich oft selbst unter Leistungsdruck. Durch sein Umfeld wird Druck noch verstärkt bzw. von diesem ausgehend erst erzeugt. Ehrliche Einschätzungen gepaart mit hohen, aber realistischen Zielen sind dabei die Ausgangspositionen. Leistungsdruck ist Stress und sollte deshalb abgebaut, das Selbstvertrauen durch Realismus und positives Denken aufgebaut werden.
Im Spitzensport hat das Motivationstraining eine zunehmende Bedeutung und erfordert von den Bezugspersonen des Sportlers psychologische Kenntnisse und Einfühlungsvermögen.
Mit dem autogenen Training kann der Sportler lernen, sich bewusst zu entspannen. Er erlebt die Prozesse der Entspannung durch diese Methodik, die in erster Linie auf den Muskeltonus ausgerichtet ist. Die Blutgefäße entspannen sich durch Wärme, die Atmung und das Herz regulieren optimaler. Weitere innere Organe und der Kopf werden einbezogen. Die Trainingsprogramme sollten zuerst unter professioneller Anleitung erfolgen. Später können Tonträger diese Aufgabe übernehmen.

Regeneration und Physiotherapie

Autogene Programme fördern in erster Linie die Erholung und den Schlaf. Sie sind so auch ein Bestandteil der Regeneration. Für autogenes und mentales Training gibt es keine Rezepte oder »Verfahren«.

Das mentale Training zielt auf die Bewegungsvorstellung hin, ohne diese selbst auszuführen. Bewegungsfertigkeiten lassen sich bis zu einem gewissen Grad in der Vorstellung trainieren. Im Radsport können so komplizierte Streckenabschnitte wie z. B. die Startphase des Zeitfahrens von der Startrampe, Bergabfahrten, Bergauffahrten und das Finale der letzten Kilometer eines bedeutenden Rennens mental trainiert werden. Der mentale Trainer muss das autogene bzw. mentale Programm auf den Athleten zuschneiden und mit viel Geschick und Feingefühl wirken lassen.

Ernährung während der Regeneration

Nach sportlichen Belastungen ist der Organismus mehr oder weniger übersäuert und hat im energetischen Bereich Defizite auszugleichen. Die Ernährung spielt während der Regeneration eine große Rolle. Ein Optimum in der Zusammenstellung der Nahrungskette wird durch Vielseitigkeit, Ausgewogenheit und Proportionalität erreicht. Es erübrigt den Einsatz von Präparaten und sog. Nahrungsergänzungsmitteln.

Ziel der Ernährung in der Regenerationsphase ist es, die energetischen Defizite auszugleichen und den Säure-Basen-Status wieder zu nomalisieren. Mit einer gut dosierten Ernährung können Mangelerscheinungen ausgeglichen werden. Basisch wirkende Nahrungsmittel helfen, die Milchsäure (Laktat) schneller abzubauen. So entsteht ein direkter, positiver Effekt in der Regeneration. Der Säure-Basen-Haushalt kann mittels eines Messstreifens im Urin ohne großen Aufwand tagtäglich kontrolliert werden.

Massage

Sie soll zwei für eine optimale Regeneration notwendige Aufgaben erfüllen:
1. Verspannungen bzw. Verhärtungen in der Muskulatur werden durch die klassische Form der Handmassage gelöst bzw. gelockert. Ein geübter Masseur »findet« die Stellen in der Muskulatur, die durch die Belastung des Radfahrens verhärtet sind. Er kann, wenn es ein »Dauerzustand« ist, die Ursachen schnell herausfinden (z. B. schlechte Position auf dem Rad).
2. Die Massage soll die Muskeln »entschlacken«, d. h. den Abbau der sauren Stoffwechsel-Restprodukte (Laktat) beschleunigen.

In die Ganzkörpermassage kann die Fußreflexzonenmassage bei Notwendigkeit einbezogen werden. Durch die Massage erlangt die Muskulatur wieder die Voraussetzungen zu einer optimalen Arbeitsleistung. Die Einschätzung der Sportler in den Kategorien »ich hatte heute gute (schlechte) Beine« bezieht sich in der Regel auf die Voraussetzungen der Arbeitsleistung der Muskulatur. Ein guter Masseur, der den Sportler und seine Möglichkeiten und Sorgen kennt, kann aus dem Zustand der

Massage

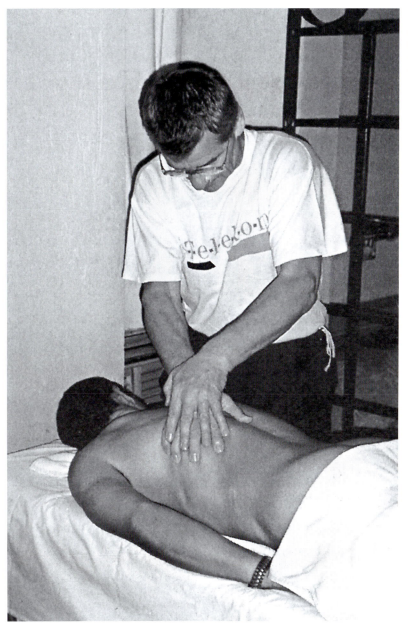

Die Aufgabe der Massage ist die Lockerung der Muskulatur und dient dem Laktatabbau

Regeneration und Physiotherapie

Muskulatur die Leistungsvoraussetzungen des Sportlers beurteilen. Er kann im mentalen Bereich Initialzündungen beim Sportler auslösen. Sind die Beine »schlecht«, erfordert die Massage mehr Zeit (normal werden 30 Minuten als Optimum betrachtet) bzw. der Sportler sollte regelmäßiger zur Massage gehen. Die Häufigkeit der Massage sollte vom Umfang und der Intensität der Belastung bestimmt werden. In Etappenrennen und im Trainingslager wird täglich massiert. In den anderen Zeiträumen liegt die Betonung auf Regelmäßigkeit.

Magnetfeldtherapie

Sportler leiden ab und an unter einem Dauerschmerz, insbesondere an Gelenken sowie an Muskel- und Sehnenansätzen. Schmerz wirkt sich in der Regel negativ auf die Regeneration (»schlechter Schlaf«) aus. Wenn physiotherapeutische Behandlungen nicht den Erfolg bringen, kann u. a. die Magnetfeldtherapie angewandt werden, durch die sich oft die Ursache besser therapieren lässt. Diese Therapie lindert den Schmerz, beeinflusst die Regeneration und stärkt indirekt auch das Immunsystem. Medikamente kommen dagegen oft nicht an die Ursache heran und lassen lediglich den Schmerzzustand erträglicher erscheinen.

Stretching

Die Dehnung und Lockerung der Muskulatur, in Kurzform »Stretching«, ist eine spezifische Form der Regeneration. Durch die erhöhte Belastung und die Aktivierung der Muskelkontraktion bei Training und Wettkampf verkürzen sich die Muskeln, z. B. der Hauptmuskelgruppen. Ihre Arbeitsleistung ist in diesem Zustand vermindert. Die Antagonisten der Hauptmuskelgruppen erfahren dagegen eine Abschwächung und müssen gekräftigt werden. Durch Stretching soll die ursprüngliche Muskellänge annähernd wieder erreicht und der Muskel wieder voll leistungsfähig werden.
Stretching ist im Spitzensport seit Jahren eine bewährte Methode. Die Übungen werden unmittelbar an das Training bzw. den Wettkampf angeschlossen. 10 Minuten tägliches Stretching bringen einen enormen Gewinn in der Regeneration. Der Radsportler bezieht in sein Stretching-Programm zu den Muskelgruppen der »Muskelschlinge« auch die des Oberkörpers (Hals- und Nackenmuskulatur; Brust- und Schultergürtelmuskulatur) ein.

Schlaf

Physiologisch ist nachgewiesen, dass der Organismus nach hohen Belastungen den Schlaf zur Regeneration benötigt. Der Schlaf vor Mitternacht wirkt besonders regenerativ. Der Sportler sollte ihn deshalb gezielt ausreichend nutzen. Auch ein »Stündchen Schlaf« unmittelbar nach dem Training oder Wettkampf ist eine sinnvolle Maßnahme zur Regeneration.

Die Sauerstoff-Mehrschritt-Therapie

»Ohne Sauerstoff gibt es kein Leben und keine Leistung« lautet eine einfache Formel. Der Sauerstoff nimmt eine Schlüsselposition bei allen energetischen Prozessen im Organismus ein. Die Sauerstoffaufnahmefähigkeit erhöht sich, z. B. durch das Ausdauertraining, und ist eng an die Atemfrequenz und an das Atemminutenvolumen gekoppelt. Spitzensportler erreichen einen O_2-Quotienten, der die Sauerstoffaufnahmefähigkeit repräsentiert, von über 85 ml/kg Körpergewicht und ein Atemminutenvolumen von über 140 Liter. Die Sauerstoffverhältnisse im Organismus bestimmen den Wirkungsgrad der Energiebereitstellung und deren Umsetzung in Leistung.

Im Bereich Leistungsvoraussetzungen ist die Sauerstoffaufnahmefähigkeit für den Sportler im Allgemeinen und den Spitzenathleten im Besonderen von großer Bedeutung. Hohe physische und psychische Belastungen, Stress, Umweltbelastungen, Erkrankungen und zunehmendes Lebensalter senken den Sauerstoffgehalt im Blut. Dies wiederum bewirkt eine Schwächung von Millionen von Zellen. Ein Leistungsabbau ist die Folgeerscheinung.

Die Sauerstoff-Mehrschritt-Therapie, von Prof. Manfred von Ardenne entwickelt, ist eine hervorragende Möglichkeit, die Basiswerte des Sauerstoffs im Organismus wieder aufzufrischen und dem dargestellten Verlauf der Leistungsminderung durch Absenkung des Sauerstoffs im Organismus entgegenzuwirken. Sie ist bei optimalem Einsatz eine ausgezeichnete Methode, die Leistungsvoraussetzungen zu erhöhen und die Regeneration zu unterstützen.

Die Methode: Ein Konzentrator produziert aus der Luft ein mit Sauerstoff angereichertes Luftgemisch, das über eine Maske eingeatmet wird. Der Sauerstoff wird dabei mit Negativionen angereichert. Diese bewirken einen schnelleren O_2-Transport und beschleunigen seine Aufnahme in die Zellen. Durch den Einsatz von ionisiertem Sauerstoff werden die Inhalationszeiten der Therapie von 2 Stunden auf 20 Minuten reduziert – ein Faktor, der in der Praxis für den Anwender nicht unbedeutend ist. Die Therapie sollte 18 Sitzungen à 20 Minuten betragen. Sie kann im Jahr mehrfach eingesetzt werden. Die Kuren haben einen direkten Effekt, indem mehr Sauerstoff in den Zellen bereit steht. Sie wirken vor allem nach Wiederholungen langzeitlich (analog z. B. der Hypoxiekette). Der Organismus verfügt dann über ein höheres energetisches Basisniveau, das sich auf folgenden Erscheinungen begründet:

1. Der Sauerstoffpartialdruck des Blutes steigt an. Dadurch wird die Durchblutung aktiviert. Der Blutdruck verbessert sich in stabilen Dimensionen. Der Anstieg des Sauerstoffpartialdrucks ist messbar.
2. Die Sauerstoffkuren stärken die konditionellen Anlagen, insbesondere der inneren Organe. Ein erholsamerer Schlaf wird gefördert. Das Laktat wird durch eine Stimulation der Leber schneller abgebaut.
3. Stress wird gemindert und wirkt sich weniger tief auf die Leistung aus.
4. Die Abwehrkräfte werden stärker mobilisiert, das Immunsystem gestärkt. Es besteht eine geringere Anfälligkeit gegen Erkrankungen, und wenn sie dennoch kommen (Erkältungen), lassen sie sich schneller und oft ohne Medikamente auskurieren. Die Kuren werden mit einem speziellen Vitaminpräparat begleitet.

Das Sauerstoffwasser

Sauerstoff kann dem Körper über die Atmung und über das Wasser zugeführt werden. Normales Trinkwasser beinhaltet ca. 10 ml Sauerstoff pro Liter. Alle Flüssigkeiten, die mit Kohlensäure angereichert sind (Bier, Limonaden, Cola, Mineralwasser usw.) verlieren den Sauerstoff: Die Kohlensäure hat ihn verdrängt. Trinkwasser kann mit einem Siphon zusätzlich mit Sauerstoff angereichert werden. Der Sauerstoffgehalt steigt auf ca. 60 mg pro Liter. Der Sauerstoff im Wasser gelangt über den Magen-Darm-Kanal sehr schnell in die Zellen (Mitochondrien) und steht für die energetischen Prozesse zur Verfügung. Der Sauerstoff im Wasser beeinflusst

die Darmflora positiv. Blähungen und Sodbrennen werden gemindert, die Verdauung gefördert. Die Hobbyfahrer sollten registrieren, dass Sauerstoffwasser den Abbau von Alkohol beschleunigt. Folgende Empfehlungen können für das Sauerstoffwasser zur Regeneration gegeben werden:
1. Sauerstoffwasser kann gezielt zur Verkürzung und Intensivierung in der Regeneration nach der Belastung (Training, Wettkampf – insbesondere Etappenrennen, Radmarathon usw.) eingesetzt werden. Der Konsum von 1 bis $1^{1}/_{2}$ Liter pro Tag hat sich als Optimum herauskristallisiert.
2. Mit Kohlensäure angereicherte Getränke sollten stark eingeschränkt bzw. in wichtigen Regenerationszeiträumen vermieden werden.

Autorenporträt

Wolfram Lindner

Von der internationalen Fachpresse als der erfolgreichste Radsporttrainer der Welt bezeichnet, gibt Wolfram Lindner in diesem Buch sein Wissen und seinen Erfahrungsschatz um und über den Straßenradsport weiter. Zusammen mit seinen Schützlingen kann er auf eine eindrucksvolle Bilanz verweisen: Vier Gold- und eine Silbermedaille bei Olympischen Spielen, acht Weltmeistertitel und weitere zehn WM-Medaillen fallen in seine Amtszeiten als Verbands-, Bundes- und Nationaltrainer für die DDR, die Bundesrepublik Deutschland und die Schweiz sowie als Sportlicher Leiter.

Nach dem Fall der Mauer in Deutschland konnten die von ihm zur Weltspitze geführten DDR-Athleten endlich Berufsfahrer werden und einen lang gehegten Traum realisieren. In dieser höchsten Leistungsklasse der Welt konnten sich Uwe Ampler, Thomas Barth, Falk Boden, Jens Heppner, Mario Kummer, Olaf Ludwig, Uwe Raab, Jan Schur und Erik Zabel erfolgreich in Szene setzen und bedeutende Rennen gewinnen. Dabei profitierten sie nicht zuletzt von der Ausbildung und dem Know-how des von Lindner stark geprägten Systems des DDR-Straßenradsports, das auch Jan Ullrich als Jugendlicher nutzen konnte.

Wolfram Lindners Weg führte zunächst zum Bund Deutscher Radfahrer. Als Bundestrainer in der Bundesrepublik Deutschland war er auch in neuer Umgebung erfolgreich, aber mit den Arbeitsbedingungen und der Nichtakzeptanz der »DDR-Trainerelite« unzufrieden. Sein Weg ins Ausland war die logische Fortsetzung seiner konsequenten Berufsauffassung. Als Nationaltrainer der Schweiz fand er neue Herausforderungen. Als Sportlicher Leiter der Schweizer Berufsfahrer formierte er Profis wie Oscar Camenzind, Mauro Gianetti, Laurent Dufaux, Rolf Järmann, Tony Rominger, Alex Zülle, Beat und Markus Zberg und andere zu einem Team und erlebte mit ihnen weitere Sternstunden seiner Trainerlaufbahn: Olympia-Sieg von Pascal Richard in Atlanta, Gewinn der Weltmeistertitel von Alex Zülle in Lugano und Oscar Camenzind in Valkenburg.

Lindners Wissen und seine Erfahrungen sind weltweit gefragt, und so ist er nicht nur ein bekannter Fachbuchautor, sondern auch ein gefragter Referent auf internationalen Kongressen und bei der Traineraus- und -weiterbildung des IOC und der UCI. Lindners Beitrag für einen fairen und sauberen Sport bestand nicht aus großen Sprüchen, sondern aus Aufklärung und Wissensvermittlung. Als einer der ersten Spitzentrainer der Welt suchte er den Kontakt zum Breitensport. Unter dem Motto »Gesund Velo fahren« kreierte er mit Tony Rominger eine neue Epoche von Radsportferien für alle Hobbyfahrer. Seinen Leitsatz »Von den positiven Erfahrungen des Hochleistungssports sollen alle profitieren« finden auch Sie in diesem Buch wieder.

Literaturverzeichnis

AMBROSINI, G.: Ciclismo. Sperling & Kupfer Ed., Milano 1979
AUSTE, N.: Mit Ausdauertraining durchs Jahr. BLV, München 1993
AUTORENKOLLEKTIV: Handbuch Radsport. BLV, München 1996
BALLANTINE, R./GRAUT, R.: Ultimate Bicycle Book. Dorling Kindersley Inc., New York/USA 1992
BENNER, K. U.: Der Körper des Menschen. Weltbild, Augsburg 1995
BURKE, E. R.: Science of Cycling. Human Kinetics Book, Illinois/USA 1996
BURKE, E. R.: High-Tech Cycling. Human Kinetics Book, Illinois/USA 1996
CARMICHAEL, C./BURKE, E.: Fitness Cycling. Human Kinetics Book, Illinois/USA 1996
CLASING, D./HUBER, G.: Sportärztliche Ratschläge für Radsportler. 1996
CLEMENT, H. C.: Cyclisme sur Route. Editions Amphara, Paris/Frankreich 1968
COOPER, DR. K. H.: Antioxidantien. BLV, München 1995
DONIKE, M./RAUTH, S.: Dopingkontrollen. Sport und Buch, Köln/BIS, 1996
ENGELHARDT, M.: Erfolgreiches Triathlontraining. BLV, München 1994
ENGELHARDT, M./NEUMANN, G.: Sportmedizin. BLV, München 1994
ERNST, M./HESSLER, H./STIEFEL, U./ZOLLFRANK, B.: Radsport in der Schule und im Verein. Meyer & Meyer, Aachen 1992
FUCHS, M./REISS, M.: Höhentraining. Phillippka Verlag, Münster 1990
GEIGER, L.: Überlastungsschäden im Sport. BLV, München 1997
GEIGER, L.: Gesundheitstraining. BLV, München 1999
GEIGER, U./SCHMID, C.: Muskeltraining mit dem Thera-Band. BLV, München 1998
GORSCHEWSKY, DR. O.: Sportmedizinischer Ratgeber. Fachverlag, Zürich 1996
HARTMANN, DR. MED. L.: Handbuch der Hausmittel. GIE German-International-Editions-GmbH, Tübingen 1996
HOTTENROTT, K.: Duathlontraining. Meyer & Meyer, Aachen 1995
JUCHHEIM, DR. J./POSCHET, J.: Immun. BLV, München 1996
KETTLER, D.: Recht für Radfahrer. BLV, München 1997
KIESER, W.: Krafttraining. Falken, Niedernhausen 1993
KONOPKA, P.: Radsport. BLV, München 2000
MÜLLER-WOHLFAHRT, DR. H. W./MONTAG, H. J.: Verletzt, was tun? were-press, Pfaffenweiler 1997
NEUMANN, DR. G./PFÜTZNER, A./HOTTENROTT, K.: Ausdauertraining. Meyer & Meyer, Aachen 1993
PETERSEN, O.: Ironman. Rowohlt Taschenbuch Verlag, Hamburg 1998
PHINNEY, D./CARPENTIER, C.: Training for Cycling. Perigee Book, published by The Putmann Publishing Group, New York/USA 1992
SCHMIDT, A.: Handbuch für Radsport. Meyer & Meyer, Aachen 1996
STARISCHKA, S.: Trainingsplanung. Hofmann-Verlag Schorndorf/Trainerakademie, Köln 1988
STERNAD, D.: Richtig Stretching. BLV, München 2000

Register

Abkürzungen 82
– aaA - allgemeine athletische Ausbildung
– Bel.P. - Belastungspuls
– Bike - Mountainbike
– EB - Entwicklungsbereich
– Erg - Ergometer
– GA - Grundlagenausdauerbereich
– KaM - Kraft mit allgemeinen Mitteln
– KB - Kompensationsbereich
– KG - Körpergewicht
– KmR - Kraft mit Rad
– MB - Mountainbike-Training
– Q - Querfeldeintraining
– RuP - Ruhepuls
– SB - Spitzenbereich
– Wkm - Wettkampflänge in Kilometern
Ablösetechniken im Vierermannschaftszeitfahren 149
Aerobes Training 170
Aerodynamik 25
Alkohol 227
Alterspyramide 96
Anfahren 189
Angreifen 206
Anschlusstraining 140
– Trainingsstrecken 143
– Übersetzungsbegrenzung 143
– Wettkampfhöchstdistanzen 143
Antrittsvermögen 49
Ardenne, Manfred von 231
Armlänge 183
Armzug liegend 136
Atemfrequenz, höhere 53
Atemminutenvolumen 53
Athletik für den Straßenradsportler 138
Aufbaupäparate 213, 214
Aufbautraining 126
– Trainingsstrecken 131
– Übersetzungsbegrenzung 131
– Wettkampfhöchstdistanzen 131
Aufbauwettkämpfe 90
Ausdauer 14
– wettkampfspezifische 16
Ausdauertraining 46
Ausrüstung 167
Ausrüstungsfaktoren 14, 25
Autogenes Training 227

Begleitfahrzeug 210
Beinlänge 183
Belastung
– aerobe 62
– der Elitefahrer 162
– im Anschlusstraining 140 ff.
– im Aufbautraining 126 ff.
– im Freizeit- und Breitensport 167 ff.
– im Grundlagentraining 114 ff.
– im Hochleistungstraining 150 ff.

– steigende 61
– von Quereinsteigern (Fahrerinnen) 102
Belastungsaufbau im Jahresverlauf 103 ff.
Belastungsplan 83
Belastungssteigerung 98, 151
Belastungssteuerung 60 ff.
Belastungsverbot 61
Belastungsverträglichkeit 76
Bergfahren 24
Bergfahrqualitäten 160
Bergprofi 16
Bergspezialisten 160
Bergzeitfahren 12, 23
Blutbild 68, 75, 76,
Blutfett 76
Blutsenkung 76
Boardman, Chris 26
Breitensport 167 ff.
Bremsen 189

Camenzind, Oscar 9
Carbon 25
Cholesterin 76
Conconi-Schwelle 68
Conconi-Text 68

Dauerleistungsmethode 40
Distanzrennen 16
Disziplinen des Straßenradsports 12
Doping 213
Dopingkontrollen 213
Dopingliste 214
Dopingreglement 91
Dopingsubstanzen 215
Doppelreihe 191, 192
Drais von Sauerbronn, Carl Friedrich Christian Ludwig Freiherr 11
Druckphase 193

Einsatzplanung Etappenrennen U23 162
Einzelfahren 12
Einzelzeitfahren 23, 147
Eiweiß 76, 219
Elektronik 25
Elitefahrer 162
Endkampfgestaltung 198
Energiebereitstellung 16
Energieverbrauch, durchschnittlicher 222
Entscheidung am Berg 206
Entwicklungsbereich (EB) 31, 35
Entwicklungsstufen 96
Erfolgstipps 170 f.
Ergometer 43, 69, 78
Ergometertraining 44, 51
Erholung, aktive 226
Erholungsphasen 41
Erkrankung: Neuaufbau 109
Ermüdungsreiz 44
Ernährung 217 ff., 224, 228
Etappenfahrten 161

Etappenrennen 12, 24
Extremwettbewerb 13

Fahrradergometer 69
Fahrtechnik 99
Fahrtspiel 40, 41
Feldtests 74
Ferretin 76
Fette 219
Fettstoffwechsel 16, 31, 62, 170
Fieber 61
Finale 206
Flüssigkeit 221
Frauenradrennsport 156
Freizeitsport 167 ff.
Fußgröße 183
Fußreflexzonenmassage 228

Ganzkörpermassage 228
Gerätefaktoren 14, 25
Gesamtbelastung 76
Gesäßmuskel 108
Geschicklichkeitsfahrtest 116, 117
Geschwindigkeitsentwicklung 26
Geschwindigkeitsverlauf 17
Gewicht anreißen 137
Giro d'Italia 12, 26, 164, 165
Gleitphase 193
Glukose 76
Glykogendepot 113
Glykogenspeicher 46
Grundanforderungen, Material 207
Grundlagenausdauer 16
Grundlagenausdauerbereich (GA) 31, 34
Grundlagenausdauertraining 170
Grundlagentraining 114
– AK 13: Jahresbelastungsplan 122
– Jahresprogramme 120
Gruppe 192

Hackertritt 193
Hämatokritwert 76
Hämoglobin 53, 76
Hantelschwinge 135
Hauptmahlzeiten 221
Hauptwettkämpfe 90
Herzfrequenz 16, 62, 66, 70
– Einzelzeitfahren 23
– Kriterium mit flachem Profil 22
– Straßenrennen auf leicht profiliertem Parcours 17
– Straßenrennen auf Rundkurs mit bergigem Profil 18
– Straßenrennen der Damen auf profiliertem Rundkurs 20
– Strecke mit flachem Profil 19
Herzfrequenzmesser 64
Herzfrequenzverlauf 17
Herzfrequenz-Vorgaben 62
Hinterradfahren 24, 172, 190

Register

Hobbysportler 95
Hochleistungsergometer 51
Hochleistungstraining 150
Höhenaufenthalt 53
Höhenbedingungen 52
Höhentraining 52, 54, 55, 57, 58
Höhentrainingslager 55
Höhentrainingsorte 55
Holländische Reihe 192
Hüggi-Methode 186
Hypoxiebedingungen 53
Hypoxiekette 5, 56, 58
Hypoxietraining 52

Intensitätssteuerung 66
Intensitätstraining 31
Internationaler Radsportverband (UCI) 91
Intervallmethode 41

Jahresaufbau 105
Jahresbelastungsplan 84
– Grundlagentraining AK 13 122
Jahresplanung 146
Jahrestrainingskennziffern
– Frauen 152
– männlich: Anschlusstraining 141
– männlich: Aufbautraining 128
– U23 151
– weiblich: Anschlusstraining 142
– weiblich: Aufbautraining 127

Kaderpyramide 97
Kantenwind 206
Keramik 25
Kettenblatt 65, 194
Kevlar 25
Klassiker 26
KLD (komplexe Leistungsdiagnostik) 53, 65, 68
Kniebeuge 136
Kohlenhydrate 217
Kohlenhydratstoffwechsel 16, 31, 49, 62
Kompensationsbereich (KB) 31, 32
Komplexe leistungsdiagnostische Untersuchung (KLD) 68
Kondition 104
Konzentration 93
Körperbau 183
– Armlänge
– Beinlänge
– Fußgröße
– Körpergröße
– Oberkörpermaß
– Schrittlänge
– Schuhgröße
Körperbaudaten 183, 184
Körperbaumerkmale 160
Körperbaumessungen 132
Körperfettmessung 68, 75
Körpergröße 183
Körperhaltung 185
Körpermaße 185
Körperwachstum 132
Kraft 14
Kraftausdauer 16, 50, 133

Kraftausdauerbereich (K3-K5) 31, 38
Kraftentwicklung 73
Kraftmessung 73
Krafttests 73, 139
Krafttraining 50, 132, 133
Krafttrainingseinheiten im Mikrozyklus 107
Krafttrainingskreis 139
Kraftvoraussetzung 73
Kriterium 12, 21
Kurbelgröße 183
Kurbelumdrehungen 65
Kurventechnik 189

Laktat 16, 18, 70
Laktatabbau 228
Laktataufstockung 16
Laktatleistungskurve 70
Langzeitausdauer 15
Laufbandtraining 51
Leistungsaufbau
– langfristiger 95 ff.
– vom Schüler zum U23-Fahrer 99
– von der Schülerin zur Frau 98
Leistungsdiagnostik 51, 67 ff.
Leistungsdiagnostische Untersuchung (KLD) 53, 68
Leistungsdruck 92
Leistungsentwicklung 10, 26
Leistungsfähigkeit, aerobe 40
Leistungsfaktoren 166
– äußere 14, 25
– physische 13
– psychische 14, 24
– taktische 14, 25
– technisch-koordinative 14, 24
Leistungsgruppen 95
Leistungsprognose 26
Leistungspyramide 96
Leistungssteigerung 212
Leistungsstrukturen 13, 29 ff.
– Parameter 29, 30
Leistungstests 67 ff.
Leistungsvoraussetzungen 67
Leistungsziele 92
Lenkerbreite 183, 186
Lenkerhöhe 186
Lizenz 125
Longo, Jeannie 26

Magersucht 75
Magnesium 76
Magnetfeldtherapie 230
Mannschaftszeitfahren 12, 23, 148
Massage 228
Mastersrennen 171
Material 207 ff.
– Grundanforderungen 207
– Pflege 209
Maximal- und Schnellkraftbereich (K1-K2) 31, 37
Maximalkraft 50
Mengenelemente 221
Mentales Training 227
Merckx, Eddy 52
Mineralstoffe 221

Mobilisationen, anaerobe 62
Mobilisationsfähigkeit, anaerobe 31
Moser, Francesco 52
Motivation 92
Motivationstraining 227
Motorik 132
Mountain-Air-Höhentraining 58
Mountain-Air-Trainingsgerät 59
Muskelbelastung 76
Muskelgruppen 134
– Gesäßmuskel
– des Oberschenkels
– Zwillingswadenmuskel
Muskelschlinge 107, 108

Nährstoffe 217
Nahrungsergänzungsmittel 214
Nahrungsmittel
– basisch wirkend 224
– sauer wirkend 224

Oberkörpermaß 183
Oberschenkelmuskel, innerer 108
– vierfacher 108
Oberschenkelstrecker 108
Offensives Fahren 197
Operativer Trainingsplan 80
Operativplan (OP) 79

Paarzeitfahren 12, 23
Passives Fahren 197
Periodisierung 83, 146
Periodisierungsmodelle 86
Physiotherapie 226 ff.
Physische Faktoren 14
Physische Leistungsfaktoren 15
Plandokument 79
Position auf dem Rad 183 ff.
Position fahren 206
Prologzeitfahren 23
Protein 219
Psychische Faktoren 14
Pulsuhr 64
Pyramidenmethode 42, 43

Quereinsteiger 99, 101

Race across America 171
Radbeherrschung 188
Radmarathon 13, 172
Radpositionsbaudaten 183, 184
Radsportdisziplinen 11, 12
Radsportferien 173
Radwanderung 13
Radwechsel 209
Rahmen 183
– Höhe
– Kurbelgröße
– Lenkerbreite
– Maß: Sattelspitze zur Tretlagermitte
– Rahmenrohrlänge
– Vorbaulänge
Rahmenmaße 185
Regeneration 24, 61, 76, 224, 226 ff.
– Ernährung 228

Register

Regenerationstraining 226
Reglement 91
Reiskuchen 223
Rekordtrainer 51
Renngestaltung 94
Rennverlauf lesen 198
Ritter, Ole 52
Rollentraining 50, 51
Ruhepuls 61
– unter Höhenbedingungen 54
Ruhepulsverhalten 62, 63
Rumpfaufrichten aus der Bauchlage 136
– aus der Rückenlage 137
Rundstrecke 16
Rundstreckenrennen 12, 21

Sattel 186
Sauerstoffaufnahmefähigkeit 160, 231
Sauerstoffmangel 52
Sauerstoff-Mehrschritt-Therapie 231
Sauerstoffpartialdruck 52
– reduzierter 53
Sauerstofftransport 76
Sauerstoffwasser 232
Säure-Basen-Status 228
Schalten 189, 190
Schienbeinmuskel, vorderer 108
Schlaf 230
Schließen 192
Schnelligkeit 14, 132
Schnelligkeitstraining 49
Schnellkraft 16, 50, 132
Schrittlänge 183
Schubphase 193
Schuhgröße 183
Schutzkleidung 168
Schwedendiät 46
Selektionswettkämpfe 90
Sinusmethode 43, 44
Sinustest 70, 73
Sitzhöhe 186
Sitzlänge 186
Spanienrundfahrt 164
Speisen: durchschnittliche Verweildauer im Magen 222
Spezialisierung 140
– Anschlusstraining 147
– Hochleistung 159
Spitzenbereich (SB) 31, 36
Spurenelemente 221
Sportvermögen 49
Staffelfahren 190
Standardsituationen 206
Stoffwechsel, aerob-anaerober 62
– oxidativer 53
Straßeneinzelrennen 12, 16
Stretching 230
Stufentest 69, 70, 78
Stundenweltrekord 26
– der Männer 27
– Eddy Merckx 52
– Francesco Moser 52
– Ole Ritter 52
Superkompensation 44, 45, 112
– vor einem Hauptwettkampf 46

Superkompensationseffekt 45
Superkompensationsernährung 46, 47
Superkompensationsphase 112
Superkompensationstraining 45, 113

Taktik im Straßenradsport 197 ff.
Taktische Faktoren 14
Teamtaktik 200
Technik des Straßenradsports 182 ff.
Technisch-koordinative Faktoren 14
Telemetrie 64
Tempowechsel 49
Testauswertung 72, 78
Testergebnisse 76
Testprotokoll Radtest 74
Tiefkniebeuge 135
Tour de France 12, 26, 164, 165
Training
– aerobes 170
– gesteuertes 131
– Quereinsteiger 99
– verkehrssicheres 182
Trainingsbelastung 105
– im Jahresverlauf 106
Trainingsbereiche 29 ff.
– Entwicklungsbereich (EB) 31
– Grundlagenausdauerbereich (GA) 31
– Kompensationsbereich (KB) 31
– Kraftausdauerbereich (K3-K5) 31
– Maximal- und Schnellkraftbereich (K1-K2) 31
– Spitzenbereich (SB) 31
– Wettkampfbereich 31
Trainingsdokumentation 79 ff., 88
Trainingsgestaltung 112
– zyklische 61
Trainingshöhe 55
Trainingsintensität 31
Trainingsjahr 83
Trainingskennziffernübersicht männlich 119
– weiblich 120
Trainingsmethoden 40 ff.
Trainingsmittel 40 ff., 104
Trainingsplan 80
– Anschlusstraining: Alterklasse 17, weiblich 144
– Anschlusstraining: Alterklasse 18, männlich 145
– Aufbautraining: Altersklasse 16, männlich 129
– Aufbautraining: Altersklasse 16, weiblich 130
– für das Grundlagentraining Woche 11 bis 14 121
– Hochleistungstraining Frauen 157, 158
– Hochleistungstraining U23 153, 154, 155
Trainingsplanung 79 ff.
Trainingsprotokoll 89
Trainingsstrecken 131, 143
Trainingsstrukturen 29 ff.
Trainingstagebuch 61, 88
Trainingsumfang im Jahresverlauf 103
Trainingsvorschläge 173–181

Tretfrequenz 49, 65, 66, 193
Tretfrequenztraining 49
Tretfrequenzverhalten 25
Trettechnik 161, 192
Tretzyklus 193
– Druckphase
– Gleitphase
– Schubphase
– Zugphase

Übergangsperioden (ÜP) 83
Übersetzung 65, 193
Übersetzungsbegrenzung 131, 143
Übersetzungsberechnung 196
Übersetzungstabelle 194
Übertraining 76, 226
UCI 91
Union Cycliste Internationale 13
Unmittelbare Wettkampfvorbereitung (UWV) 87, 110
UWV-Eingangsleistung 110

Vereine 125
Verkehrssicherheit 182
Verletzung: Neuaufbau 109
Verona, WM-Kurs 205
Verweildauer der Speisen 222
Vitamine 219, 220
Vom Feld wegfahren 198
Vorbereitungsperioden (VP) 83
Vuelta España 12, 26, 165

Werkstoffe, neue 25
Wettkämpfe 146
Wettkampfanalysen 94
Wettkampfbereich 31
Wettkampfgestaltung 112, 133
Wettkampfhöchstdistanzen 131, 143
Wettkampfperioden (WP) 83
Wettkampfsystem 90 ff.
Wettkampfverpflegung 223
Wettkampfvorbereitung 110
– psychische 92
– unmittelbare (UWV) 87, 110
Wiederholungsmethode 42
Wiegetritt 193
Windkante 191, 192
Windkantenfahren 24
Windschattenfahren 169, 190

Zahnkranz 65, 194
Zeitfahren 23, 24
Zeitfahrmaterial 210
Zeitfahrtaktik 199
Zeitzonenwechsel 54
Zugphase 193
Zwillingswadenmuskel 108
Zwischenmahlzeiten 221
Zyklusmodelle 87

Fundiertes Know-how für die Trainingspraxis

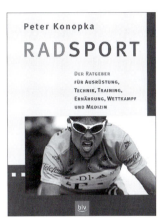

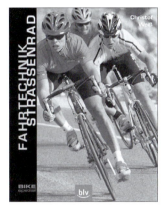

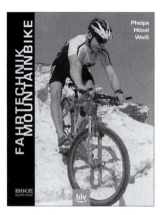

Christof Weiß
Fahrtechnik Straßenrad
Vor der ersten Ausfahrt: Material, Ausrüstung, Bekleidung usw; Basics für Ausfahrten: Trettechnik, Fahren an Steigungen, Abfahrten, Kurventechnik; Fahrtechnik für Könner: Hinterrad fahren, Fahren in der Gruppe.
ISBN 3-405-16248-3

Peter Konopka
Radsport
Radsport total – das komplette Know-how: das völlig aktualisierte Standardwerk mit neuesten wissenschaftlichen Erkenntnissen, neuen Fotos und Grafiken.
ISBN 3-405-15695-5

Thorsten Dargatz
Radel dich fit!
Das Fahrrad gezielt als Fitnessgerät nutzen: Wirkung des Trainings auf den Körper, Ausrüstung, Trainingspläne für Einsteiger und für ambitionierte Freizeitsportler; Stretching, Muskelaufbau, Entspannung, Ernährung.
ISBN 3-405-16919-4

BLV Sportpraxis Top
Urs Gerig/Thomas Frischknecht
Richtig Mountainbiken
Alles über das Biken als idealer Fitness- und Gesundheitssport: Grundlagen, Ausrüstung, Fahrradtypen, Fahrtechnik, Training, Trainingspraxis, gesundheitliche Aspekte.
ISBN 3-405-16687-X

Nathalie Phelps / Marco Hösel / Christof Weiß
Fahrtechnik Mountainbike
Rauf aufs Bike: Ausrüstung für Einsteiger und Fortgeschrittene; Fahrtechnik im Gelände: Basics, Uphill, Downhill, Kurventechnik, Überfahren von Hindernissen usw.; Trial für Einsteiger und für hohe Ansprüche.
ISBN 3-405-16247-5

BLV Sportpraxis Top
Peter Konopka
Richtig Rennrad fahren
Ausrüstung, Technik, Training, Ernährung, Regeneration, Medizin – jetzt auch mit Radsport speziell für Frauen sowie für Kinder und Jugendliche.
ISBN 3-405-16644-6

Im BLV Buchverlag finden Sie Bücher zu den Themen: Garten und Zimmerpflanzen • Natur • Heimtiere • Jagd und Angeln • Pferde und Reiten • Sport und Fitness • Wandern und Alpinismus • Essen und Trinken

Ausführliche Informationen erhalten Sie bei:
BLV Buchverlag GmbH & Co. KG
Postfach 40 02 20 • 80702 München
Telefon 089 / 127 05-0 • Fax -543 • www.blv.de

Damit Sie in Bestform kommen

BLV Sportwissen
Peter Konopka
Sporternährung
Die wissenschaftlichen Grundlagen und die große Bedeutung der Ernährung für Leistung und Gesundheit – anhand von Beispielen leicht verständlich dargestellt.
ISBN 3-405-15565-7

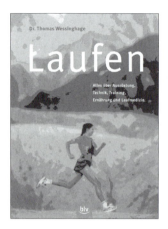

BLV Sportpraxis Top
Katja Kuhn/Stephan Nüsser/
Dr. Petra Platen/Ramin Vafa
Richtig Ausdauertraining
Grundlagen, Ausdauer-Checks zur Beurteilung des Trainingszustands; Trainingsmethodik, Ausdauertraining für einzelne Zielgruppen und für verschiedene Sportarten.
ISBN 3-405-16732-9

BLV Sportpraxis Top
Manfred Grosser/Stephan Starischka/Elke Zimmermann
Das neue Konditionstraining
Kraft-, Schnelligkeits-, Ausdauer- und Gelenkigkeitstraining; allgemeine Prinzipien und Steuerung des Konditionstrainings, biologische Grundlagen, Trainingsmethoden und -programme, Kinder- und Jugendtraining.
ISBN 3-405-16741-8

BLV Sportwissen
Jens Kleinert (Hrsg.)
Erfolgreich aus der sportlichen Krise
Mentaltraining für alle Aktiven – das Know-how eines kompetenten Expertenteams: das Erkennen und Bewältigen konkreter Krisensituationen wie Formtiefs, Verletzungspech, Abstiegskampf, Erfolgsdruck und Teamkonflikte.
ISBN 3-405-16476-1

Dr. med. Thomas Wessinghage
Laufen
Der Lauf-Klassiker – komplett überarbeitet mit neuen Fotos; neue Erkenntnisse zu Lauftechnik, Ausrüstung und Training; Laufen und Gesundheit mit aktuellen Forschungsergebnissen der Sportmedizin; Termine der wichtigsten Marathonläufe weltweit.
ISBN 3-405-16450-8

Gunda Slomka/Petra Regelin
Stretching – aber richtig!
Der umfassende Ratgeber nach neuestem Stand der Sportwissenschaft: Grundlagen und Übungsprogramme für die gezielte Muskeldehnung, auch speziell für einzelne Sportarten und für verschiedene Alltagssituationen.
ISBN 3-405-16801-5

Im BLV Buchverlag finden Sie Bücher zu den Themen: Garten und Zimmerpflanzen • Natur • Heimtiere • Jagd und Angeln • Pferde und Reiten • Sport und Fitness • Wandern und Alpinismus • Essen und Trinken

Ausführliche Informationen erhalten Sie bei:
BLV Buchverlag GmbH & Co. KG
Postfach 40 02 20 • 80702 München
Telefon 089 / 12 70 5 - 0 • Fax -543 • www.blv.de